아버지의 눈물

아버지의 눈물

1판 1쇄 발행　2025년 9월 15일

지은이　　김영기
발행인　　강신옥
펴낸곳　　한국문인출판부
　　　　　등록 | 2021. 7 제 2021-000235
　　　　　02643 서울시 마포구 월드컵북로 235, 19-704
　　　　　☎ 010-9585-7785
　　　　　gtree313@gmail.com
　　　　　Printed in Korea ⓒ 2025 김영기

값 15,000원

※ 이 책은 　충청북도　 충청북도 　충북문화재단　 충북문화재단의
후원을 받아 예술창작활동지원사업의 일환으로 발간되었습니다.
※ 잘못된 책은 바꿔 드립니다.
※ 저자와 협의하여 인지 생략합니다.

ISBN 979-11- 987514 -8-5

아버지의 눈물

김영기 수필집

봄길 걸으며

작은 잎들이 바스락거리는 소리에 눈을 떴다. 생명의 소망이 뿜어 나오는 기운이 잠자는 꽃나무들을 흔들어 깨운다. 연둣빛 새순이 기지개를 켠다. 하늬바람을 이겨내고 뿌리 깊은 심호흡을 하며, 흙덩이 속에서 생기를 올려 받은 나뭇가지는 하늘 향해 미소를 머금는다. 지난 밤사이 조그만 꽃잎을 만들어 놓고 손사래 친다.

긴 겨울 흙 속에 숨어있던 꽃나무들의 새순이 고개를 들고 돋아난다. 금방이라도 터질 듯한 꽃망울은 갓 태어난 아가의 모습과도 흡사 닮았다. 엄마의 태반 속에 있다 태어나는 아기처럼 귀엽고 반갑다. 아기는 울어도 예쁘고 웃어도 예쁘다.

생명이 있음에 삶 자체가 고귀하고, 사랑을 받으며 희망을 꿈꾼다.

산과 들에 봄바람이 불면 모두가 온몸을 따스한 입김으로 녹인다. 앞산 연분홍 꽃잎으로 수줍어하며 피는 진달래꽃이, 시냇물 흐르는 제방 둑에 노오란 병아리처럼 피는 개나리꽃이 봄이다. 양지녘 언덕에 보랏빛으로 피는 개불알꽃도, 우아하게 순백의 꽃잎을 펼치며 연인을 그리는 목련꽃도 봄이다. 강물 따라 달려오고, 바람 따라 밀려오는 봄이다. 눈망울을 굴리며 산등성을 내려오는 두꺼비가 기지개를 켜고, 겨울잠 자던 개구리가 봄날의 합창을 한다.

봄은 꽃이요 꽃은 봄이다.

봄이 가면 꽃이 지고 꽃이 지면 짧은 해가 진다. 봄날이 가듯 우리 인생도 이 땅에 발자취를 남기고 떠난다. 태어날 때가 있으면 죽을 때가 있고, 울 때가 있으면 웃을 때가 있었다. 슬퍼할 때가 있으며, 춤출 때가 있고 사랑할 때가 있으며 미워할 때도 있었다. 먹고 마시는 것과 수고함으로 낙을 누리는 그것이 하늘의 선물인 줄 알았다. 하늘엔 영광 땅엔 평화가 오기를 두 손 모으고 기도하며 노래했다.

40여 년을 한결같이 사랑해준 아내는 지고지순한 반려자요 인생의 동역자다. 사남매가 모두 짝을 찾아 온전한 가정을 이루고, 봄의 정원에 꽃으로 핀 손주들, 혜원, 이솔, 승준, 지안, 지음, 온유 모두가 은혜이고 감사다.

두 번째 책이 만들어지기까지 늦은 밤 삶의 철학과 수필의 방향을 지도해 주신 이철호 교수님께 깊은 감사를 드립니다. 글의 주제와 소재를 선정하고 문장의 표현기술을 지도해 주신 송보영 선생님과 문맥의 흐름과 퇴고 과정을 살펴주신 김윤희 선생님께 머리 숙여 감사를 드립니다.

2025년 봄날

창롱 김영기

차례

4 봄길 걸으며

265 김영기 수필가의 작품세계… 이철호 소설가

1부 가슴에 핀 꽃

아버지의 눈물 • 12
챙기름 들기음 • 16
골목길 • 20
부침개 • 24
잔소리 • 28
상처傷處 • 32
모든 순간 • 36
시절인연時節因緣 • 40
부자父子캠프 • 44
버팀목 • 49
무쇠솥의 눈물 • 53
대청호의 봄 자락 • 57
그리움이 남는 길 • 60

2부 사잇길 여로

빈 의자 • 66

멈칫했던 숨결 • 69

우째 이런 일이 • 73

아버지의 강 • 77

흔적 • 80

동명이인同名異人 • 84

출산드라 • 87

판도라 상자 • 90

반추反芻 • 94

천국의 향기 • 97

무채색 여로旅路 • 100

어떤 졸업식 • 104

발가락이 닮았다 • 108

꽃이 지고 봄을 알았다 • 112

3부 더 키스 THE KISS

두 얼굴 • 118

시선 • 121

홀로 아리랑 • 125

더 키스 The Kiss • 129

손에 손잡고 Hand in Hand • 133

그해 봄 • 137

바다가 그리워 • 141

불의 나라 • 145

그곳에 애잔함을 두고 • 149

다뉴브강가에서 • 152

폼페이의 불꽃 • 156

임진각의 기적소리 • 160

그곳에 마음이 머물다 • 164

4부 서리꽃이 핀 천년초

큰가시고기 • 168

팔공팔 인생 • 171

나목裸木 • 174

쓰리 김金 • 177

숲 향기 • 182

겨울나무 • 185

갯벌 예찬 • 189

파트너Parter • 193

조강지처糟糠之妻 • 197

아끼다 똥 된다 • 201

오두막집 아이들 • 205

서리꽃이 핀 천년초 • 209

시그나기에 핀 장미꽃 사랑 • 212

5부 비밀의 정원

쏘가리 아빠 • 216

직지인쇄의 비밀 • 219

어깨동무 내 친구 • 223

품앗이 • 226

말의 씨 • 230

바람의 빛깔 • 234

발로 부는 호루라기 • 238

소용돌이 배수구판 • 242

아버지의 정원 • 245

건배사 • 249

돌산도 가는 길 • 253

청주성淸州城 안길 • 257

인생 로드맵을 그리다 • 261

 # 가슴에 핀 꽃

아버지의 눈물
챙기름 들기음
골목길
부침개
잔소리
상처傷處
모든 순간
시절인연時節因緣
부자父子캠프
버팀목
무쇠솥의 눈물
대청호의 봄 자락
그리움이 남는 길

고동치는 심장을 달래야 하는 부정父情은 검게 타들어만 갔다. 새들이 잠들고 풀벌레가 소리가 끊긴 깊은 밤, 아버지는 사랑방에서 홀로 우셨다. 울어도 소리가 없다. 뒷산 소쩍새 울음처럼 목메임만 느껴진다. 속 타는 그 마음은 밤하늘의 별과 떠가는 구름만 알았으리라.

아버지의 눈물

　다락뜰에 바람이 분다. 연둣빛 벼 이삭이 바람결 따라 춤을 춘다. 여름날 햇빛이 작열하여 숨쉬기가 힘들 만큼 텁텁한 폭염이 계속된다. 축 늘어진 식물들 잎이 헐떡인다. 태양의 에너지를 받아 익어가는 열매들이 하나둘씩 늘고 있어 가난한 마음을 가득 채운다. 멀리 황소의 울음소리가 고즈넉한 전원의 풍경을 깨운다.
　아버지가 땀 흘리며, 지게를 받쳐놓고 볏짚모자로 부채질하던 모습이 생각난다. 윗저고리가 흠씬 젖어 등짝에 달라붙었다. 저고리를 훌훌 벗어 던진 아버지의 두 어깨에 검붉은 지게 줄 자국이 선명하게 드러난다. 샘물가에서 등목으로 씻어드리면 시원해하신다. 날 선 풀잎에 베어 상처 난 종다리에는 핏방울이 응고되지 못한 채 매달려 있다. 힘든 농사일을 마다할 수 없는 가장의 일은 너무도 고달픈 삶이다. 아침밥도 먹지 않고 밭에서 반나절 일을 했으니 얼마나 시장했을까. 퀭한 눈으로 뜰팡에 차려놓은 보리밥 한 그릇에 열무김치와 고추장을 넣고 비벼 게 눈 감추듯 드신다. 한숨 돌리고 나를 물끄러미 바라보는 눈빛이 따스하게 느껴졌다.

남부럽지 않게 잘 살고 싶은 것이 아버지의 바람이다. 자식들 뒷바라지 잘해서 성공한 사람 되게 최선을 다하고 싶지만, 논밭에서 나오는 소출로는 생활비와 학비를 감당하기 어려웠다. 하루 종일 풀과 전쟁을 하노라면 허리 한번 제대로 펼 수가 없다. 손마디가 굵어지고 굳은살이 손끝에 박인 통증으로 끙끙 소리 내며 밤새 잠 못 들기도 했다. 구릿빛 얼굴, 살가죽과 뼈가 달라붙은 앙상한 근육으로 힘든 일을 힘들다 못 하고, 무거운 짐을 내려놓을 수 없는 아버지의 마음은 더욱 무거웠으리라. 어디 가서 하소연할 곳도 없고, 누구에게 달려가 위로를 받을 사람도 없다. 살아가는 일이 힘들고 어려워도 책임이라는 짐으로 인내하고 인륜의 도리로 아버지의 노릇을 감당할 뿐이다.

　해가 서산에 걸리고 땅거미가 짙어질 때면, 청아한 소리가 들린다. 대청마루 끝에서 아버지가 부는 피리소리다. "청산리靑山裏 벽계수碧溪水야 수이 감을 자랑마라. 일도창해一到滄海 하면 돌아오기 어려우니 명월明月이 만공산滿空山 하니 쉬어간들 어떠리" 시조를 목청 높여 읊으며, 뼈가 울고 살이 떨리는 노동의 아픔을 달래던 뒷모습이 마음속에 깊이 자리 잡았다. 아버지는 고달프고 고독한 사람임에도 가정을 지키는 파수꾼이기에 누구에게도 눈물을 보이지 않았다. 울고 싶어도 울 수 없는 그 마음이 내 가슴을 메운다.

　강직하고 엄격한 성품인 아버지는 무엇이든지 할 수 있고 지칠 줄 모르는 변강쇠인 줄만 알았다. 큰딸을 시집보내려고 혼수를 준비하는데, 흙덩이와 씨름하며 사는 농부의 손에 지푸라기 잡을 만큼의 돈도 없어 하얀 밤을 뜬눈으로 지새웠다. 아들이 열병으로 몸이 펄펄 끓어오르고 사경을 헤맬 때 아버지의 애타는 심정은 더욱 붉게 물들었다. 십리는 걸어 나가야 병원을 갈 수 있기에 발을 동동 구르고 고동치는 심장을 달래야하는 부정父情은 검게 타들어 갔다. 새들이 잠들고 풀벌레 소리가 끊긴 깊은 밤, 아버지는 사랑방에서 홀로 우셨다. 울어도 소리가 없다. 뒷산 소쩍새 울음처럼 목메임만 느껴진다. 속 타는 그 마음은 밤하늘의 별과 떠가는 구름만 알았으리라.

어느새 나 또한 흰 머리카락을 날리는 인생의 뒤안길에 섰다. 임플란트를 하면서 잇몸을 자르고 인공뼈를 심느라 퉁퉁 부은 입술을 다물지 못하고, 얼음찜질로 달래는 동안, 물과 음식을 먹지 못한 뱃속에 허기가 몰려온다. 병원비가 만만치 않던 시골에서 틀니도 제대로 하지 못하고, 부드러운 음식을 찾던 아버지의 얼굴이 문득 떠오른다. 평소 콩볶음과 멸치조림 생선의 뼈까지 오도독 오도독 씹어 드셨지만, 긴 세월을 보내고 잇몸만 남은 웃음으로 우리를 맞을 때면 하회탈처럼 해맑게만 보였다. 어쩌다 소 족발을 푹 고아드리면 "아! 잘 먹었다 배가 부르니 살 것만 같구나." 하셨다. 그땐 잇몸으로 음식물을 굴려 먹어야 하는 서러움을 알지 못했다. 얼마나 힘드셨을까? 짠한 아픔이 밀려온다.

사남매 모두 새 보금자리를 짓고 떠났다. 텅 빈 둥지에 고요한 외로움과 그리움이 다가온다. 슬픈 것도 아니고 아픈 일도 없는데 왜 이리 눈물이 나는 걸까. 가슴으로 우는 뜨거운 아버지의 눈물이 내게로 흘러온다. 다시 돌아갈 수 없는 그날이다. 지나온 삶이 그저 고맙고 감사하다. 또 다른 여정으로 떠나갈 준비를 하면서 이정표를 남긴다. 소리 없는 그리움의 꽃이 피는 그 순간, 등에 진 짐 내려놓고 한바탕 소리 내어 울어보고 싶다.

챙기름 들기음

　타박타박 꼬부랑 할머니가 걸어간다. 얼굴은 땅을 향하고 등은 하늘을 치켜본다. 누님이다. 지팡이에 온 힘을 쏟고 한 발자국씩 내딛는 모습이 애처롭다. 육거리시장에 가시는 모양이다. 천천히 뒤를 따라 이것저것 손에 든 보따리를 받아들고 인사를 했다. 힐끔 뒤돌아보는 안면에는 반가움이 가득하다. 누님은 언제나 나의 든든한 후견자다.

　비바람을 견디는 강둑의 억새처럼 어린 시절을 보낸 누님이다. 부모님이 논과 밭으로 나가면 막내둥이 나는 누님의 등에 업혀 자랐다. 어린 누이는 등에 업은 아이를 내려놓을 수 없어 울면서 어머님이 돌아오시기를 기다렸다. 젖배를 곯은 아기는 칭얼대다 지쳐 잠들었고, 하루 종일 막내를 업고 있던 누님은 허리가 아파서 울었다. 여자는 시집가서 못하는 것 없이 일을 잘해야 한다고 어머니는 누님에게 온갖 집안일을 시켰다. 밤이면 호롱불 밑에서 바느질을 했고, 샛바람에 마른 빨래를 다듬이질하느라 밤잠을 이루지 못한 적도 많았다.

살림 밑천 맏딸이 시집갈 나이가 되었다. 가난에 한이 맺힌 어머니는 재산이 많은 부잣집에 시집보내기를 원했다. 논과 밭 수천 평 가진 땅 부잣집 남자와 선을 봤다. 매형은 전형적인 충청도 사람으로 과묵한 분이다. 다정한 말을 잘 하지 않는 툭툭한 말투지만 매사 신중하게 생활하는 사람이다.

촌 부자는 일 부자라고 농사일은 봄, 여름, 가을, 겨울 쉴 틈을 주지 않는다. 씨앗을 뿌리고 김매는 밭농사 일이 시작되면 하루해가 모자란다. 밭일은 풀과의 전쟁이다. 하룻밤 자고 나면 밭이랑에 수북하게 돋아나는 풀들로 가득 찬다. 곡식이 풀에게 지면 농사를 망치게 되고, 결실이 없으면 시골 한겨울 저녁은 죽으로 끼니를 때워야 한다. 농기계로 갈아도 수천 평을 관리하기가 쉽지 않은데, 호미와 괭이로 자라나는 풀과 싸워야만 하는 것은 아낙네의 힘으로 역부족이다. 손목과 무릎이 시큰하여 밭둑에 앉아 한참 동안 머무르던 때가 부지기수다. 흙먼지가 범벅이 된 땀방울은 베적삼을 흠씬 적셨다.

그렇게 힘들게 농사지은 참깨와 들깨로 기름을 짜면 병에 담아 '챙기름' '들기음'이라 삐뚤빼뚤 이름을 써 전해준다. 누이의 따뜻한 마음과 사랑이 진하게 전해 온다. 그러나 한편으로는 마음이 시리고 아린다. 가을이면 김장김치를 담아 형제들에게 주고 논과 밭에서 나온 곡식들을 나누는 정은 마음 자락을 짠하게 울린다. 세월에 시달린 동생들의 야윈 얼굴이 보이면 걱정이 태산이다. 시골 살림살이에 써야 할 돈이 부족할 텐데, 남몰래 호주머니에 꾹 찔러 넣어주는 굳은살 박인 손끝의 정은 잊을 수 없다. 그 무엇으로도 살 수 없는 누이의 마음이다.

부모님이 농사일하느라 바빠 젖먹이 막냇동생을 업고 학교에 가면 그때마다 소꿉친구들이 놀렸다. 수업 시간 배가 고파 우는 아이의 소리가 들리면 급우들의 시선이 쏟아진다. 오줌이나 똥을 싸서 냄새가 날 때는 선생님마저 얼굴을 찡그리며 못마땅해했다. 어린 학생이 감당하기엔 너무도 벅찬 일이었을 게다. 끝내 국민학교를 마치지 못하고 집안일을 거들어야만 했던 누이는 문해 할머니다. 그 찡한 모습을 보는 내 가슴은 깊이 멍들었다.

삶의 울타리가 되어주던 두 형님은 세상을 떠났고, 이 땅엔 누이와 나만 남았다. 누이는 산수를 훌쩍 넘겼다. 기억력은 점점 쇠퇴하여 방금 들은 것도 잊어버린다. 손과 팔뚝을 만져 보면 근육은 없어지고 뼈와 살가죽만 잡힌다. 두 볼은 웅덩이처럼 움푹 패고, 얼굴엔 세월의 훈장인 주름이 잔잔하게 펼쳐있다. 기저귀를 차야 할 정도로 신체 조절 능력이 떨어졌고, 이는 빠져 웃으면 합죽이가 된다. 그 옛날 출산 후 삼일도 제대로 몸조리하지 못하고, 들로 나가 콩밭을 매던 누이는 조금씩 건강을 잃어버린 것이다. 빈손으로 왔다가 빈손으로 가는 인생의 허전함이 무상연가를 절로 부르게 한다.

감나무에 올라가 누이를 '존조배'라 부르면 누이는 '준땜아'하고 놀리던 동화 나라 같은 고향 집의 추억이 떠오른다. 지금도 그 말의 의미가 무엇인지, 왜 그렇게 불렀는지 알 수가 없다. 아마도 서로 사랑한다는 표현의 애칭이었으리라. 고희를 넘긴 남동생은 땅거미가 내려오는 저녁이면, 가슴을 토닥이며 잠을 재우던 누님의 자장가 소리가 들린다. 긴 겨울밤 콩설기를 만들어 베개 머리맡에 놓아주고는 별나라 꿈나라 이야기를 꽃피우던 그 밤이 여전히 그립다.

골목길

 돌담길 따라 모퉁이를 돌아섰다. 담자락에 민들레가 방긋 웃는다. 파란 양철 대문 앞에 삽살개가 꼬리를 흔들며 나온다. 지난날 학창 시절 자취를 하던 집이다. 삐그덕 대문을 열고 주인아주머니를 찾았다. 방 문턱에 팔을 괸 채 안경 너머로 힐끗 나를 쳐다본다. '안녕하세요' 인사를 하였더니 "이게 누구야? 건넌방에서 공부하던 학상 아닌가." 놀라움 반 반가움 반 안면에 웃음이 가득하다.
 골목길을 걸으며 외로움과 그리움을 달랬던 추억이 떠오른다. 저녁 하굣길에 이층집 여학생이 '소녀의 기도'를 피아노로 연주하면, 돌담 옆에서 그 곡이 끝날 때까지 듣고 나서야 집으로 돌아오곤 했다. 아름다운 사랑의 꿈도 꾸었고 배고픔에 허기를 물로 채우며 밤늦도록 만학의 세계를 걷기도 했다.
 그날도 연탄 아궁이에 밥을 데우고 된장국을 끓이려고 했다. 쇠갈고리로 연탄통을 끌어내고 보니 하얗게 재만 남았다. 차가운 방은 을씨년스럽다. 우리 집 연탄불이 왜 자주 꺼져 있는지 도대체 이유를 알 수가 없다. 숯불을 붙여서 새까만 연탄구멍을 맞추면,

검은 연기가 부엌 밖으로 피어올라 하늘을 향해 날아간다. "학생 연탄불이 꺼졌구먼, 우리 집 아궁이에서 불씨를 가져가게나." "괜찮아요. 금방 불이 붙을 거예요." 불이 빨리 붙도록 부채질을 해댔다. 숯불에서 뿜어져 나오는 연기가 매워 눈물이 났다.

책상에는 빈 노트와 볼펜 한 자루가 나뒹굴고 있다. 전등불을 켜고 테이블 앞에 앉았다. 태어난 곳과 부모와의 만남에 따라 어떤 이는 풍요롭게 살고 누군가는 가난의 설움에 힘겨워한다. 아무것도 할 수 없는 사춘기 소년은 세상이 원망스럽고 불만스러운 마음뿐이다. 어머니는 시장 난전에서 채소를 팔고 계셨다. 창밖에 떠가는 먹구름은 달빛도 가리운다.

문밖에서 물건을 세차게 내동댕이치는 소리가 들린다. "이놈아! 집에 먼저 왔으면 연탄불이라도 피워 놓았어야지" 하며 나무라신다. 어머니가 시장에서 돌아오신 거다. 하루 종일 장사를 하느라 점심도 제때 먹지 못하셨다. 밥을 지으려고 아궁이에서 불을 지피려니 짜증이 나셨나 보다. 옆방에 세 들어 사는 노처녀가 한마디 거든다. "아이구 할머니 순진한 학생이 뭘 알겠어요?" "우리 집 된장찌개와 마른반찬 조금 있어요. 조금 가져다 드세요." 한다. 자존심이 강한 어머니는 대답도 하지 않고 나를 밖으로 불러낸다. 나는 멱살을 잡힌 채 뒷골목으로 끌려갔다.

"그래 공부만 하면 다냐? 비가 이렇게 오는데 마중이라도 나오면 어느 하늘에 벼락 칠까?"

등짝을 후려친다. 무어라 할 말이 없었다. 서로 배려하고 돕는 것이 가족인데 나의 배고픔에 속상해하고만 있었으니 말이다. 철없는 나의 행동이 더욱 원망스러웠다. 그날 밤은 시간이 몹시도 길게 갔다. 잠을 뒤척이며, 고단한 삶의 아픔을 곱씹어야만 했다.

돌담길을 휘돌아서 가로등 아래 우두커니 서서 어른이 된 꿈을 그려보았다. 손에 가진 것도 없고, 든든하게 지원해 줄 뒷배경도 없다. 무엇 하나 잘하는 것도 보이질 않고 재능도 없다. 그저 막막하기만 했다. 등대가 보이지 않는 바다에서 돛대가 부러진 배가 항해하는 것처럼 답답한 심정이었다.

도서관에서 공부하다 터덜터덜 걸어오던 날이다. 골목길 모퉁이에서 아름다운 선율의 피아노 소리가 들린다. 이층집 창문에 긴 머리를 한 여학생이 베토벤의 운명 곡을 연주하고 있는 그림자가 보인다. 한참 동안 꿈속을 헤매는 것처럼 넋을 잃고 들었다. 안단테로 시작하여 메조포르테를 지날 때는 가슴이 쿵쾅거렸다. 새로운 꿈과 소망을 던져 주는 듯했다. 연주가 끝났지만 골목길엔 나 홀로 서 있었다.

해가 뉘엿뉘엿 저물어 가는 저녁때 돌담길을 따라 집으로 들어왔을 때다. 청국장을 끓인 구수한 냄새가 코를 자극한다. 연탄불이 아궁이 밖으로 꺼내져 있고, 그 위에는 이름 모를 청국장 냄비가 올려져 있는 것이 아닌가. 주인집 아주머니가 낮에 몰래 우리 집 연탄을 사용하는 바람에 그렇게 자주 연탄불이 꺼지게 됐다는 사실을 그제서야 알게 된 것이다. 가슴에 응어리가 치밀어 올랐다. 그날 밤 달은 유난히 밝게 떠올랐다. 앞집 창 너머로 젊은 청춘들의 노랫소리와 흥이 돋은 소프라노 소리가 흘러나온다. 정말 부러웠다. 함께하고 싶지만 따라갈 수가 없다. 땅거미가 다가오는 골목길엔 희미한 가로등 불빛이 비춘다.

　이 골목길은 나에게 가난의 아픔을 느끼게 했고, 다디단 사랑을 꿈꾸게 했다. 어머니의 고단함에 눈물지으며 외로움을 떨쳐 버린 추억의 앨범이 있는 곳이다. 다시는 돌아갈 수 없는 인생의 강에서 고독과 아픔을 되새겨 본다. 골목길을 돌아서는 길엔 마른 바람이 옷깃을 스며든다. 하늘엔 살빛 낮달도 엷은 미소를 지었다. 또다시 걷고 싶은 길이다. 책갈피 속에 추억의 한 장을 꼽아 놓는다. 돌담길 아래 제비꽃이 보랏빛 몸짓으로 작별 인사를 한다.

부침개

커다란 양푼에 부침가루와 밀가루를 부어놓는다. 오징어 껍질을 벗긴 후 잘게 자르고, 달콤한 맛을 내는 양파를 곱게 썰어 넣는다. 잘게 잘라놓은 김치와 청량고추, 부드러운 맛을 내는 참치를 섞어 준다. 먹음직스러운 색깔을 내기 위해 계란을 풀고, 살짝 씹히는 식감을 갖도록 옥수수알도 함께 넣는다. 고명은 주로 돼지고기나 오징어 살을 사용한다. 팬에 기름을 두르고, 반죽을 한 국자 떠서 얇게 펼쳐 부치면, 지글지글 익는 소리와 고소한 냄새가 집 안 가득하다.

내일은 떡국 한 그릇에 나이 한 살 더 먹는 설이다. 색동저고리 입은 손주들이 할아버지 할머니에게 세배하러 오니 예쁜 봉투에 세뱃돈을 넣어 준비한다. 그리고 딸들이 좋아하는 김치부침개를 부친다. 우리 집 딸들은 유난히 아빠표 부침개를 좋아하기 때문이다. 아빠와 함께했던 고소한 추억이 혀끝에서 되살아나는지 먹기만 하는 것이 아니라, 냉동실에 넣어두고 먹을 것까지 한 보따리씩 싸 가지고 간다. 돌아가는 아이들의 뒷모습을 보면서 행복함에 흐뭇한 미소가 입가에 번진다.

　부침개는 추석과 설날 같은 민속 명절뿐 아니라 일상생활 속에서도 우리 민족이 사랑하는 전통음식이다. 딸들이 맘껏 먹고도 가져갈 것을 생각해서 넉넉하게 만든다. 아침부터 시작한 것이 오후 세 시가 넘어서야 끝나면 다리가 후들거린다. 하지만 기다리던 만남의 기쁨에 힘든 줄 모른다.

　띵똥 현관문이 열리며 "할아버지, 안녕하세요. 할머니, 보고 싶었어요." 손주들이 털모자에 장갑을 낀 손으로 선물 가방을 들고 뛰어 들어온다. "아이구 귀여운 우리 강아지" 와락 껴안는 할머니의 사랑 포옹은 금방이라도 아이가 으깨질 것만 같다. 딸은 외투를 벗자마자

　"고속도로가 너무 막혔어요. 엄마 배고파요. 빨리 먹을 것 좀 주세요."

　"그래! 아빠가 아침부터 하루 종일 부친 부침개 어서 먹으렴."
　"어머나…"

　젓가락으로 집어 먹던 큰딸이 눈물을 글썽인다. 부침개는 막 뜨겁게 부쳐서 먹어도 맛있고, 식혀 먹어도 맛있다. 양념간장을 살짝 찍어 먹어도 좋고, 잘 익은 김장김치와 함께 먹어도 좋다. 한입 물으면 달콤한 엄마의 사랑이 한 가득이고, 긴 숨을 들이마시면 고소한 감사와 고마움이 가슴 자락을 붉게 물들인다. 혀끝에 감칠 듯 매운맛이 돌면 아빠의 깊은 사랑도 함께 느낄 것이다. 간장에 살짝 찍은 부침개 맛은 지나온 세월의 여정을 가슴 깊이 새기게도 한다.

오순도순 쌓인 이야기를 나누는 동안 금세 한 접시가 사라진다.

부침개는 해산물 재료로 만든 굴전, 오징어전, 참치전이 있고, 채소를 넣은 파전, 부추전, 감자전 등이 있으나, 녹두를 갈아서 각종 채소들과 다짐육을 넣어 만든 녹두전이 으뜸이다. 녹두는 으깨지고 곱게 갈아져야 부침개를 할 수 있다. 새콤달콤하며 얼큰하고 담백한 맛들이 한데 어우러질 때 일품의 맛을 낼 수 있고, 기름에 노릇노릇 구워질 땐 고소한 맛에 자꾸만 손이 간다.

성미가 무척이나 급했던 아버지가 우리 집을 찾은 어느 날이 생각난다. 친척 집이나 자식 집에 가도 하루를 머무르지 않던 분이다. 늘 농사일과 소를 키우는데 마음밭이 굳게 자리 잡고 있어 도무지 외출을 하지 않는 분이셨다. 우리 집에 계시는 동안 며느리가 부쳐준 녹두전을 무척이나 좋아하셨다. 부드러운 음식이 이가 듬성듬성 빠진 입으로 잡수시기에 훨씬 좋았던 모양이다. "삼시 세끼 먹는 밥보다 더 좋구나." 하시며 밥상은 물리고 부침개를 즐겨 드셨다. 막내아들 집에 머무르며 녹두전 잡수시던 그때가 세상을 떠나시기 전 마지막 여행이었다. 나는 지금도 아버님 산소를 찾을 땐 녹두전을 들고 간다.

농부가 논두렁 밭두렁에서 새참으로 먹던 부침개는 허기짐을 채웠다. 등산길에서 휴게소나 주막집에서 파전과 막걸리 한잔의 얼큰한 취기는 지친 피로와 세상의 근심을 잠시 잊게도 한다. 그것을 먹다 보면 구수한 맛 속에서 그리운 얼굴이 떠오른다. 오줌을 쌌다고 놀려대는 소꿉동무들, 힘들고 어려울 때 따뜻하게 격려해 주던 이웃사촌, 추운 겨울 눈바람 맞으며 떠는 손을 가슴에 넣어주고는 얼굴을 부비던 어머니. 사랑하는 마음이 한 광주리 가득하다.
 삶의 희로애락을 버무려 성숙한 인격으로 나타나는 조화로운 향기와 맛을 내는 부침개, 나도 그런 삶을 살고 싶다.

잔소리

죽마고우竹馬故友를 만났다. 시냇가에서 벌거벗고 물장구치며 놀던 친구다. 서로 허물없이 지냈기에 농담을 해도 오해하지 않으며, 핀잔을 주어도 스스럼없이 받아들이고 허허 웃는다. "요즈음 어떻게 지내는가?"

"강아지 두 마리를 키우며 산다네. 목욕도 시켜주고, 산책도 함께 하지…. 그런데 요즈음은 아내의 잔소리가 그리울 때가 많다네."

친구는 말 못 하는 강아지와 살아가는 인생의 무상함을 털어놓았다. 아내를 잃고 외로움을 달래며 혼자 살고 있다. 친구 아내는 잔소리꾼이었다.

"오늘 검은색 구두를 신고, 빨간 넥타이를 매세요."

"술 먹지 말고 일찍 퇴근 하시구요."

매일 똑같은 소리를 반복했다. 그 잔소리가 듣기 싫어 가끔 짜증을 부리기도 했단다. 아내가 세상을 떠난 후로는 저녁에 집에 돌아와도 가구와 살림살이만 덩그러니 그 자리에 있고, 방은 텅 빈 채 누구 하나 대화할 사람이 없다는 것이다.

　잔소리에는 쓴소리와 단소리가 있다. 사람들은 쓴소리는 듣기 싫어한다. 나의 결점과 실수가 보이고 민낯이 드러나 부끄러운 경우가 많기 때문이리라. 하지만 생활 터전에서 어려움과 위험을 사전에 막을 수 있어 웃음을 갖게 하며 즐거운 맛을 느끼게도 한다. 좋은 약은 몸에 쓰다고 하지 않은가. 단소리를 들으면 마음이 달뜨고 내가 최고라는 생각을 하기 쉽다. 자아 중심적이면서 교만과 태만으로 이어지는 경우도 있다.

　나라를 사랑하고 임금을 따르는 충신은 늘 쓴소리로 직언을 한다. 군왕은 옳은 줄 알면서도 귀가 즐겁지 않아 그 신하를 멀리하고 싶어 한다. 간신의 단소리는 귀를 즐겁게 하여 마음의 눈을 멀게 해도 곁에 두고 싶어 한다. 나 역시 잘못했다고 지적당하는 소리보다 잘한다는 칭찬의 소리가 더욱 듣기 좋으니 어쩌면 좋단 말인가. 쓴소리와 단소리를 듣고 어떻게 수용하느냐에 따라 선택의 결과는 달라진다.

　나이가 육십이 넘으면 미모도 거의 차이가 없고, 배움과 지식도 평준화된다. 반평생 사회에서 쌓았던 명예, 권세, 직위 등 사회 계급장을 모두 내려놓아야 한다. 아무도 그것을 기억해 주지 않고 인정하려 들지 않기 때문이다. 제2의 인생길을 걷는 실버들에게는 또 다른 잔소리가 들린다. 그동안 가정과 사회에서 시키는 자세로 살아왔지만 이제는 낯설게 다가온 서투른 새 생활환경에서 지시를 받아야 한다. 서투른 자세에 지적도 받으며, 깊은 회한에 빠져드는 순간을 마주하기도 한다.

　살아있기 때문에 죽지 못하고 하루하루를 사는 것이 아니라 살아있음으로 존재해야 할 권리가 있다. 남은 생애는 무엇을 어떻게 하며 살 것인가. 진정 내가 좋아하고, 잘할 수 있고, 하고 싶었던 것이 무엇인가. 삶의 진정한 의미를 찾으며, 하늘이 내려준 소명을 갖고 살아가고 싶은 거다. 다시 찾은 그 존재감과 자아로 남은 생애의 행복을 맛보려고 하는 간절한 몸부림이 새로운 열정을 쏟게 한다.

　부모가 자식에게, 노인이 젊은이에게 하는 잔소리는 또 다르다. 그 잔소리는 상대방이 듣기 좋든 싫든 이유를 따지지 않는다. 그냥 마음이 가고, 정에 끌려 한번 한 이야기를 또다시 반복하여 들려준다. 산수를 넘은 할아버지가 이순을 지낸 자식에게 집으로 가는 길에 차 조심하라는 잔소리는 귀에 딱정이가 되도록 듣고 들어야 하는 수고로움이다.

　한 마을에서 오래 살던 노인이 떠나면, 그 마을엔 도서관 하나가 없어진 것과 같다. 수십 년 동안 경험에 의해 체득된 켜켜이 쌓인 삶의 지혜가 들어 있기 때문에 하는 말이다. 마을 대소사에 잔소리한다고 불평하는 이도 있지만, 노인이 떠나고 나면, 우왕좌왕하며 의견이 분분할 때 그분의 빈자리가 크게 느껴진다. 어른의 잔소리에는 세상을 사는 동안 깨달은 철학과 지혜가 녹아있어 우리 삶에 뼈가 되고 살이 되는 경우가 많다.

　언제부터인가 나도 모르는 사이 잔소리꾼이 되었다. 아이들에게

나 주변 사람들에게 잔소리할 나이가 된 것이다. 내가 고지식한 잔소리를 하면, 자식과 이웃 사람들에게 지혜의 말로 들릴까? 흘려버릴까. 받아들일까. 오랜 경험에서 나오는 지혜의 말이라 할까, 쓸데없는 꼰대의 말로 여길까. 분위기로 보아 후자일 것 같다. 누가 아는가. 내가 떠나고 없을 때, 그 잔소리를 그리워할 사람이 있을지….

상처 傷處

 똑똑 노크소리가 들린다. 40대 후반의 아버지가 아들 손을 잡고 서 있다. 할머니가 계시는 읍 소재지 학교로 전학을 오겠다며 교장실을 찾아왔다. 자리에 앉게 한 후 부모의 주소 이전과 사유를 물었더니 자신은 이혼했고, 조만간 재혼을 해야 하기 때문에 학생만 할머니 집에 남겨 두고 가야 한다는 것이다. 부모와 자식 간의 인연은 천 겁인데, 그것을 끊는다는 말에 목젖에 무언가 치밀어 오른다. "이 아이는 누구를 보고 자라며, 어떻게 부모의 사랑을 받아야 합니까?" 하고 되물었다. "전학을 받아 주세요." 반복하며 부탁할 뿐, 고개를 떨군 아버지는 묵묵부답이다. 땅거미가 내려앉는 밤처럼 고요한 침묵만 흐른다.
 손을 모으고 다소곳이 앉은 학생의 얼굴을 바라보았다. 비가 오는 날, 지붕을 잃어버린 집에서 젖은 몸과 깃털을 떨며 웅크리고 있는 아기 새의 모습이다. 어린 가슴에 이별의 슬픔과 한을 어떻게 감당할까. 누구를 탓하며, 누구에게 이 인과 因果의 책임을 물어야 하는가. 힘이 없고 가진 것 없어 갈 바를 알지 못하는 천진난만한 모습을 보는 것만으로도 마음이 아프다.

 천만 이산가족 찾기 운동 방송에서 가족 상봉 장면이 문득 떠오른다. 전쟁의 물리적 힘으로 남북이 갈라지고, 가족이 흩어지는 아픔을 겪은 상처는 말로 표현할 수 없다. 이념의 갈등 속에서 부모와 자녀가 생이별하고, 형제와 친척이 어느 곳에서 어떻게 살고 있는지 서로 모른다. 얼굴의 특징과 목소리를 기억하고 기쁨의 눈물을 흘리며 만나는 모습은 전 국민을 감격시키고, 살아있는 드라마로 밤잠을 설쳤다. 이제 다시는 헤어지지 말자며 얼싸안고 사랑을 나누는 정으로 몸부림쳤다. 서로 볼을 부비며, 엄마야 누나야 목 놓아 소리치며 울던 그 감동의 장면을 어찌 잊을 수 있을까?

 그런데 지금 이 자리는 전쟁이 일어난 것이 아님에도, 부모와 자식이 헤어져야 한단다. 손가락 끝을 만지작거리는 아들의 옆모습을 바라보는 아버지의 눈가엔 엷은 그림자가 보인다. 학교를 잘 다니라고 말하는 입술이 가볍게 떨린다. 자식의 손을 놓고 가는 그 마음은 얼마나 애달플까. 물보다 진한 것이 혈육의 정이 아닌가. 무엇으로 당위성을 설명할 수 있을까. 수십 년 세월이 흘렀어도 이산가족들은 서로 그리워하며 저토록 애타게 찾는데, 혈육의 끈을 놓고 떠나야 한다니 어안이 벙벙할 따름이다.

 삶의 곳곳에 난 상처는 가장 가까운 곳에서 온다. 그 고통으로 아파하며 괴로워하고 밤잠을 설치기도 한다. 상처의 고통을 극복하기란 얼마나 어려운지 다만 참고 견딜 뿐이다. 이 슬픔을 누가 진정 위로해 주고, 그 마음의 상처를 어떻게 싸매어 줄 수 있을까.

두 손을 모으고 고개를 숙인 아이에게 어떤 촛불을 손에 쥐어주어야 하는가. 눈을 감고 곰곰이 생각했다. 이별의 상처를 싸매줄 사랑의 붕대를 찾아야겠다.

내게도 상처로 인한 흉터가 아직 남아 있다. 어린 시절, 자전거를 타다 넘어졌다. 어머님께 말씀을 드리면 혼날 것 같아 바지로 가리고 꾹 참았다. 다리 안쪽의 찢어진 상처에서 피가 흐르고 고통이 오기 때문에 괴로웠다. 그곳은 치료하지 못한 채 아물어 아직도 흉터가 넓게 자리하고 있다. 흉터는 남았지만 아프지는 않다. 지금도 그 흉터를 보면 속상하고 보기가 싫다. 관심을 갖고 싸매주었다면 흔적이 훨씬 작아졌을지도 모른다. 육체의 상처는 싸매면 뼈가 붙고 새로운 살이 돋아나 치료가 되지만, 한번 받은 마음의 상처는 쉽게 아물지 않고 흔적이 영원토록 남는다.

내 인생길에서도 숱한 고난의 흔적들이 있다. 어린 생명을 일주일 만에 잃고 슬픔에 잠겼던 날이 있었고, 어두운 손으로 인해 바라던 승진할 자리에 가지 못해 가슴 아파하던 시간도 있었다. 가난과 배고픔으로 얼룩진 옹이는 아직도 단단하게 자리를 잡고 있다. 상처는 흉터라는 흔적을 남기고 그 흔적은 마음에 얼룩을 남긴다. 그러나 그것까지도 추억이 되어 나를 일으켜 세우는 원동력이 된다.

오늘, 비에 젖은 어린 새의 상처를 어루만진다. 두 손을 잡고 눈을 씽긋하며 웃음을 보냈다. 마주 앉은 아이의 입가에도 꽃봉오리가 벙글 듯 엷은 미소가 피어난다. 세월의 밀물이 파도와 함께 하얀 거품을 몰고와 상처의 흔적을 지우면, 아픔을 잊고 다시 행복의 노래를 부를 수 있으리라. 두 볼에 흐르는 눈물 자국을 손끝으로 가만히 닦아준다.

모든 순간

 별똥별이 떨어진다. 밝은 빛을 내며 짧은 생애를 마감하는 찰나 사라져 버린다. 어둠이 서서히 걷히고 동녘엔 붉은 햇살이 뻗쳐오른다. 마당에 차들이 하나둘씩 들어선다. 설날 세배하러 온 손주들 눈망울들이 초롱초롱 반짝인다. 한 손에는 장난감을 들고 또 다른 손에는 과자 봉다리를 든 채 현관문을 두드린다. 손주들이 쑥쑥 자라는 동안, 빨리 달리는 세월에 우리는 할망구와 할배가 되었다. 소나무 숲에 물안개가 하얗게 드리운다. 굴뚝 연기가 피어나고 밥 짓는 어머니의 고향 풍경처럼 아늑하다.
 고향은 언제 찾아가도 정겹다. 골목길과 개울가에서 놀던 어린 시절의 추억이 보름달처럼 떠오른다. 소꿉장난하던 동무들을 만날 수 있어 좋고, 지나온 삶의 이야기를 허물없이 수를 놓을 수 있어 즐겁다. 꽁꽁 언 손을 아랫목에 깔아놓은 이불 속에 넣어보면 어머니 품속처럼 따뜻하다. 꽁당보리밥과 삶은 고구마로 끼니를 때우던 겨울밤은 유난히도 길다. 가난의 설움과 아픔을 삭이는 숨소리는 고요한 밤 찬바람에 문풍지가 운다. 호롱불 밑에서 팔베개를 해

주고 들려주시던 태몽 이야기는 평생 잊을 수 없다. 그것은 엄마의 꿈이요 바람이었다. 애틋한 사랑이 세월의 주름살로 배어 있어 언제나 푸근하다.

옥천에서 전세방을 얻어 살 때다. 어린 딸들의 손을 잡고 꽃동산 공원을 찾았다. 색동저고리 분홍치마를 입고 나비처럼 날아다니는 동심의 모습을 볼 때 기쁨이 샘솟는다. 이곳저곳을 걸어 돌아다녀도 힘든 줄 모르고, 하루 종일 배고픈 것도 잊는다. 얼굴에 연지곤지를 찍지 않아도 이쁘고, 넘어져 흙먼지로 옷이 더러워졌어도 툭툭 털고 나면 그만이다. '나의 살던 고향' 노래를 부르며 발뒤꿈치를 들고 아장아장 걸어오던 그 모습은 동화의 한 장면이다.

친구들이 집에 찾아와서 이야기를 나누던 저녁이다. 운동장을 두세 바퀴 돌다가 플라타너스 나무 아래에서 땀을 닦고 서 있는데 나를 부르는 소리가 들려온다. 부자를 끓여 장독대에 올려놓고는 식히면서 기다리던 아내의 목소리다. 겨울이 올 때마다 늘 몸이 차고 손발이 시려 떤 적이 많았다. 체질을 바꾸어 보라고 어머니가 챙겨주신 것이다. 한 그릇을 들고 천천히 마셨다. 잠시 후 나는 속이 메스껍고 답답했다. 저녁에 먹은 음식을 모두 토하고 온몸이 부들부들 떨린다. 식은땀이 등줄기로 흐르고 정신이 혼미하다. 생사를 오가는 순간 말할 수 없는 탄식이 흐른다.

검진을 통해 심장의 고동 소리와 맥박을 영상으로 확인했다. 심장의 수축과 이완 그래프가 정상이란다. 척추 뼈마디에 있는 연골이 닳아서인지 키가 줄어들고, 몸무게는 조금씩 늘어간다. 채혈을 하고 소변을 받아 혈당을 분석한다. 마지막 검진 코스는 대장검사와 위내시경 검사다. 마취가 깬 후 의사가 결과를 확인하며 설명하는데, 위벽에 물혹이 생긴 것 같다는 것이다. 청천벽력 같은 소리다. 눈을 감으니 별이 반짝이는 게 보인다. 무던히도 참고 견디며 살아온 삶의 종착역이 다가오는가 귀를 의심해 봤다. 순간 아내의 눈망울에 이슬이 맺힌다.

무 배추밭에 서리가 하얗게 내렸다. 입김을 불으면 콧수염에 달라붙는 늦가을에 연탄보일러가 터졌다. 자그마한 히터를 틀어도 방은 썰렁하기만 하다. 난방이 안 되어 이불을 뒤집어쓰고 소금을 굽듯 밤새 벌벌 떨었다. 그러나 아무리 추워도 서로의 체온으로 사랑을 태우는 밤은 화롯불처럼 뜨거웠다. 뜬눈으로 밤을 새우던 그날의 추억들이 주마등처럼 머릿속을 스쳐간다.

멀고먼 인생길을 돌고 돌아 즐거움이 많은 마을에 둥지를 틀었다. 집터를 다듬고 기초공사를 하던 날이다. 하우스 처마 끝 마무리작업을 하다가 아내가 사다리에서 떨어졌다. 멈칫했던 순간 그 숨결이 지금도 생생하다. 양 손목엔 수술 자국의 흔적이 짙게 자리 잡았고, 눈가에 검푸른 멍이 여전히 남아 있다. 주름지고 처진 배에는 난소출혈 수술 흔적이 연하게 그려져 있다. 손가락 끝은 마디가 굳어 무엇 하나 제대로 잡지 못하고 자꾸만 놓친다. 가끔 부엌칼에 손을 베기도 하니 이제는 설거지와 음식을 만들기 위한 칼질은 내 몫이 되었다. 식탁 위에 반찬을 꺼내놓고 치우는 일도 익숙해졌다.

돌을 지난 다섯 번째 손녀가 뒷짐을 지고 걷는다. 의젓한 배퉁이다. 날아라 날아라 노래를 부르면, 까르륵 웃고, 손사래 치는 모습에 한바탕 웃는다. 생명의 자람이 기쁨이고 사랑이다. 저렇게 웃고 왔다가 이렇게 늙어 가는 것이 우리의 삶이다. 조용한 안식의 길을 숙명처럼 받아들이고 뚜벅뚜벅 걸어가야겠다. 앞산의 딱따구리는 오늘도 쉬지 않고 나무를 쪼아댄다. 구름 뒤에 숨은 낮달이 얼굴을 내민다. 순간이 모아지면 하루가 되고 하루가 모아져 세월의 강으로 흘러간다. 모든 날 모든 순간이 고마움이고 감사다. 세월을 베고 누운 순간의 조각들이 그리움으로 남는다.

시절인연時節因緣

　소중한 것은 오래도록 곁에 두고 싶은 것이 인지상정이다. 그것은 들에 핀 꽃일 수도 있고, 값이 비싼 보석이나 예술적 가치가 있는 명품 또는 사람일 수도 있다. 아니면 예쁜 목소리로 노래하는 새와 어항 속에서 조용히 헤엄치는 물고기일지도 모른다. 세월이 흐르면 늙고 병들어 이 세상을 떠나거나 봄, 여름, 가을, 겨울이 바뀌는 동안 만나고 헤어진다. 만나면 헤어짐이 있고 헤어지면 또 다시 새로운 만남으로 이어지는 것이 시절인연이다.

　개울가에서 송사리, 붕어, 미꾸라지 잡으며, 어린 시절을 보내던 내 고향. 풀 섶에 황소는 게으른 하품을 하고, 송아지는 엄마 품 그리워 음매 음매 어미를 찾는다. 해가 서산에 걸리고 짙은 노을이 숨넘어갈 듯 마을 느티나무 아래 깔리면 두건 두른 어머니는 밥 짓느라 분주했다. 저녁 안개가 마을 어귀마다 솜사탕같이 드리우면, 마중 나온 삽살개는 꼬리 흔들며 개구쟁이들을 반갑게 맞는다. 그렇게 정든 고향이 요람의 시작이요 삶의 터전이요 엄마 품이다.

　모두가 잊히지 않는 그리움이다. 어쩌다 고향을 찾아가면 양지

바른 어머님 산소엔 파란 잔디만 보일 뿐 안기고 싶은 어머니의 치마폭은 보이질 않는다. 자상했던 정과 고마웠던 마음이 생각나고 안타까움만 가슴에 남는다. 그저 자식 잘되기만을 바랐던 제단 위에 눈물방울이 떨어진다. 따라가면 만날 수 있을까? 다시 돌아갈 수 없는 것에 대한 그리움은 영원한 노스텔지어다.

 가슴 아픈 사랑의 인연은 어디 이뿐인가. 딸 둘을 낳은 후 아내가 임신을 했다. 가문의 대를 이을 아들을 바라는 어머니의 성화에 못 이겨 셋째를 가진 것이다. 그동안 입덧이 심하여 밥을 먹지 못했던 때와는 달리 무엇이든 잘 먹었다. 불룩 튀어나온 배는 두리둥실하였고, 뱃속에서 발로 힘차게 밀어 움직이는 모습이 예전과 사뭇 달랐다. 긴 태동을 하던 생명체는 세상 밖으로 나오려고 무던히도 아홉 달을 잘 기다렸다. 아기는 오랜 진통 끝에 분만실에서 순산을 했고, 뽀얀 배냇저고리를 입고 아기포대에 싸인 채 엄마 품에 안겼다. 얼굴은 달덩이같이 잘 생겼고, 검은 눈동자와 선이 분명한 콧날은 장군감이었다.

 그러나 아기는 엄마 젖꼭지를 잘 물지 못하며, 젖을 빨지도 않고 시름시름 가늘게 울고 있었다. 입술이 점점 파랗게 변하였고 몸빛도 창백해져 갔다. 담당 의사에게 물어보았더니 심장에 이상이 있는 것 같다고 한다. 응급차를 불러 대전 심장 전문병원으로 이송했다. 고통스러워하는 아기는 두 손을 움켜잡고 힘없이 울며 입술만 오므리고 있었다. 산소 호흡기를 부착하고 이동하는데 무엇을 어떻게 해야 할지 안타깝고 답답하기만 했다. 아빠로서 아무것도 해

줄 수 없는 무능함이 한스럽고, 이렇게 손을 놓고 지켜봐야만 하는 현실이 막막하기만 했다. 병원 복도를 수십 번 오가며 제발 살려달라는 기도 외엔 그 무엇도 할 수 없는 나약한 아버지였다. 아들은 태어난 지 일주일 만에 하늘나라로 갔다. 억장이 무너지는 슬픔을 가슴에 묻어두고 살아서는 부르지 못할 그 이름. 어쩌다 내게로 와서 짧은 만남, 긴 이별을 고하고 간 것이다. 말로 할 수 없는 아프고 괴로운 마음을 밤하늘 별들에 적어 보내야만 했다.

힘들었던 마음을 다시 추스리고, 조용히 묵상하며 감사해야 할 이유들을 찾아보았다. 이 땅에서 오랫동안 아파서 힘겹게 고생하지 않고 하늘나라로 갈 수 있어 감사했다. 험한 세상 죄 짓지 않고 순결한 몸으로 하나님 품에 안긴 것에 대해서 감사했다. 삶의 경쟁 속에서 넘어지고 지치며, 슬픔을 맛보지 않고 이별할 수 있음이 고마웠다. 짧은 만남으로도 사랑을 느낄 수 있어 행복했고, 이별 후 다시 만날 수 있다는 소망과 기다림이 나에게 위안을 주었다. 가슴을 에일 듯 파고드는 귀여운 얼굴, 몹시도 그립고 목이 메어 울다가 서러워서 웃었다.

화려하게 웃음 지으며 피어난 벚꽃들의 춤사위도 어느 날 비바람 불면, 땅에 떨어져 눈물짓는다. 길모퉁이에 핀 민들레, 냉이, 꽃다지가 잠시 피었다 시들어 버려도 아무도 기억해 주는 이가 없다. 무더운 여름날 우리를 괴롭히던 모기도 차가운 바람이 불면 어디론가 자취를 감춘다. 모두가 스쳐 가는 인연들이다. 풀에 잠시 맺혔다 사라지는 이슬처럼 이 땅에서 덧없는 인생의 삶을 살고 가는

지도 모른다. 가고 오는 인연은 그대로 두어야 하는가 보다.

  운명은 거부할 수 없다. 아직도 그 순간들을 이별이라 부르고 싶지 않다. 짧은 만남, 속절없는 사랑이 가슴에 긴 여운으로 맴돈다. 내 가슴에 담긴 애틋한 사랑을 지울 수가 없다. 삶의 터전에서 시련과 역경을 이겨내며 함께 걸어왔고, 세월이 흘러가는 동안, 울고 웃으며 미운정 고운정이 듬뿍 들었다. 그 속삭임들이 내 인생의 일기장 속에 시절인연으로 쓰이고, 또다시 만나고 싶고, 보고 싶은 그 사람들은 빛바랜 사진 속 추억으로 남는다.

부자父子캠프

남자 중학교 교감으로 근무할 때다, 아버지와 아들이 한데 어우러져 흘리는 땀과 눈물, 웃음과 감동 속에 편안한 잠을 이루는 캠프를 기획했다. 부자 사이의 벽을 허무는 만남으로 잃어버린 사랑과 정을 되찾는 아름다운 시간이다. 서로의 이해와 대화를 통해 가족의 소중함을 깨닫고, 행복한 가정과 친밀감을 조성하는 것이 캠프의 목적이다. 운영프로그램에는 뗏목타기, 편지쓰기, 세족식, 사랑 고백하기, 자녀의 장점을 찾아주는 시간 등이 있다.

"서먹했던 아버지, 그래도 마음으로는 그리웠습니다.

익숙하기는 했지만 푸근하지는 못했습니다."

사춘기 남학생들은 늘 마음에 아버지를 그리고 있다. 이번 캠프에는 20여 가정의 아버지와 아들이 참석했다. 가까이하기엔 너무 먼 아버지와 함께 자고, 함께 뗏목을 타며, 속마음을 나누면서 보이지 않는 앙금을 깨끗이 씻어 버리는 것이다. 캠프프로그램 중 최고 감동 시간은 서로에게 편지를 쓰는 순간이다. 아버지가 편지를 쓰는 방을 찾아갔다. 바쁜 생활에 시달려 자식을 키우는 사실조차 잊고 살아온 아버지가 돌아가신 부모님께 후회의 글을 쓰는 모습이 보였다.

"저승에 계신 당신께서는 그리도 자식들을 잘 키웠는데 저는 아버지를 떠 올릴 염치가 없습니다. 이제부터라도 열심히 살아 보겠습니다"

글을 쓰며, 끝내 눈물을 흘린다. 학생 방으로 갔더니 대화가 적었던 어린 아들은 자신의 아버지께 후회와 존경을 담은 글을 썼다.

"무심하게 살아왔지만 사실은 늘 그리워하고 있었습니다. 가장 가깝다고 하는 부자관계가 더 가까워졌으면 좋겠습니다."

이미 세상을 떠난 할아버지를 그리면서 편지를 쓴 아버지와 그 아들이 아버지에게 쓴 편지를 읽으며 서로를 이해하고, 삼대의 벽이 허물어지는 핏줄의 사랑과 정을 나누었다.

저녁식사를 마치고 휘영청 달이 떠오른 밤, 아버지가 아들의 발을 씻어주는 세족식 순서를 가졌다. 학생들은 의자에 앉아 양말을 벗고 기다리고 있다. 은은한 조명 아래 사랑의 아리아 음악이 흐른다. 허리춤에 수건을 두른 아버지는 대야에 따뜻한 물을 담아 아들의 발 앞에 놓는다. 한쪽 무릎을 꿇고 정성스럽게 아들의 발을 씻기기 시작했다. 어디선가 흐느끼는 소리가 들린다. 차가운 가슴에 쌓였던 장벽이 무너지는 순간이다. 꽁꽁 얼어붙었던 마음이 울음 되어 터진다. 아버지의 품에 얼굴을 묻고 곳곳에서 어깨를 들먹이는 흔들림은 멈출 줄 모른다. 두 팔로 꼭 안아주는 진한 포옹은 보는 이로 하여금 할 말을 잃어버리게 했다. 아버지의 손끝에서 아들의 발가락으로 전해지는 감동의 전율은 침묵의 강으로 흘렀다.

세족식을 마치고 캠프간담회 자리를 마련했다. 특전사로 근무하고 있던 아버지가 찾아와 "선생님! 오늘 내 아들이 처음 나를 아버지라고 불렀어요!"

이 감동을 어찌 말로 다 표현할 수 있을까요? 늘 엄격하고 규칙적인 생활을 하고 있었던 아버지. 수많은 만남이 있었지만, 부자간에는 그동안 따뜻한 말 한마디가 없었던 것이다. 굳게 닫힌 입에서 아버지! 아들아! 불러 보는 감동의 시간은 가슴을 먹먹하게 했다. 그날 밤 참석한 아버지는 자신보다 덩치가 더 큰 아들을 팔베개로 안은 채 하룻밤을 보냈다.

그러고 보니 직장생활에 바쁜 나도 자녀와 만나 대화하는 시간이 거의 없었다. 어쩌다 만나면, 밥 먹었니? 불 끄고 자거라가 전부였다. 자녀가 서툴고 부족한 점들을 찾아 나무라는 데만 익숙했지, 잘하고 좋은 점을 찾아 칭찬하는 데는 인색했던 것 같다. 어머니만큼이나 자식을 사랑하는 마음이 깊었지만 표현하지 못했기에 아들은 그 속마음을 알 수 없었을 것이다.

이튿날 아들의 좋은 점을 찾아 아버지가 칭찬해 주는 시간이다. 아들이 사랑스러운 이유 스무 가지를 써서 마주 보고 읽었다. "제게도 이런 장점이 있었나요?" 아들이 눈시울을 붉힌다. 살아있는 드라마를 보는 듯했다. 1박 2일 부자캠프 여정을 마무리하는 아버지의 고백을 들었다.

"아직 어리고 철부지라고 생각한 아들에게서 가족을 생각하는

듬직한 모습을 보았습니다. 가부장적이었던 내가 사랑을 표현해 주는 아버지로, 부자간의 정을 일깨워 준 꿈만 같은 시간이었습니다. 잘 부르지 못하는 노래를 열심히 따라 부르는 아버지의 모습을 보면서 아들이 감동하고, 물에 빠지면서 끝까지 모험코스를 통과하는 아들의 강인한 의지를 발견하고 가슴이 뜨거워졌습니다. 자상한 아버지로, 온화한 가장家長으로 다시 돌아올 수 있는 기회가 되었습니다. 이제 아버지로서 짊어진 책임감과 무거운 어깨의 짐을 벗어 버리고, 새로이 충전된 에너지로 가벼운 발걸음을 일상생활로 옮겨 봅니다. 아내의 부탁이라 억지로 부자캠프에 참여했는데, 많은 것을 느끼고 집으로 갑니다."

글을 읽으면서 부자캠프를 기획한 입장에서 무한한 보람을 느꼈다. 무뚝뚝했던 나의 아버지 생각이 난다. 성미가 급하고 일만 하셨기에 나 역시 평소 아버지와 자상한 대화를 나눈 적이 거의 없었다. 늘 멀찌감치 거리를 두고 서로 바라보기만 했다. 나는 아버지를 얼마나 가슴으로 사랑했는지, 그리고 지금 내 아들에 대해 또 얼마나 잘 알고 가까이 지내왔던가 뒤돌아본다. 내가 가족을 위해 고생하며 살림살이를 키워가는 것이 사명을 다한 것으로 여겼다. 자식의 힘든 것이 무엇인지 세상을 향해 두려워 떨고 있는 고민거리는 어떤 것인지 살펴보지 못했다. 자녀교육이 더 이상 어머니만의 몫은 아니다. 아버지가 살아야 가정이 살고 나라가 산다.

"사랑한다. 이 세상 누구보다 너를 사랑한다."
"저도 아빠를 사랑해요."

홀로서기를 하는 아들이 따뜻하고 깊은 사랑을 느끼고 행복해하는 모습을 볼 때 가슴 뿌듯한 희열이 찾아왔다. 가슴 속 고요히 흐르는 사랑의 강물 따라 부르던 아들의 노래와 멍하니 선 채 울먹이며 두 볼을 적시던 아버지의 뜨거운 눈물이 아직도 가슴에 메아리친다.

버팀목

　솔향기가 은은하다. 10여 년 전에 만든 소나무 농원으로 사시사철 언제나 짙은 푸르름으로 가득하다. 추운 겨울에도 변함없는 그곳에 마음이 머문다. 소나무는 황무지나 절벽 바위틈에서도 살아남는 생명력이 있다. 몸의 균형을 이루기 위해 척박한 땅에 뿌리내린 반대 방향으로 줄기가 굽는다. 그 모습에는 생존에 시달린 한의 정서와 고난을 이겨내는 강인한 의지가 있다. 수난의 역사를 깊이 간직한 채 동행하고 있는 우리 민족성의 표상인지도 모른다.

　소나무는 암꽃 수꽃이 함께 피는 자웅동주다. 꽃샘바람이 불면 공기주머니를 단 송홧가루가 노랗게 하늘을 수놓는다. 지붕 위도 자동차와 장독대에도 금빛으로 물들인다. 가능하면 멀리 있는 소나무와 가루받이를 하려고 한다. 생존을 위해 타가수분을 하려는 애씀이 놀랍다. 오래전에 심은 소나무가 부쩍 자라서 좌우 공간을 덮었다. 애기 솔방울이나 솔 순은 엑기스를 담가 먹고, 소나무 실뿌리 근처에는 송이버섯이 잘 자란다. 송진을 먹고 자란 버섯에는 솔향이 짙다. 항암에 좋다 하여 인기가 하늘 높은 줄 모른다. 소나무는 상순부터 뿌리 끝까지 모두가 쓸모 있다. 봄, 여름, 가을, 겨울 변함없이 푸른 색깔과 더불어 아낌없이 주는 나무다.

비바람이 불어오고 눈보라가 몰아쳐도 언제나 그 자리에 서 있다. 세월의 혹독한 아픔 속에서도 껍질을 게딱지처럼 두툼하게 만들어 겨울을 이겨낸다. 낙엽이 지고 나면 곧바로 또다시 솔잎을 내어 변함없는 마음을 지킨다. 시련이 다가와 금방 쓰러질 것만 같은 상황 속에도 잃었던 정신을 제자리로 돌려주는 기상이 있는 소나무가 나는 참 좋다. 그 푸름은 고난을 이겨내는 내 삶의 버팀목이기도 했다.

가깝게 지내는 친구의 눈동자가 힘을 잃고, 어깨가 축 처져 있다. 다섯 살 된 손자가 감기몸살을 앓다가 폐렴으로 하늘나라로 갔단다. 마음을 어디에 두어야 할지 가늠을 못 하고 삶의 의욕을 잃었다. 사랑의 대상인 존재를 가슴에 묻고 길 잃은 기러기처럼 힘들어했다. 같은 아파트 아래위층에 딸 같은 며느리와 함께 살아온 손자와 정이 남달랐다. 여행과 외식을 하며 웃음꽃 피우던 재롱둥이가 어느 날 갑자기 품속에서 사라졌으니, 아들과 며느리 마음 아플까 봐 표현도 못 하고 속울음만 꾹꾹 누르고 있다.

"할아버지 오빠 어디 있어?"

손녀가 물을 때는 목이 메어 말을 잇지 못한다. 자식을 잃은 며느리는 금방이라도 방문을 열고 달려와 품에 안기는 환상에 밤잠을 이루지 못한다고 한다. 집안이 침묵으로 짙게 깔려 적막하다. 아들과 딸을 낳았기에 며느리는 이미 애기주머니를 묶었단다. 누가 이 아픔과 슬픔을 진정 위로해 줄 수 있을까. 알콩달콩 정을 남기고 몸만 갔으니 이를 어쩌란 말인가. 몸이 지치면 발걸음이 무겁고, 마음이 지치면 인생의 삶이 무겁다. 단란하고 행복한 가정의 닻줄을 끊어버린 병마가 한없이 야속하기만 했다.

그 가정의 버팀목은 시아버지다. 퇴임 후에도 사회 일을 하며 경제적으로 집안 살림을 감당하고 있다. 버팀목은 홍수가 나고 세찬 바람이 불어도 늘 푸른 소나무처럼 그 자리를 지킨다. 소나무는 가치를 묻고 살지 않는다. 땅에 뿌리를 박고 살아가는 존재만으로 삶의 향기와 꿈을 준다. 세월의 짙은 나이테를 그리면서도 마디마디 휘어진 허리를 부여잡고 바람결 따라 흔들리며 말없이 우리를 지켜보고 있다. 몸짓과 눈짓으로 서로 바람 속에서 들려주는 언어가 신비롭다. 그 이름을 불러주고 가슴에 품으면 생명의 정체성이 선명하게 보인다.

나 역시 딸 둘을 낳고 셋째 아들을 낳았을 때다. 잘생긴 얼굴에 배냇짓의 웃음을 머금으면 수려한 외모에 남자다운 기상이 엿보였다. 신생아실에서 첫날을 보내고 집에 온 아기가 엄마의 젖꼭지를 잘 물지 못하고 숨을 가쁘게 쉬었다. 응급실에 실려 간 내 아들은 온갖 치료에도 불구하고 태어난 지 일주일 만에 하늘나라로 갔다. '왜? 이런 시련이 오는지, 왜, 나만 이 고통을 겪어야 하는지.' 서녘 하늘에 지는 해를 보고 울고 또 울었다. 집에 돌아오니 아내가 "애기는 어디 있어요?" 묻는데 눈을 감은 채 할 말을 잃었다. 방안에는 긴 한숨과 적막함만이 흘렀다.

오래 참고 기다린 여정 끝에 늦둥이를 얻은 나의 경우를 이야기하며, 며느리 태의 문이 열리도록 기도하자고 했다. 잡은 손에 힘이 들어가고 따뜻해진다. 손을 꼭 잡고 동병상련의 고통을 진심으로 나누었다. 주르륵 흐르는 물줄기가 두 볼에 얼룩진다.

토기장이가 질그릇을 만들 듯, 나 또한 지음 받은 질그릇이라는 이유만으로 살아야 할 이유가 있다. 오늘도 생명이 숨 쉬고 있음에 감사하고, 노래를 부를 수 있어 기쁘다. 눈으로 무지개를 볼 수 있고 귓가에 스쳐 가는 자연의 아리아에 가볍게 발걸음을 옮겨 본다. 몸은 하나의 심장으로 살지만, 마음은 두 심장인 양심으로 산다. 소풍 같은 인생길, 끝날 때까지 사랑과 정을 나누는 너와 나의 버팀목이고 싶다.

무쇠솥의 눈물

　무쇠솥에서는 어머니의 향기가 난다. 제맛을 뜸 들이는 무쇠솥은 어머니를 닮았다. 따스한 봄날 고향길을 걷는다. 살구꽃 복숭아꽃이 연분홍 꽃잎노래를 부른다. 노랑나비는 사랑 찾는 아가씨처럼 나풀거리며 꽃향기를 찾는다. 쌍고갯길 언덕 너머 어머니의 묘소가 보인다. 흙덩이 속에서 파란 잔디가 기지개를 켜듯 일어나고 있다. 어머니 머릿결을 쓰다듬으며 볼을 대어 본다. 행주치마로 손을 씻으며 부엌에서 나오시는 얼굴이 떠오른다.
　어머니는 아침이면, 늘 수건을 머리에 두르고 부엌으로 갔다. 부뚜막에 무쇠솥 세 개가 나란히 걸려 있다. 수세미로 솥 안을 닦아내고는 바가지로 남은 물을 퍼낸다. 조랭이로 쌀 속에 있는 돌을 가리고 밥을 안친다. 솥뚜껑을 덮은 후 행주로 말끔히 겉을 문지른다. 나무 가랭이에 있는 짚으로 아궁이에 불을 지핀다. 검은 아궁이 속에서는 타닥타닥 소리를 내며 붉은 해가 스멀스멀 올라오듯 검붉은 불꽃이 타오른다. 부지깽이로 불을 지피는 어머니의 얼굴은 무심한 듯 평안해 보인다. 식구들 먹을 밥 짓는 것이 오로지 인생의 숙명인 것처럼 끓고 있는 무쇠솥을 지켜본다. 투박하지만 제 맛을 뜸 들이는 무쇠솥은 어머니의 마음을 닮았다.

 삐익 삑 소리를 소리를 내며 솥뚜껑이 들썩들썩 움직인다. 밥 익는 소리가 팝콘 일어나듯 움직인다. 솥뚜껑을 한번 들었다가 놓으니 끓어오르던 거품이 잠시 가라앉는다. 뜸 들이는 시간이 흘러간 무쇠솥에서 주루룩 눈물이 흘러내린다. 솥뚜껑을 열고 쏟아지는 뿌연 김을 흐트린 다음 주걱으로 퍼 올린 밥은 고봉밥이다. 어머니 사랑이 한 가득이다. 송글송글한 밥알이 살아있어 입맛에 군침이 돈다. 솥 밥이 어찌 그리 맛있는지 형용하기가 어렵다. 냄비에 하는 밥과는 비교가 되지 않는다. 반찬 없이 밥만 먹어도 가슴이 찡하다. 천천히 익어가고 충분히 뜸 들인 탓일까. 오랜 시간 다당류인 녹말이 단당류로 변하는 과정을 갖게 한 비밀이 숨어있기 때문인지도 모른다. 어머니의 부엌은 삶의 일터요 생의 고됨을 탄식으로 풀어내는 장소요 가족을 위한 간절한 사랑의 기도처이기도 하다.

 누룽지가 생긴 밥솥에서 구수한 냄새가 방안까지 들어온다. 한 바가지 물을 퍼 넣고 짚불을 지피며 고소한 숭늉을 만든다. 얼큰한 김치와 된장찌개로 식사를 마친 후 먹는 숭늉은 블랙커피보다 진한 어머니의 향기가 있다. 혀끝에 달려오는 달콤하고 씁쌀한 맛은 삶의 시련에 시달린 피로를 말끔히 씻어준다. 직장생활의 고달픈 현장에서 지친 심신을 소생케 하고, 꿈을 새롭게 불태우게 한다. 무쇠솥은 무더운 여름이나 추운 겨울에도 변함없이 자신을 달구어

밥 짓는 일에만 충실하다. 그런 우직함이 나에게도 변함없이 남아 있으면 얼마나 좋을까.

주인이 없는 땅의 것을 탐하는 욕심, 올라가기만을 좋아하고 내려놓을 줄 모르는 어리석음, 자신의 자랑으로 배를 채우려는 심보가 마음 한구석에 잔재하고 있음이 밉기만 하다. 나의 급한 성격과 오래 참지 못하는 조급함이 연단의 불에 서서히 달구어지고 뜸 들여져서 집밥처럼 익어가기를 바라는 소망을 마음자락에 깊숙이 새긴다. 오랜 세월 눈비를 맞으며 성숙할 때 너그러움과 온유한 성품과 인격이 형성되리라. 무쇠솥에 나온 구수한 숭늉처럼 화평과 절제, 겸손과 섬김의 열매를 주렁주렁 맺으며 살고 싶다.

양은솥에 국거리와 양념을 넣고 불을 지피면 무쇠솥보다 빨리 끓는다. 빨리 익혀야 음식의 본래 맛을 살리는 경우가 있다. 부글부글 끓은 국솥에서 한 국자 뚝 떠서 대접에 담아 밥상에 놓는다. 칼칼하고 시원한 국물이 감칠맛 나게 혀를 감싼다. 인생의 세월이 깊어 갈수록 음식의 간이 점점 짜게 되는 것을 느낀다. '어머니 국물이 좀 짜네요' 했더니 불호령이 떨어졌다. 솥에서 나온 음식은 모두가 우리 몸에 좋은 거야 하며 당장 수저 놓고 나가라 호통치셨다. 하루 종일 뱃속에서 꼬르락 소리를 듣던 어린 시절의 추억을 잊을 수가 없다. 그 후로 지금까지 나는 식탁에서 맵든 짜든 음식 맛을 탓하지 않는다.

어머니가 누운 곳에 할미꽃이 나란히 피어있다. 노오란 수술의 미소가 다정하게 다가온다. 자식을 사랑하는 붉은 자주색의 열정이 햇살에 눈부시다. 무심히 바라보는 나에게 "너도 주름살이 많이 늘었구나" 하시는 말씀이 들려오는 듯하다. 땅거미가 지고 서녘 하늘에 초승달이 뜨면 부엌문을 열고 목을 길게 뽑은 채 기다리셨다. 배고파 울며 들어오는 아들을 앞치마로 감싸고 토닥이시던 그 사랑이 목젖을 타고 내려온다. 무쇠솥에 말없이 흐르던 눈물이 돌아오는 발길을 적신다.

대청호의 봄 자락

하늘 물빛 정원이 펼쳐진 대청호 물길이 행복을 수놓는다. 아침 물안개가 고요한 호숫가에 솜사탕처럼 피어오르고, 잔잔한 바람에 수면 위로 비취색 치마가 사그락 사그락 물결친다. 호수 속 어두운 산 그림자도 봄옷으로 갈아입으려 준비한다. 부드러운 솜털 모자 쓴 벚나무 꽃봉오리는 미소를 짓고, 볼에 스치는 바람에도 흙냄새가 묻어온다. 내 마음도 호수만큼 넓은 마음이었으면 좋겠다.

대청호는 한국의 중심에 자리 잡은 명소로 천혜의 자연환경을 갖추고 있다. 대전과 청주지역을 걸치고 있는 인공 호수로, 오른쪽으로 청주 상당구 문의면 덕유리, 왼쪽으로는 대전 대덕구 미호동을 가르는 거대한 호수다. 식수와 농공업용수로 쓰이는 금강의 젖줄이다.

대청호 오백리 길은 스물한 개 구간마다 다양한 특징을 가지고 있다. 한 개 구간이 약 10km 정도로 구성되어 있다. 연인끼리 낭만을 즐길 수 있는 데이트 코스, 농촌체험과 문화답사를 겸하여 걸을 수 있는 가족여행 코스, 등산이 가능한 산행 코스가 있는가 하면, 아이들과 함께하는 교육여행 코스, 푸른 호수를 감상하며 생각에 잠길 수 있는 사색 코스가 있다. 그중 4구간은 대청호 길에서 보고 느끼며 체험하고 즐길 수 있는 가장 아름답고 인기 있는 올레길이다.

문의를 지나 대청호 입구에 미천리美川里 마을 표지석이 있다. 아름다운 내가 흐르는 동네라는 뜻인데 소리가 나는 대로 읽으니 왠지 부자연스럽다. 이름은 뜻도 좋지만 부르기 좋아야 한다는 생각이 든다.

선착장 나루터 전망대에 올랐다. 동산에 무리 지어 있는 적송이 은빛 여울지는 호수와 정겨운 밀회를 나누며 서 있다. 작은 쑥 잎이 손을 내밀고 애기똥풀도 기지개를 켠다. 자주색 봄까치꽃이 깜찍하게 피어 반갑게 맞이한다. 열매가 개불알을 닮았다 하여 붙여진 이름으로 많은 사람에게 큰개불알꽃으로 불리기도 한다. 물의 정원과 함께 멀리 취수탑과 분수대가 보인다. 이곳에서 배를 타고 사공과 함께 굽이굽이 회룡포를 따라 산수를 즐기며 노래하면 이보다 더 좋을 수는 없을 것이다.

양성산이 있는 불당골 공원에는 산수유가 노오란 꽃잎으로 따스한 봄소식을 전한다. 옆에는 문화재단지와 객사로 쓰였던 자리에 미술관이 자리 잡고 있다. 대청댐과 인공 호수를 만드는 과정에서 보금자리를 잃고 떠나야 하는 실향민이 생겼다. 불당골, 부수골, 터밭, 아래장터라는 네 개의 자연부락이 합쳐진 조동마을이다. 수몰되어 떠나는 아쉬움에 고향을 그린 유래비를 보니

"수백 리 길 물결만 출렁거려, 그냥 홀로 서성거리다,

마음은 대청댐에 남겨 두고 돌아간다"

애절한 마음을 노래했다. 잃어버린 땅이야 다른 곳에 가서 또 다른 땅을 사면 되겠지만 보금자리를 틀고 오순도순 모여 살던 그 집 그 땅을 언제 다시 찾아볼 수 없으니 얼마나 슬픔이 크겠는가.

문화재단지 입구에서 솟대와 12간지 동물상과 눈을 마주했다. 깔끔하게 단장되어 있는 고읍 정자에 앉아 바라보는 대청호수는 수몰된 아픔의 여운이 남았는지 물안개로 덮여 있어 더욱 아련함이 든다. 호수 속에 비친 나무 숲그림자도 흐린 잿빛으로 보인다.

대청댐 전망대를 향하는 길가 마른나무 가지 끝에는 당장이라도 꽃피울 듯 꽃봉오리들이 겨울잠에서 깨어나 옹기종기 줄지어 달려있다. 산모롱이를 지나는데 진달래가 수줍은 듯 방긋 웃는다. 그 너머로 목련꽃도 고개를 내밀고 있다. 나도 웃고 그들도 웃는다. 가을은 울긋불긋한 색깔이 마음에 스며들지만, 봄은 노랑, 분홍, 빨강색으로 생명력 있고 강렬한 눈빛으로 다가온다.

수면 위로 부서지는 햇빛이 눈부시다. 금강 줄기 따라 능수버들이 봄맞이하러 줄을 지어 서 있고, 파랑이 넘실대는 거대한 호수에 물오리 한 마리가 떠다닌다. 그 움직임이 작은 파동으로 발끝에 전해진다. 바람과 물과 햇볕이 속삭이는 나지막한 목소리에 눈을 감고, 가만히 귀 기울여 듣는다. 혼자 걸었으나 결코 외롭지 않은 대청호 오백 리 길은 많은 즐거움과 행복을 가져다주었다. 생명의 근원인 물이 희망찬 미래를 열듯이 우리의 삶도 가슴 시리도록 빛나면 얼마나 좋을까.

그리움이 남는 길

사돈과 함께 현해탄을 건넜다. 이 바다는 수심이 얕고 풍파가 심하다. 쓰시마[對馬] 해류가 동북쪽으로 흐르고 동해 해류는 남쪽으로 흘러 방어, 정어리 따위의 난류성 어류가 많이 잡힌다. 시모노세키를 오가는 연락선은 조선 말기부터 일제강점기까지 많은 한국인이 알 수 없는 미래를 생각하며 바다를 왕래했다. 사돈 부부의 회갑 여행에 우리 부부도 초대받았다. 가까우면서도 쉽지 않은 동반 여행길이다.

이꼬우즈강을 따라 피어난 벚꽃 길에 꽃바람이 분다. 팝콘이 터지는 꽃망울들이 한껏 부풀어 올랐다. 샛바람이 스치고 지나가는 강물 위에 춤추는 윤슬도 따라나선다. 연분홍 꽃잎의 매무새처럼 단정한 옷을 입고 오가는 사람들의 발걸음도 가볍다. 안사돈끼리 다정하게 팔짱을 끼고 이야기를 나누며 걷는다. 바람 따라 펄럭이는 옷자락 위로 나른한 햇빛이 나부낀다. 친구 사이의 우정도 아니요 연인들의 사랑도 아니다. 자녀의 결혼으로 맺어진 아주 특별한 만남이다.

고쿠라성 입구에 들어서니 많은 사람이 웅성거리며 모여 있다. 원숭이 쇼를 지켜보는 사람들이다. 원숭이가 장대를 손에 잡고 걷는 모습에 신기한 눈빛들이 반짝인다. 젊은 아가씨가 작은 창문틀을 놓고 말을 건네고 신호를 주면 폴짝 뛰어넘는다. 이번에는 긴 장대를 잡고 뛰어넘으라고 하니 고개를 절레절레 흔든다. 관람객에게 격려의 박수를 유도하니, 순간 한쪽 다리를 들고 슬며시 넘는다. 재치 있게 위기를 넘기는 모습에 한바탕 웃음과 박수 소리가 공원에 가득하다. 그동안 삶의 현장에서 고맙고 감사한 일에 눈물 흘리고, '잘했다' 칭찬하는 격려에 기쁜 웃음을 보내며, 어렵고 힘든 일을 만날 때마다 마음 조리고 애를 태우던 순간들이 있었다. 고난과 슬픈 일들이 닥쳐오면 '이 또한 지나가리라' 생각하며 무던히도 참았다. 나 또한 원숭이처럼 인생극장 무대에 올라서 춤추는 쇼를 하고 있었던 건 아닐까. 지난 삶 속에 언뜻언뜻 스쳐가는 일들에 무어라 표현할 수 없는 마음이 머문다.

신간센 기차를 타고 고쿠라역으로 왔다. 바깥사돈은 결혼 후 후쿠오카에서 전기공학을 공부했다. 계단 아래 빨간색의 간판이 붙어 있는 우편국이 보인다. 그리운 아내와 아이가 보고 싶어 기나긴 편지를 쓰고, 그리움으로 사랑을 달래며 기다리던 장소란다. 목소리를 들으며 외로움을 달래던 전화기 앞에 발걸음을 멈춘다. 전화통에 동전을 넣으며 이곳에서 국제 전화를 하던 시절이 생각난 모양이다. 물끄러미 바라보는 바깥사돈의 눈가에 향수의 이슬이 맺힌다. 살아온 기쁨과 아픔이 화폭에 그려진 명화처럼 멈춘 것이다.

지고지순한 사랑으로 반평생을 보낸 얼굴에 추억의 미소가 번진다.

　기차역 계단과 벽에는 은하철도 999 그림이 그려져 있다. "기차가 어둠을 헤치고 은하수를 건너면, 행복 찾는 나그네의 눈동자는 불타오르고, 엄마 잃은 소년의 가슴엔 그리움이 솟아오른다." 노래가 귓가에 들리는 듯하다. 어느 별로 가기 위한 것일까. 은하 초특급 열차를 타고 우주 공간을 달리는 여정을 그린 미야자와겐지의 작품이다. 두 손을 하늘로 높이 들어 자유의 향기를 느끼고 싶어 하는 주인공 철이의 꿈이 있다. 70년대 골목길을 뛰어놀다 들어오는 아이들 입에서 이 노래가 자주 불리었고, 수많은 동심을 울렸다. 역 화장실로 가는 벽과 신간센 객차에 아이들이 좋아하는 만화 그림들이 그려져 있다. 포토존에서 사진을 찍는 아이들 모습이 앙증스럽고 귀엽다.

　저녁 식사 시간이 되어 호텔 로비로 갔다. 사돈의 30년지기 친구와 인사를 나누었다. 철강회사 사장 니시다께다. 우리에게 일본 정통요리를 대접했다. 각 개인에게 아주 조금씩 미적 감각을 더한 화려한 음식이 따로 따로 나온다. 어쩌면 이것이 더 현명한 음식문화가 아닌가 하는 생각이 들었다. 그에 비해 우리나라는 된장국, 김치찌개, 동치미 등 탕의 문화가 발달했다. 가족이라는 이름으로 함께 수저를 담고 음식을 떠먹는다. 엄마와 아빠가 입술로 빨던 수저가 청국장을 뜨고 나면, 자식들의 숟가락도 이어진다. 건강할 때는 괜찮을지 몰라도 바이러스가 감염된 사람이 있다면 모두가 전염될 수가 있다. 밀물처럼 다가오는 식사문화의 다양성 속에도 민족성이 보인다.

대화를 나누는 시간에 철강회사 사장은 한국에 관한 관심이 높았다. 특히 한국가요 만남, 어머나, 서울 서울 서울 노래를 좋아한단다. 가라오케의 본고장 후쿠오까에서 '그리움이 남는 곳 서울, 사랑으로 남으리' 노래를 어깨동무하며 함께 불렀다. 오랜 친구의 우정이 깊어지는 밤이다. 그분이 집으로 가는 길에 작은 가방을 하나 든 채 바이(bye)하며 손을 흔들고 간다. 비서를 동반하지 않고 자가용 없이 걸어가는 뒷모습은 가식 없는 자유로운 영혼이었다. 또 하나의 메시지를 전해준다.

여행길에서, 수없이 많은 사람을 만나고 헤어진다. 그때는 함께 했으나 잊히는 사람이 있는가 하면, 늘 마음 한켠에 자리를 잡고 떠오르는 사람도 있다. 사랑의 편지를 주고받던 빨간 우편국, 따뜻한 목소리를 듣고 싶어 국제전화통에 코인을 떨어뜨리며 전화하던 장소에 시선이 멈춘다. '은하철도 999' 벽화는 소년시절 꿈을 그리던 동심의 세계 속으로 빠져들게 만든다. 30년이 지나도 변하지 않는 친구의 우정은 만남의 행복을 더했다. "오랜만에 오셨습니다. 오랜만에 만났습니다." 함께 부르던 노랫말이 귓전에 울린다. 만남은 추억을 만들고 추억은 그리움을 또 남긴다.

2 사잇길 여로

빈 의자

멈칫했던 숨결

우째 이런 일이

아버지의 강

흔적

동명이인同名異人

출산드라

판도라 상자

반추反芻

천국의 향기

무채색 여로旅路

어떤 졸업식

발가락이 닮았다

꽃이 지고 봄을 알았다

아침이 밝아오면 연둣빛 새싹들도 돋아나고, 정원 뜨락의 꽃나무마다 노랗고 빨간 색색의 꽃봉오리가 기지개를 켤 것이다. 때가 되면 아내도 양손에 감은 붕대를 풀고 돌아올 것이다. 즐거웠던 날들 생각을 하고, 고마운 맘 간직하며 살아야겠다. 멈칫했던 숨결의 긴 호흡이 다시 시작되고, 우리들의 보금자리는 하루가 다르게 쑤욱쑥 지어지고 있다.

빈 의자

　라일락 향기가 폐부에 깊숙이 들어온다. 딸과 사위가 예약한 식당을 지나가는 광장에 빈 의자가 놓여 있었다. 조명을 받은 의자가 한층 밝아 보이는 포토존이다. 손주들이 경쟁하듯 달려가 번갈아 가며 앉아본다. 의자가 아기들보다 커서 발이 땅에 닿지 않고, 양팔을 쭉 뻗어도 팔걸이를 제대로 잡을 수가 없다. 의자에 앉은 모습이 왠지 부자연스럽게 보인다. 그래도 손주들의 해맑은 웃음과 재잘거리는 목소리는 싱그럽기만 하다.
　잠시 후 아이들의 아빠와 엄마가 번갈아 가며 앉았다가 일어선다. 그들의 얼굴에 활기찬 힘이 드러나 보인다. 한층 젊은이다운 면모와 안정된 모습 속에 의자의 무게를 느낀다. 세상 경험과 지식이 쌓인 세련된 느낌도 들었다. 서로 사진을 찍어주고 영상을 확인하며 즐거워한다. 젊음이 그래서 좋은가 보다. 의자에 앉는 사람만 바뀌었는데도 그 느낌이 너무도 다르다.
　반백이 된 중년 남자가 정원을 둘러보다가 빈 의자에 앉는다. 인생의 시련과 고뇌를 담은 주름살이 이마에 가득하다. 입에 담배를 물고 하늘을 물끄러미 바라보는 여유와 자태가 의젓하다. 주인이라도 찾은 듯 광장 물속에 비치는 의자는 불빛에 농익었다. 의자는 어떤 사람이 앉는가에 따라 묵직함이 다르다. 철부지 아이들이 앉을 때는 설익은 과일처럼 아쉬움과 기다림이 커지고, 인생 경험이 적은 젊은이가 앉을 때는 걸어가다가 돌부리에 넘어질까 걱정과 염려가 앞서기도 한다. 그러나 삶의 쓴맛과 단맛을 체득한 이가 앉을 때는 안심이 되어 입가엔 흐뭇한 미소를 띤다.

의자는 주인이 따로 없다. 누구라도 그 자리에 앉으면 주인이 된다. 왕이 앉으면 천하의 백성이 보이고, 예술가가 앉으면 화려한 음률과 축배의 노래가 들린다. 초라한 옷차림을 한 거지가 앉을 땐, 가난과 배고픔 뒤에 숨겨진 서러움이 느껴질지도 모른다. 사랑, 가난, 기침은 아무리 감추려 해도 얼굴 표정에 숨김없이 드러나는 것처럼 빈 의자에 누가 앉느냐에 따라 무게와 색깔이 달라진다.

희로애락을 겪은 내가 앉으면 어떤 느낌이 올까. 나는 저 빈 의자처럼 지금까지 어떤 사람을 받아들이고 어떤 사람을 또 보냈을까. 어쩌면 그동안 달면 삼키고, 쓰면 뱉는 단순한 마음의 의자를 갖고 있었는지도 모른다. 사랑과 행복으로 눈물을 흘리고 감사하며 인생의 뒤안길을 정리하는 사람들이 앉아서 쉴 수 있기를 바랐다. 어린아이가 오면 기쁘고, 젊은이가 앉아도 넉넉하며 푸근한 의자가 되고 싶었다. 세월에 지친 사람들이 쉬어가고 이별의 슬픔으로 절망에 허우적대던 사람이 위로받는 마음의 의자를 갖추고 싶다면 지나친 욕심일까.

　반평생을 살아오는 동안 내게도 여러 의자가 있었다. 책을 읽고 일기를 쓰던 의자, 직장에서 종일 앉아 미래의 꿈을 가꾸며 고민하던 의자, 행사장에서 팡파르를 울리며 개회식을 열던 의자, 음악회에서 노래에 열광하며 선율의 감미로움에 푹 빠져 행복함을 맛보던 의자도 있었다. 숲속 정원에 가서 앉으면 언제나 반갑다고 인사를 하던 친숙한 나무의자, 한숨을 길게 내쉬며 땀을 흘려도 좋고, 생활고에 시달린 눈물이 빈 의자에 뚝뚝 떨어져도 좋았다. 나는 그 빈 의자를 사랑한다.

　흰 눈이 소복하게 쌓이고 차가운 북풍이 몰아쳐도 빈 의자는 네 다리로 꿋꿋하게 서서 누군가를 기다린다. 꽃이 피고 새싹이 나며 강산을 푸르름으로 덮을 때, 빈 의자엔 또 다른 사람이 찾아와 앉을 것이다. 외로운 사람이 와도 좋고, 피곤한 사람이 와서 앉아 쉬어도 좋다. 봄은 봄이고 여름은 여름이다. 가을엔 낙엽이 머물다 가고, 겨울엔 흰 눈이 밤새 앉았다가 동녘에 해가 뜨면 조용히 떠나갈 것이다. 삶의 고달픔을 위로해 주는 따스함은 어머니의 열두 폭 치마로 감싸주는 사랑처럼 포근하다. 돌고 돌아가는 세월의 인고 끝에 열매를 가득 담은 빛깔이 우리 삶에 풍성한 감사로 넘친 적은 얼마나 있었던가. 올 겨울엔 두 손을 비벼 내 마음의 빈 의자를 따스하게 데워 놓아야겠다.

멈칫했던 숨결

필그림하우스를 짓는 공사 첫날이다. 설계도의 위치를 따라 포크레인으로 터 닦기를 한다. 일꾼들은 레미콘 몰탈을 넣으려는 거푸집을 만들고, 차에서는 모래와 시멘트, 자갈이 섞인 혼합물이 쏟아져 나온다. 나무 넉가래로 밀고 당기며 기초공사를 하고 있다. 잔디밭과 정원을 꾸밀 곳을 마사토로 복토하려는데, 오래전 심어둔 느티나무가 장애물이다. 톱으로 줄기를 자르고 밭 한적한 곳에 쌓아 정리했다. 집터를 바라보는 아내의 얼굴에는 잔잔한 미소가 보인다.

잠시 둔덕에 앉아 땀을 닦으며 전기 톱날을 조정하고 있을 때다. 악! 하는 비명 소리, 무엇인가 땅바닥에 쿵! 둔탁한 마찰음이 들린다. 비닐하우스 처마 끝 정리를 하던 아내가 사다리에서 떨어진 것이다. 얼굴과 두 팔을 바닥에 엎드린 채 고개를 들지 못하고 있다. 이마에서는 붉은 피가 흘렀고, 양 손목은 골절되어 옷소매를 붉게 물들였다. 바닥에는 이빨이 튕겨 나왔다. 아내는 몸을 가누지 못하고 꼼짝없이 누워있다. 그 모습을 보는 순간 하늘이 노랗고, 온몸에 힘이 쭉 빠져나갔다.

　공사 현장에 있던 인부들이 급히 119를 불렀고, 이내 앰뷸런스와 구급대원이 달려와 목과 양 손목을 부목으로 고정하고 아내를 구급차에 태운 뒤 종합병원으로 향했다. 심한 통증으로 힘들어하는 아내를 보니 심장이 타들어 가는 것 같다. 아내의 고통을 덜어주고 싶은 마음 간절하나 대신할 수 없는 아픔으로 그저 바라만 보고 있자니 애간장이 녹는다. 병원에 도착하자마자 아내는 수술실로 들어갔고 내게는 다시 또 기다림의 시간이 주어졌다. 이런 어려운 일이 닥쳐올 줄은 꿈에도 몰랐다.

　얼마 전 바람 따라 꽃비가 내리던 봄날의 한가로운 오후였다. 아내와 함께 벤치에 앉아 이런저런 이야기를 나누던 중 아내가

　"여보 내 생일 선물로 전원주택 하나 지어주면 어때요?"

　하는 것이다. 아마도 올해에는 꼭 집을 지어야겠다는 계획을 하고 있으면서도 망설이고 있는 나를 채근하는 소리임을 잘 알기에

　"알았어! 통 큰 생일선물 하나 하지. 말 나온 김에 곧 시작하지 뭐."

　남은 삶을 아내와 손잡고 자연과 벗하며 살아가리라 다짐했다. 결혼 40주년을 맞는 기념으로 우리 부부의 새로운 보금자리를 마련할 생각이었다. 오래전 장만해 두었던 터전에 유럽형의 집을 설계하고, 건축회사와 계약을 해 시공을 맡겼다. 가족을 위해 평생 수고한 아내의 생일선물이라는 멋진 이름을 달고 우리의 필그림하우스는 첫 삽을 떴다. 그런데 생일선물로 줄 전원주택 건축의 기초

를 시작하는 날, 이런 불상사가 일어난 것이다.

 얼마의 시간이 지났을까. 아내가 수술실에서 나온다. 양 손목에 붕대를 감은 손이 이동 침대 위로 보인다. 얼굴은 온통 피멍으로 보랏빛이고, 눈을 뜨지도 못한 채 미간을 찌푸린다. 나지막한 신음 소리와 함께 통증을 호소한다. 간호사가 환자 운반구를 병실로 옮기는 동안 아내의 차가운 발목을 잡으며 따라갔다.

 꽃다운 나이에 나를 만나서 자식을 키우고 희로애락을 나누며 반평생 묵묵히 함께 걸어온 동반자. 비바람이 불어 슬픔에 잠겨 있을 때도 늘 곁에서 힘이 되어준 사람이다. 내 삶이 노래가 되어 평생을 사랑으로 노래해도 부족한 사람이다. 두 볼에 눈물이 흘러내린다.

 소식을 들은 장모님에게서 전화가 왔다. "이 사람아! 얼마나 놀랐는가? 내 걱정은 하지 말고 자네 건강 잘 챙기게나" 큰딸의 상처가 걱정되어 애를 태우는지 목소리의 떨림이 전해 온다. 목젖이 뜨거워져 말을 이을 수가 없는 모양이다. 장인어른을 잃고 산수가 지난 나이에 홀로되신 장모님. 척추 수술을 받아 지팡이를 잡고 걷기조차 힘들어하시는 분이다. 모정의 뜨거움과 애틋한 전율이 마음을 더욱 혼미하게 만들었다.

 양손을 사용할 수 없는 아내를 병실로 보내려니 목욕과 뒤처리를 돕는 사람이 필요했다. 간병인 외 보호자 면회도 밖에서만 가능한 코로나 시기였다. 어쩔 수 없이 24시간 돌보는 간병인에게 환자를 맡기고 집으로 돌아오는 마음이 착잡했다. 내가 만약 같은 상황에 놓였다면 '아내는 아마도 나의 간병을 자처했으리라' 싶어서다.

평소 집안일을 대수롭지 않게 여겼는데 의외로 해야 할 일이 많아 당황스러웠다. 먹을거리를 해결해야 하고 청소와 설거지, 빨래까지 쉴 틈이 없다. 생각했던 것보다 집안일이 훨씬 힘들었다. 집 짓는 곳에 가서 진행 상황을 점검하랴, 매일 병원에 가서 아내를 위로하고 필요한 물품을 전달해 주랴, 눈코 뜰 새 없이 분주한 나날이었다. 반찬 투정도 하고 작은 일에 불평했던 지난 일들이 한없이 부끄러웠다. 뜬눈으로 하룻밤을 지새우며 앞으로 해야 할 일들을 생각한다. 아내의 빈자리가 너무도 크게 느껴진다.

문득 정년퇴임식장에서 반평생 동안 나를 위해 헌신한 아내의 손발이 되겠다고 약속한 것이 떠오른다. 비록 아내가 다치는 아픔을 겪었지만, 멈칫했던 순간이 서로의 귀함을 다시 한번 일깨워 주는 경고로 알고 겸허히 받아들인다. 아내에게 후유증이 없도록 내가 잘 보살펴야겠다.

기다리던 봄비가 내리고 창문엔 작은 물방울들이 동그랗게 맺혀 흐른다. 아침이 밝아오면 연둣빛 새싹들도 돋아나고, 정원 뜨락의 꽃나무마다 노랗고 빨간 색색의 꽃봉오리가 기지개를 켤 것이다. 때가 되면 아내도 양손에 감은 붕대를 풀고 집으로 돌아오리라. 즐거웠던 날들을 생각하고, 고마운 맘 간직하며 살아야겠다. 흘러가는 빗물을 보내고 밀려오는 봄 향기를 기다린다. 멈칫했던 숨결의 호흡이 다시 시작되고, 우리들의 보금자리는 하루가 다르게 쑤욱 쑥 지어지고 있다.

우째 이런 일이

　지옥문이 열렸다. 중국 우한지역에서 시작한 코로나19가 세계를 강타했다. 도시마다 마을마다 죽음의 사자가 찾아오는 팬데믹은 부모와 형제를 잃었고 북망산천을 바라보게 했다. 북미와 유럽도 전쟁터에서 죽어가는 사람들처럼 사상자가 늘어났고, 가난하고 힘없는 노숙자까지 쓸고 갔다. 병원은 입원실이 부족하여 난리다. 나라와 나라, 도시와 도시는 이동 제한령의 장벽을 설치하며, 집집마다 빗장을 굳게 닫고 살고 있다. 너와 내가 만나지 못하고 혼자서 살아가야 하는 언텍트 시대가 온 것이다. 폐렴을 일으키는 팬데믹이 노인층에 더 위험하다 한다. 어쩔 수 없이 집콕할 수밖에 없으니 창살 없는 감옥에 갇혀있는 것과 무엇이 다르랴.
　식당은 의자를 뒤집어 탁자 위에 올려놓았고, 극장과 노래방은 절반 이하로 손님이 줄어 문을 닫는다. 오가는 손님들이 없는 시장 상가는 셔터를 내리고 장사를 접어야 해서 월세도 못 내고 먹고 살기조차 힘들단다. 학원가와 유흥가는 불이 꺼진 밤처럼 더욱 심각했다. 다양한 사업을 하는 경영주들은 전쟁으로 폭격을 맞은 것처럼 참혹하고 암담한 분위기다. 자영업자들은 발을 동동 구르며 폐업이 속출하고 있다. 소상공인공단에 근무하는 막내딸이 집에 와서는 "아빠 너무 피곤해!" 하며 침대에 쓰러진다. 경제적 어려움을 겪는 상공인들의 대출 건수가 파도처럼 밀려와 잠시도 쉴 틈이 없단다. 생활고에 지친 이들의 갖가지 요구를 다 들어줄 수 없으니, 민원인들의 항의나 욕설이 늘어나고 생떼를 쓰는 바람에 몸과 마음이 지칠 대로 지쳐있다. 직장 출근이 전쟁터를 향해 가는 것 같단다

서울 큰딸에게 전화가 왔다 "아빠 어떻게 해요? 남편이 출근을 못 하여 재택근무하고, 아이들은 가정에서 온라인 수업을 받아야 한대요." 집안청소와 식사 준비로 신경을 쓰는 바빠진 모습이 눈에 선하다. 남편과 아이들 뒷바라지에 빼도 박도 못한다는 빼박이 신세가 되었다. 하루 세 끼를 집에서 챙겨 먹는 삼식이들이 가득하니 엄마가 해야 할 일이 세배나 많아졌단다. 몸은 깡말라서 바람 불면 쓰러질 듯 가냘픈 손과 목을 가진 딸이 안쓰럽다.

"건강 조심하세요. 면역력이 약한 아이와 어른들이 제일 위험해요"

"그래 고맙다. 이번 명절은 어렵게 내려오지 말고 가족과 함께 보내고 건강관리 잘하거라"

전화기를 놓으며 혈육의 만남도 팬데믹 장막으로 만남의 기쁨을 뒤로 기약해야만 했다.

다섯 명 이상 모임이 허락되지 않으니 친구들 모임에도 가지 못하고, 사군자 문인화 동호회와 옛 노래 멜로디에 빠져보는 하모니

카 사랑방 모임도 모두 정지되었다. 마스크를 착용해야만 외출할 수 있으니 사람들 표정조차 기쁜 건지 슬픈 건지 알 수가 없다. 버스를 타거나 식당에서 어쩌다 잔기침이라도 하게 되면, 서로 코로나 확진을 의심하는 눈치에 분위기가 살벌하다. 혹여 마스크를 착용하지 않으면, 중대한 병에 걸린 사람인 양 정죄당하며 모든 생활 터전의 문을 통과하지 못한다. 시장과 골목은 전쟁으로 폐허가 된 벌판 같은 기분이 들 정도로 온통 찬 바람만 부는 생지옥이다.

코로나19는 전염 자체보다도 정치, 경제, 사회, 문화 전반에 걸쳐 많은 변화를 가져왔다. 사회적 거리두기, 재택근무, 온라인 수업 등 비대면 생활이 빠른 속도로 일상화되고 있다. 새로운 세상이 열리고 있다. 오프라인 재래시장과 백화점 등 대부분 소상공인은 이번 지옥문을 얼마나 살아서 통과할 수 있을까? 이 시기에 위기가 기회가 되어 직업이 활성화되고, 호황을 이루는 곳도 있다. 택배회사와 기사들은 물건을 나르기 바빠서 죽을 지경이고, 음식물을 배달하는 퀵서비스의 오토바이 질주와 마스크 업계는 숨 쉴 틈 없이 바쁘다. 인터넷 상거래 기업은 밀려드는 주문을 해결하기 위해 더 많은 직원을 채용한다. 한 나라의 경제를 성장시키는 백신은 새로운 수출품으로 자리 잡기도 했다. 사람을 만나 직접 상대해야 하는 직업군은 죽을 맛이니 이 또한 요지경 세상 속이다.

팬데믹 이전보다 이후가 걱정이다. 그동안 나는 한 가지 일을 하는 직업으로 평생 살아왔다. 이제는 여러 가지 일을 동시에 밤낮 구별 없이 할 수 있는 멀티시대다. 유럽에서 전염병 때문에 봉건시대가 붕괴되고 르네상스 시대를 맞았듯이, 지식정보화 사회에 새로운 21C 인공지능시대가 다가온다. 로봇의 노예가 되지 않으려면 기계가 할 수 없는 오로지 사람만이 할 수 있는 창의적인 일들을 찾아야 하는 고민을 할 수밖에 없다. 하드웨어시대에서 소프트웨어시대를 살아내야만 한다. 새벽 미명이 아무리 어두울지라도 찬란하게 떠오르는 동녘의 해를 멈출 수는 없다. 팬데믹 코로나19가 우리를 슬프고 답답하게 하여도 기어이 봄은 올 것이다. 가족들과 손잡고 산과 들로 나가 마음껏 숨 쉬며 춤출 수 있는 새봄이 간절히 기다려진다.

아버지의 강

"힘든 세상에 태어나 이 어려운 세상 풍파를 우리 자식이 아니라, 우리가 겪은기 참 다행이라꼬." 영화 '국제시장' 주인공 덕수씨 말이다. 가슴 절절한 아버지의 고백이자 굴곡진 삶을 이야기한다. 평생 단 한 번도 자신을 위해 살아 본 적이 없는 우리 시대의 아버지이다. 남녀노소 국적을 불문하고 가족을 위해 고생하는 아버지의 이야기는 마음을 사로잡는다. 영화를 보는 내내 제 몸을 희생하는 가시고기가 생각났다. 그리고 그 사랑 위에 내 아버지의 삶이 겹쳤다.

속내를 잘 드러내지 않아 부자간 늘 서먹서먹했던 아버지가 보고 싶다. 손마디 마디 굵은 주름이 생기고, 갈라진 발바닥에 피가 맺혔을 때도 가슴으로만 삭이시던 아버지. 괜찮다 손사래 치며 웃어 보이고 이만하면 다행이다 돌아서서 눈물만 훔치셨다.

아버지의 하루는 늘 동트기 전부터 시작되었다. 제일 먼저 하는 일은 부엌에서 나뭇간에 쌓인 나뭇단을 풀어 불을 지피며 소죽을 끓이신다. 무쇠 가마솥이 소리를 내며 눈물을 흘리면 솥뚜껑을 열고 여물에 등겨를 얹어 휘저어서 구유에 담아준다. 주먹만 한 눈을 둥글리며 맛있게 먹는 우리 집 재산 1호 누렁이를 바라보며 흐뭇해하시는 아버지의 모습을 어깨너머로 보았다. 무더운 여름날이면 누렁이가 냄새날까봐 방죽에 가서 목욕을 시켜주었고, 새 지푸라기로 외양간 바닥을 깔아 주셨다. "개운하겠구나!" 혼잣말하며 당신도 우물가로 가서 등목을 하셨다.

아침 식사를 하다가도 소가 여물을 먹지 않으면 "저놈의 소 새끼 왜 저러고 있는 거야!" 소리치며 속상해하셨다. 그리고는 잡수시던 국에 밥을 말아 구유에 부어주셨다. 앉으나 서나 누렁이를 든든해하셨고 새끼를 낳으면 자식을 보듯 함박 웃음꽃이 피었다. 잘 키워 장에 내다 팔면 돈이 되는 가난한 농가의 유일한 수입원이었기 때문이다.

논밭을 갈기 위해 쟁기를 지게에 지고 소를 몰고 갈 때는 누렁이와 친구가 된다. 논두렁 밭두렁을 지나면서 흥얼거리던 농부가의 구성진 소리가 지금도 귓가에 들리는 듯하다. 쟁기로 밭을 갈 때면 호흡이 척척 맞는다. "이럴루우!" 하면 오른쪽으로 가고 절러루우!" 하면 왼쪽으로 간다. "이랴! 이랴아!" 하면 소의 걸음이 빨라지고, "워, 워" 하면 멈춘다. 단 몇 마디로 서로 통하는 거다. 꼴을 베어 한 짐 잔뜩 외양간 앞에 쏟아 놓으면 큰 입을 벌려 혀로 감싸 어금니로 갈아 먹는다. 그리고 밤늦도록 곰곰이 되새김질을 한다. 그 모습을 기쁘게 바라보시는 것을 보면 서로 마음이 교감하고 있음을 알 수 있다. 추수할 때는 누렇게 익은 볏단과 보릿단을 소등에 얹어 나르셨다. 외양간 누렁이는 아버지의 친구요 애인이요 가족이었다.

　단벌 바지와 러닝셔츠로 한여름을 지내면 무릎은 헤져 너덜너덜해진다. 발가락이 삐져나온 양말을 신은 아버지를 보면 마음이 아팠다. 어머니께서 천을 대고 수도 없이 꿰매준 아버지의 옷은 장날 품바의 모습 같다. 누더기 옷을 입은 채 손이 시려 호호 불면서도, 아들이 비에 젖을까 눈 맞을까 걱정이셨다. 허기진 배를 움켜잡고 시장통 흔한 국밥 한 그릇 못 사 먹고 돌아서신 아버지. 알뜰살뜰 모은 돈으로 운동화를 사서 신기고, 털장갑을 끼워 주시던 아버지였다.

　통학 버스가 뿌옇게 먼지를 일으키며 황톳길을 달려오는 저녁이면, 그제서야 아픈 허리를 펴신다. 혹여 아들이 오는가 서녘 해를 손으로 가리고 바라보는 아버지의 기다림은 무언의 사랑이다. 자신의 전부를 내어 주셨던 아버지야말로 가시고기 사랑이었다. 오직 가정과 자녀만을 위해 살아왔던 인생 뒤안길을 바라본다. 속 빈 강정 같은 헛헛함을 느끼는 아버지의 마음이 내 안에 들어온다.

　아버지가 보고 싶을 땐 무덤가를 찾는다. 양지녘에 할미꽃이 가지런하다. 자줏빛 융단 같은 속살 녹여 자손을 번성시키느라 머리가 하얗게 센 모습으로 나를 맞는다. 목젖으로 뜨거운 액체를 삼키며 봉분의 잔디를 짚어 본다.

　"너도 힘들었지? 잘했다. 잘하고 있다." 하시는 아버지의 목소리가 출렁출렁 가슴으로 흘러든다. 당신에게서 받은 사랑 끝내 갚지 못하고, 내 사랑의 강은 다시 자식에게로 향하는 내리사랑이다. 그렇게 아버지는 강이 되어 흐르고 또 흘러간다.

흔적

늦둥이 아들이 장가가는 날이다. 결혼 주례를 따로 세우지 않고 양 사돈끼리 주례사와 성혼선언문을 하기로 했다. 바로 그날 오전, 2층 서재에서 순간 정신을 잃고 쓰러졌다. 장출혈로 악성빈혈이 왔고 잠시 정신을 잃었다. 어렴풋이 의식을 찾고 보니 119구급대원의 분주한 모습이 보인다. 대학병원으로 가려고 하니 병원 전자시스템 점검으로 환자를 받을 수 없다고 한다. 오후 두시 이후에야 가능하단다. 그동안 나의 진료기록이 그곳에 있기에 아내는 다른 병원으로 이송하는 것을 거부했다.

핏기가 사라진 눈동자는 기운이 없어 눈꺼풀이 스르르 잠긴다. 다리 힘이 빠진 상태라 일어나 걷기조차 힘들다. 막내 결혼식에 어떤 어려움이 있더라도 끝까지 책임지고 일을 마무리하고 싶었다. 둘째 사위가 차를 갖고 와 잠시 안정을 취한 후 병원으로 가자고 했다. 오늘 치러질 대사에 아빠로서 책임을 다하고픈 마음 멈출 수가 없었다. 반쪽과 반쪽이 만나 새사람으로 출발하는 성혼선언문을 선포하는 것이 빠지면 얼마나 썰렁한 분위기가 될까. 그 사실

앞에 한참 동안 마음을 다잡는다. 단상에 오르다 쓰러지더라도 가야만 한다는 일념으로 있는 힘을 다해 일어섰다. 머릿속이 핑그르르 돌며 별이 보인다. 예식시간이 다가와서 결혼식을 진행할 각오로 출발했다.

예식장 앞에 다다르니 아내와 딸들이 한복을 차려입고 손님을 맞이하고 있다. 간신히 걸어서 안내 자리로 갔다. 반가운 손님들이 와서 인사를 나누었지만 웃는 게 웃는 게 아니다. 걱정스레 바라보는 하객들의 눈빛이 예사롭지 않다. 예식이 진행되면서 신랑 입장으로 늠름한 아들의 기개가 보인다. 나란히 선 신랑 신부의 주례사가 끝난 후 성혼을 선포하려 단상을 올라가는데 다리가 후들거린다. 이를 꽉 깨물고 두 주먹을 불끈 쥔 손으로 단상을 잡고 섰다. 쓰러지지 않으려 발끝에 힘을 주며, 있는 힘껏 두 다리로 버텼다. 떨리는 입술 근육을 부여잡고 천천히 말했다.

"양가 친지 및 하객 여러분을 모신 자리에서 신랑과 신부가 백년해로 고락을 같이할 부부가 될 것을 굳게 맹세하였습니다. 이에 하나님과 여러 증인 앞에 두 사람의 혼인이 원만하게 이루어진 것을 엄숙히 선포합니다."

몸을 기우뚱거리며 간신히 단상을 내려왔다. 뼈가 울고 살이 떨리는 고통이 와도 자식을 위해서라면 기꺼이 감당하는 것이 아버지의 심정 아닌가. 어쩌면 이 마음이 부모가 자식을 사랑하는 진정성일 게다.

예식을 마친 후 곧바로 병원응급실에서 위와 대장을 내시경으로 검사했지만 출혈 부위를 찾지 못했다. 다음 날 내과 의사는 마이크로 카메라를 이용해 소장을 살펴보자고 한다. 수 시간이 흐른 후 로봇카메라가 출혈 부위를 찾아냈고, 급히 소장절제 수술을 받았다. 의료분쟁의 여파로 병원 진료가 어려운 시기에 응급의사, 내과 의사, 외과의사의 협진으로 진료와 수술이 잘 이루어졌음에 감사의 기도를 했다. 복부에 검붉은색을 띤 상처의 흔적들이 별처럼 뚜렷하게 자리 잡았다.

얼굴은 내 마음을 담은 그릇이다. 지나온 인생길에 남긴 발자국엔 어떤 흔적들이 얼룩져 있을까. 오줌 싸고 소금을 얻어오던 일과 구멍 난 양말에 발가락이 불쑥 튀어나와 황당했던 가난의 설움, 고난과 비방에 얻어맞고 긴 긴 밤을 뜬눈으로 지새운 적도 있었다. 세상을 향한 불타는 욕망과 실패와 좌절로 울기도 했고, 꿈에 부풀어 창공을 한없이 날아갈 것만 같은 희열도 느꼈다. 사랑의 그리움에 지친 모습으로 소녀처럼 가슴앓이도 했었다. 죽음의 사선을 넘어보고 나서야 삶의 소중한 훈장을 단 듯 어깨를 펴고 '그때는 그랬지' 하고 추억을 떠올리며 살며시 미소 짓는다.

살면서 순간순간 자신의 인품에 맞는 좋은 선택을 하는 사람은 선한 흔적을 남긴다. 좋은 선택은 자신의 정체성을 정확히 아는 것에서 시작된다. 음악가는 악보로 노래하고 화가는 그림으로 말하며 시인은 시로 삶을 노래한다. 한 사람의 삶 전체가 아름다운 흔적으로 남는 경우도 간혹 볼 수 있지만, 누군가의 가슴에 감동을 심어줄 때 더욱 또렷하게 오래 남는다. 그것은 살아서도 죽어서도 많은 사람의 영혼을 보듬는다. 흔적은 마지막 순간 한꺼번에 남겨지는 것이 아니고 지고지난한 생의 여정에서 차곡차곡 쌓여간다.

아무에게도 보여주고 싶지 않은 그런 나만의 애잔하고 누추한 기억의 서랍 한 칸을 가슴속에 간직하고 있다. 막상 열어보면 하찮고 대수롭지 않은 잡동사니들만 잔뜩 들어있지만, 그 서랍은 나에겐 하나같이 소중하고 애틋한 세월의 흔적들이 담겨있다. 이 세상에 누군가를 진정으로 사랑한다는 것은 서랍 속에 먼지 낀 시간들과 꿈, 추억의 잡동사니들까지를 함께 간직하고 이해하는 일이다.

뒷산 오솔길을 천천히 걷는다. 들판을 가로질러 불어오는 골바람이 등골에 시원하다. 야트막한 계곡에 소리를 내며 흐르는 물은 생명의 기운을 담고 있다. 무심코 바라본 진흙 바닥에, 어젯밤 그렇게 짝을 찾아 울부짖던 고라니가 지나간 발자국이 선명하다. 검은콩처럼 동글동글하게 생긴 똥도 곁들여 한군데 모아놓았다. 다람쥐와 청설모도 먹이를 찾느라 분주하게 나무를 오르내린다. 아무도 지나간 흔적이 없는 길가 풀숲 거미줄엔 이슬방울들이 보석처럼 반짝인다. 파르르 떠는 은사시나뭇잎이 툭 떨어진다. 모두가 자연의 발자취를 남기고 살아간다. 우주 속에 나 혼자만 사는 것 같은 숲속의 아침은 고요하고 평안하다. 그리움의 흔적은 지워지지 않는 마음속 그림이다.

동명이인同名異人

나는 누구인가. 인생의 강은 어디서 와서 어디로 가는 걸까. 선교지를 방문하고 봉사활동을 가는 여정에서 있었던 일이다. 부부 동반으로 떠난 비행기는 필리핀 공항에 도착하였고, 입국 심사대에 줄을 지어 있었다. 동행한 사람들은 여권에 도장을 받고 들어갔고, 아내까지 걸어 나간 후 차례를 기다리다 드디어 내 차례가 됐다.

심사대 위에 여권을 올려놓았더니 심사원이 "NO!" 하는 것이다. 이유를 물어보았더니 내 이름이 블랙리스트에 있기 때문에 입국을 허락할 수 없단다. 내 이름과 같은 사람이 필리핀에서 문제를 일으키고 떠난 사람이라며 컴퓨터 화면을 보여준다. 그런데 이게 웬일인가! 영명英名과 생년월일까지 똑같은 것이다. 세상에 이럴 수가 있을까? 입이 다물어지지 않는다. 필리핀 방문이 처음인데 어떻게 된 것이냐 반문해 보았지만, 소용이 없다. 한국에는 나와 같은 이름을 가진 사람이 많으니 사진을 보자고 했다. 아쉽게도 블랙리스트 명단 위에는 사진이 없었다. 한국에는 주민등록번호가 있으니 확인해 볼 것을 요청하였으나 기록이 없단다. 그것은 우리나라에서만 사용되는 것일 뿐이다. 결국 나는 날아갔던 그 비행기를 타고 다시 한국으로 되돌아왔다.

선량한 국민이 동명이인同名異人이라는 이유만으로 오해를 사서 피해를 보는 억울함을 겪지 않게 해야겠다는 생각이 들었다. 한국으로 돌아와서 이 억울한 사실을 외교부와 통일부로 보냈다. 필리핀 외교부에 사진과 주민등록번호를 기록하게 하여 구별할 수 있게 해 달라고 이의를 제기했다. 일주일 후 연락이 왔다. 그것은 그 나라 주권이기 때문에 한국에서 간섭할 수 없다고 한다. 블랙리스트의 그 사람은 캐나다와 동남아시아 몇 개 나라에서도 비슷한 잘못을 하여 추방당했다고 한다. 이름은 같으나 사람이 다름을 증명할 수 있는 방법이 없다니 너무나도 답답한 일이다. 진실과 거짓을 구별하고 확인할 수 있는 지혜가 필요했다.

서울 전화번호 책을 들춰 보았더니 나와 같은 이름이 세 페이지가 넘는다. 아주 흔하디흔한 이름이다. 주소와 나이, 성별과 얼굴 특징으로 구별이 가능하지만, 이름만 가지고는 분간하기가 여간 어려운 것이 아니다. 더구나 생일까지 같게 기록되었으니 이를 어쩌란 말인가. 여권의 이름을 바꾸어 보려고 발급 신청을 해보았다. 그러나 한번 발급된 영명 이름은 글자를 변경할 수가 없다고 한다. 필리핀에서는 동명이인일 경우 여권으로 범죄자를 구별하지 못하고 있다. 블랙리스트로 등재된 사람은 입국이 거부되는 사례가 많다는 것이다. 더 이상 그가 다녀간 나라를 다시 입국할 수 없다는 억울함에 넋을 놓고 먼 하늘만 바라보았다.

반평생 걸어온 교육 여정의 정년퇴임을 앞둔 겨울이었다. 과학과 리멤버팀이 오로라를 보기 위해 캐나다 옐로우나이프를 가자고 한다. 흔쾌히 승낙하고 비자를 신청했다. 동행자들은 비자를 발급받았는데 주인공인 나의 비자가 나오질 않는 것이다. 함께 못 가면 이번 여행이 김빠진 맥주처럼 얼마나 허망할 것인가 잠이 오지 않았다. 그동안 북미 유럽과 호주 등 외국에 다녀온 증빙자료를 다시 보내며 심사를 요청했다. 출발 하루 전 비자가 발급되어 함께 여행을 갔고, 천상의 아름다운 쇼를 보면서 감사의 노래를 불렀다.

귀국 후 내가 범죄자가 아님을 증명하고 싶었다. 하여 한국 주재 필리핀대사관에서 '비동일인증명서'를 발급받고 필리핀에 입국했다. 그리고 필리핀대사관에서 열 손가락 지문을 찍고, 부모 이름까지 기록한 신원조회를 받은 후 무범죄임을 증명하는 필리핀 NBI 증명서를 발급받았다. 20년 만에 동명이인을 떨쳐 버리는 후련함은 하늘을 날아갈 것만 같았다. 어떻게 살아야 나의 존재와 정체성을 찾을 수 있는가. 같음과 다름에 대한 다림줄을 깊이 사색하며 내 안의 속사람을 찾아보았다.

출산드라

 황금촛대에 타오르는 불꽃이 환하게 실내를 비춘다. 방안이 온통 황금빛으로 물들었다. 신성로마제국 마리아 테레제 여제가 머물던 1,400여개의 방이 있다는 별장이다. 황실의 여름 별장으로 쓰일 동안에 쇤부른 궁전은 수백 명의 궁중인들이 살던 합스부르크 제국의 정치적, 문화적 중심지가 되었다. 오른손에 여의봉을 들고 나라를 통치하는 여제의 눈빛이 예사스럽지 않다. 이마가 훤하게 드러나 있고 드레스를 입은 풍채는 제국을 호령하던 모습으로 당당하다. 굳게 다문 입술은 세찬 비바람을 이긴 강한 의지가 있음이 느껴진다.

 카를 6세는 합스부르크 왕가 역사상 가장 거대한 영토를 가진 인물이다. 그가 서거한 후 왕위를 이어받은 사람이 바로 마리아 테레제이다. 합스부르크 가문의 역사상 최초이자 마지막으로 왕위에 오른 여인이다. 650년 동안 제국의 품격을 지킨 합스부르크 가문은 독일, 헝가리, 이탈리아, 폴란드, 체첸, 세르비아, 터키, 크로아티아 등을 포괄하는 다민족 제국으로 성장했다.

"전쟁 수행은 다른 사람들에게 맡기고, 너 오스트리아 복 있는 나라여, 결혼하라(Bélla geránt aliī, tú felix Áustria nūbe)." 이 라틴어 경구는 수백 년 동안 신성로마제국을 지켜온 합스부르크 가문의 성공적인 결혼 정책을 이루었다. 무엇보다 놀라운 것은 마리아 테레제는 18년 동안 16명의 자녀를 둔 출산드라였다. 왕권과 나라를 지키기 위해 자녀들을 이웃나라 유럽 왕실과 정략적 결혼을 시켰다. 그런데 근친결혼으로 인한 유전병으로 어린 아이들을 잃어버렸고, 혹여 성장한 자녀들은 턱 주걱 형성과 말을 더듬는 정신적 장애를 일으키기도 했다. 결국 열성 유전자의 질병 발현으로 가문의 존망을 가름하는 결과를 초래했다.

우리나라는 친족 간의 결혼을 법적으로 금지하고 있다. 동성동본까지도 혼인을 금지했었다. 가까운 혈족의 염색체 유전자가 동형일 때 열성 유전병의 발현 빈도가 높기 때문이다. 종족을 건전하게 유지하는 나라가 강한 민족이다. 대부분 고등식물들은 암크루와 수크루가 구별되어 있다. 가능하면 멀리 떨어진 개체와 수정하려 꽃가루를 바람에 날려 보내고, 꿀과 향기로 벌과 나비를 유혹하여 타가수정을 하려 애쓴다. 암수 동주의 경우도 수술보다 암술의 키 높이가 크다. 동식물 모두가 근친 수정을 싫어하는 것이 본능이다.

요즈음 젊은이들은 자녀를 하나 이상 갖지 않으려 한다. 학교에 갈 입학생이 없어 초등학교가 하나둘 사라지고 유치원까지 문을 닫는다. 신입생이 없어 입학식을 하지 못할 때도 있고, 졸업할 학생이 없어 졸업식을 못 하는 경우도 있다. 나라를 지킬 군인마저 숫자가 줄고 있음에 더욱 안타깝다. 국가와 지역 단체기관이 행정적 재정적 지원을 해도 젊은 부부들이 아이를 낳지 않는다고 한다. 인구정책의 실패라 할 수 있다. 배달의 한민족이 수백 년 지나면, 사라질 종족 중 하나라는 말에는 더욱 놀라움을 금치 못한다. 아름다운 이 땅에, 출산드라가 많아지기를 바라는 마음 간절하다.

아내가 난소출혈로 정신을 잃고 응급차에 실려 병원에 입원했을 때였다. 의사는 수술을 하다가 어떤 상황이 도래해도 이의를 제기하지 않겠다는 수술동의서를 요구한다. 한참 동안 마음을 다잡느라 망설였다. 사인을 해야만 수술이 진행되기에 침묵의 시간을 보낸 뒤 결국 서명하고 말았다. 한쪽 난소가 상실되면 임신 확률이 50퍼센트로 줄어든단다. 앞으로 임신이 쉽지 않을 것이라는 예고를 덧붙인다. 수 시간 동안 수술이 진행되고, 병실로 돌아온 그녀의 이마엔 식은땀이 흐른다. 자녀가 생기거나 없는 상태가 문제가 아니다. 아내 건강이 회복되기만을 바라는 마음이 간절했다. 내가 선택한 갈비뼈이기에 끝까지 곁에 두어야 한다고 생각했다.

의사의 염려와는 다르게 순풍 순풍 사남매를 낳은 아내는 출산드라가 되었다. 세월 지난 지금 우리는 둘이 만나 일곱 명의 손주를 둔 17명의 대가족을 이뤘다. 돈과 명예가 없어도 믿음과 신뢰를 채운 전통의 화살처럼 마음이 든든하다. 영토 확장이나 권력 유지를 위한 목적이 아닌 순전한 출산으로 손주들 모두가 건강하고 지혜롭다. 하나님이 택한 백성으로 땅을 정복하고 번성하여, 자연을 다스리는 가정과 대한민국의 일원이 되기를 간절히 소원한다.

판도라 상자

태국 핫야이에서 기차를 타고 말레이시아 피낭섬에 간다. 플랫홈을 살펴보며 중학교 시절 기차통학을 하던 일상이 생각났다. 간단한 아침 식사를 할 수 있는 포장마차 가게들이 즐비하게 펼쳐져, 오가는 손님들을 기다리는 한산한 기차역이다. 마주 보고 앉는 좌석 위 천장에는 먼지와 기름때가 쩌들은 선풍기가 돌아가고 있다. 흡사 오래전 우리나라 비둘기호 열차를 보는 듯하다. 기관차가 기적소리를 울리며 출발한다. 창밖에는 야자수 잎 사이로 주렁주렁 달린 바나나와 하얀 껍질로 덮인 고무나무가 스쳐 지나간다. 또 다른 미지의 세계로 가는 마음은 기대 반 설렘 반이다.

열차 밖으로 비가 세차게 내린다. 밀림 속에 흐르는 흙탕물이 꽤 이색적이다. 창문에 물방울이 별똥별처럼 사선을 그으며 떨어진다. 열대지방이라서 그런지 하루에도 몇 번씩 비가 내리다가도 금방 또 개는 스콜현상이다. 후덥지근한 날씨가 조금 답답하다. 기차는 크고 작은 역마다 정차했다. 까무잡잡한 얼굴에 구레나룻 짙게 생긴 남자들과 머리에 두건을 쓴 이슬람 여인들이 탄다. 좌석에 앉는 사람들이 가방을 끌어안은 채 핸드폰을 꺼내 든다. 핸드폰 속에 빠져든 눈길이 진지하다. 빙긋이 웃는 사람이 있는가 하면 화가 난 듯 인상을 쓰며 눈으로 쏘아보는 사람도 있다. 입술을 굳게 다문 사람들은 대화를 잃어버린 지 오래다. 판도라 상자에 혼을 빼앗긴 것이다.

판도라는 제우스 신화에 나오는 여성이다. 신들에게 불을 훔친 프로메테우스를 증오하고 심판한 제우스가 그 동생 에피메테우스에게는 자비를 베풀어 아내로 삼으라며 판도라를 선물했다. 제우스가 항아리를 하나 주며 "절대 열지 말라"고 했다. 그 안에는 인간세계를 이간질하게 하고 재앙을 불러오는 만악의 근원들이 가득했기 때문이다. 그러나 판도라는 너무 궁금해서 결국 상자를 열었다. 비밀이 세상에 퍼져나갔고, 이때부터 인간은 고난에 시달리게 되었단다. 놀란 판도라가 상자를 닫았을 때는 희망만이 남겨져 있었고, 사람들은 온갖 고난을 겪게 되어도 희망을 통해서 하루하루를 살아갈 수 있다는 이야기다. 세상의 악이 판도라 상자로부터 나왔다는 점에서 창세기의 선악과와 닮은 듯하다.

현대판 판도라의 상자는 세상을 살아가는 지식과 지혜, 자연과 더불어 사는 법을 배울 수 있는 코너가 있다. 또한 시공간을 초월하여 소식을 전하며, 다양한 문화를 체험할 수 있는 영상과 음악도 있다. 은행, 학교, 미술전시관, 콘서트장, 지식의 저장고 등 우리 눈에 보이는 세상이 온통 판도라 상자 속으로 들어왔다. 하지만, 보지 말아야 할 것들, 생각해서는 안 되는 일들도 꽤나 보여준다.

세계 어느 곳을 가든지 남녀노소를 막론하고 이 작은 상자를 하나씩 들고 다닌다. 이것을 잃어버리면 전 재산과 삶을 잃어버린 듯 정신이 혼란스럽고 몸 둘 바를 모른다.

예전에는 전화번호를 외워 전화를 걸었고, 우편번호, 주소를 기록해서 편지를 보냈다. 그러나 이제는 이름만 기억하면 쉽게 전화를 걸 수 있고, 우편번호를 몰라도 카톡으로 소식을 자유롭게 보낸다. 판도라 상자는 많은 사진이 저장된 앨범이 있어 언제라도 볼 수 있으며, 듣고 싶은 음악은 선별해서 들을 수 있고, 즐겁게 게임할 수 있는 프로그램도 다양하다. 판도라의 매혹에 한 번 빠지면 시간과 영혼까지 온통 빼앗아 버리는, 그 흡인력은 인간이 감당할 수 없을 만큼 크다.

우리를 맞이한 친구와 그의 아내 말리는 시장에서 물건을 살 때 현금으로 계산을 한 적이 없다. 모두 큐알코드로 해결한다. 결재한 후 핸드폰 톡 방에 영수증을 올린다. 금과 은으로 돈의 가치를 지닌 시대가 있었다면 이제는 가치가 있는 숫자가 돈이다. 시장에 가지 않고 물건을 사고팔 수 있으며, 건물과 콘서트장이 없어도 갤러리와 음악회에 참석할 수 있다. 4차원 세대를 더불어 살아가야 하는 시니어의 마음은 급격하게 요동치고 두근거리는 가슴을 잠시도 진정시킬 수가 없다.

로봇과 함께 춤추고, 탁구를 치며, 운동장에서 농구를 하는 세상이 왔다. 인공지능의 프로그램과 게임을 하고, 병실에서 로봇의 간호를 받는 생활도 다가온다. 또한 마약과 도박, 포르노와 강팍한 마음을 품는 게임도 판도라상자 속에 존재한다. 그것을 어디까지 열고 언제 닫아야 하는가가 매우 중요하다. 비밀상자의 문을 열고 새로운 세상에 순응하는 법을 배워야만 한다. 피낭섬의 밤하늘은 은하수 꿈나라로 깊어가고 있다.

반추反芻

추적추적 비가 내린다. 하늘도 슬픈가 보다. 장모님이 안산에서 우리가 사는 동네로 이사 오시는 날이다. 장인어른이 돌아가시자 큰딸인 아내는 홀로된 장모님을 집 근처로 모셔와 돌봐드리기도 했다. 장인어른 장례를 마치고 짐 정리를 했다. 살림을 최대한 간소화하기로 해 귀하게 여기셨던 자개농과 화장대도 버렸고, 소파와 침대도 버리기로 했다.

장식장 위에 표창장과 상패가 나란히 놓였고, 여러 직함의 명패들이 있다. 장인어른의 존함이 선명하게 보인다. 장인어른은 정이 많으며 성실하게 사시는 생활철학이 있었고, 명예를 귀하게 여기시던 분이다. 사회에 봉사하고 헌신하며 남다르게 살아온 흔적과 삶의 발자취가 고스란히 들어있다. 기나긴 세월 동안 쌓인 기쁨과 행복함, 다시는 만날 수 없다는 아쉬움이 가슴에 얼룩져 빗물처럼 흘러내린다.

이 물건들을 어떻게 해야 할까. 큰 사위인 내가 집으로 가져갈 마음이 없는데 다른 자식들이 가져갈 것 같지가 않다. 그분의 형제들이 가져갈 리도 없다. 그렇다고 단체나 정부에 기념품으로 남겨 두거나 기부할 만한 물건들도 아니다. 망설이다가 결국 푸대에 주섬주섬 담아 아파트 분리수거장으로 향했다. 상장들은 종이 버리는 곳으로, 명패와 상패는 플라스틱 재활용하는 곳에 버렸다. 평소, 그토록 귀하게 여기셨던 물건들인데 말이다. 비를 맞으며 돌아서 터벅터벅 걷는 발걸음은 무겁고 허전했다.

처갓집 짐을 정리하고 돌아와 우리 집 거실을 둘러본다. '황조근정훈장'이 벽에 걸려 있고, 장식장엔 상패와 명패들이 겹겹이 놓여 있다. '내게 소중했던 이 보물들을 언젠가 누가 치울까? 나처럼 큰사위가 치울까? 아들이 가져가 보관할까? 나 역시 버리고 갈 것들 뿐이구나….' 하는 생각에 마음이 머문다. 책장에 꽂혀 있는 앨범들을 들춰 보았다. 지나온 세월이 고장 난 시계처럼 멈춰, 빛바랜 사진들 속에 담겨있다. 추억들이 다시 살아나서 웃기도 하고 울적하기도 했다. 나의 부모님과 장인어른까지 다 돌아가시고, 내게는 장모님 한 분만 계신다. 장모님마저 안 계신다면 나는 부모 없는 고아가 되는 거다. 가까이 계실 때 자주 찾아뵈어야겠다.

장인어른과 영원한 이별을 하면서 슬픔의 상념에 빠져든다. 애지중지했건만 세상 떠날 때는 아무것도 가져갈 수 없다. 나도 언젠가는 풀잎의 이슬처럼 떠날 것이다. 울면서 알몸으로 왔다가 빈손 들고 가는 것이 인생이다. 이 땅에 있는 것은 영원한 주인이 없다. 인생의 가을을 맞고 있는 삶의 뒤안길에서 나의 정체성을 돌아본다. 살아가는 동안 흔적을 남기고 싶은 것이 본능인가 욕심의 충동인가.

  내가 떠나면, 이 집은 다른 사람이 와서 살 것이고, 아끼던 자동차도 다른 사람이 탈 것이다. 상추 고추 심던 소중한 내 밭에도 다른 사람이 무언가를 심을 것이다. 삶의 가치는 보이고 만져지는 물건으로 남는 것이 아니다. 추억으로 누군가의 기억에 남을 뿐이다. 그렇다면 떠나간 자리에 좋은 기억과 추억을 남기는 사람이 진정 아름다운 삶을 살고 간 사람일 게다. 죽어 눈을 감으면 세상은 무채색이다. 다시 사는 천국만이 총천연색 아름다운 세상일 거다. 내 것이 아닌 것을 무던히도 찾아다닌 것 같다. 이 땅에 쏟았던 열정과 쌓아놓았던 욕망의 티끌들을 훌훌 털어버려야겠다.

  그러나 꼭 붙들고 싶은 것은 평생 만났던 사람들이다. 사랑하는 이들과의 인연은 너무도 소중하여 놓고 싶지 않다. 생각할수록 귀하고 아름답다. 욕심이라 해도 어쩔 수 없다. 그 인연들만은 끝까지 이어가고 싶다. 그것은 내가 살아 있다는 증거일 수도 있다. 그리워서 또 보고 싶어지는, 그런 아름다운 그림을 그리고 싶은 밤이다.

천국의 향기

기차는 송쿨라에서 피낭섬으로 향했다. 조지타운 호텔에 숙소를 정하고 시청앞 잔디밭 길을 걸었다. 이국적인 풍경이 주는 낯설음이 바로 여행의 묘미다. 불어오는 바닷바람이 시원하다기보다 후덥지근한 습기가 얼굴을 덮친다. 해안을 따라 세워진 벤치에 잠시 앉았다. 거친 바다 물결이 철썩거리며 백사장 위로 밀려온다. 히잡을 쓴 여인들이 지나간다. 온몸을 검은 천으로 가리고 눈만 보이는데 마치 마트료시카 인형(Matryoshka doll)이 걸어오는 것 같다.

검은색 부르카 옷을 입은 이슬람 여인이 맞은편 벤치에 앉는다. 니캅으로 얼굴을 가렸기 때문에 짙은 눈썹과 검은 눈동자만 보일 뿐, 몸 전체가 검은 옷으로 싸여 신비롭다. 가지고 온 보따리를 풀어 음식을 꺼내 남편과 함께 먹기 시작한다. 여인은 한 손으로 니캅을 살며시 올리고, 먹을 것을 입에 넣고는 다시 내린다. 이렇게 비밀스럽고 놀라운 장면은 처음 본다. 외부 사람들에게 얼굴을 보이면 안 되는 모양이다. 얼마나 불편할까. 밥을 먹을 동안만이라도 니캅을 내려놓고 먹을 순 없을까. 다른 사람들에게 얼굴을 보이면

정녕 마음을 빼앗긴다는 말인가. 안쓰러운 마음이 가슴에서 뭉클뭉클 올라온다.

이슬람교에서는 천사와 성인의 영혼이 향을 피우는 곳으로 찾아오고, 향을 피우는 곳에서는 길하고 경사스러운 일이 생긴다고 믿는다. 그 향이 천국에서 오며 또 천국으로 갈 수 있는 매개체로 여긴다. 여인이 부정한 짓을 하거나 얼굴을 보이면 천국의 향기를 맡을 수 없다 하여 집밖에 나올 때는 저렇게 철저히 검은 옷으로 몸을 가리는 것이다. 오로지 남편만 그 얼굴을 볼 수 있단다. 가린다고 해서 다 가려지는 것이 아닌 것을 우리는 알고 있지 않은가.

옆에 앉은 아내를 보았다. 나시 티셔츠에 반바지 차림으로 해맑은 웃음을 짓고 있다. 한평생 나만을 의지하며 살아온 여자다. 갈비뼈에서 취하여 창조된 아내이기에 인생의 동반자요. 고난의 삶을 지고 함께 걸어갈 반려자. 참으로 다행인 것은 머리에서 취한 것이 아니어서 나를 지배하지 않으며, 발에서 취하지 않았기에 종처럼 여기며 살지 않아도 된다. 어깨를 나란히 하며 살 수 있다는 것이 얼마나 감사한가. 가까이에서 바라본 두 여인의 살아가는 방식은 달라도 너무 다르다.

아브라함은 아내와 여종을 취하여 자식을 낳았다. 야곱은 두 명의 아내를 두었고, 솔로몬은 칠백 명의 후궁과 삼백 명의 첩을 거느리며 살았다. 우리나라에서도 둘째부인까지 두고 살던 시대가 있었고, 암탉이 집 안에서 울면 집안이 망한다고 살림만 하도록 한 적이 있다. 식당에 가면 메뉴판의 글자를 읽을 수 없어 음식 종류가 어떤 의미인지 몰라 남편이 시키는 것을 따라 시켜야 했고, 셈하는 것이 부족하여 시장에서 물건을 산 후, 돈을 주고 나면 거스름돈을 가게 주인이 주는 대로 받고 돌아서야 했다. 여자아이를 배움터에 가지 못하게 하여 글을 모르는 문맹 할머니들이 아직도 곳곳에 있다.

이슬람교 나라는 일부다처제로 네 명의 아내를 둘 수 있다. 여러 명의 아내가 한집안에 살면 자녀들과의 관계가 복잡해지고, 의견 충돌로 평화가 깨질 수도 있는데 말이다. 남자는 다른 여자를 만나도 괜찮고, 여자는 다른 남자와 만나거나 마음을 주면, 죽이는 샤리아(shariah)의 율법이 남아 있다. 얼마나 공평하지 못한 율법인가. 하와가 선악과를 따먹음으로써 인류를 사망에 이르게 한 죄값인가. 아니면, 남자의 갈비뼈에서 취해서 만들었기 때문일까. 하나의 난자와 정자가 만날 때 온전한 생명체를 형성할 수 있다는 것이 창조주의 섭리요 자연의 순리다.

앞에 앉은 이슬람교 가족이 자리를 털고 일어난다. 히잡으로 둘러싸인 또 다른 여자의 얼굴을 전혀 볼 수 없다. 어린아이 손을 잡고 남편과 함께 걸어가는 뒷모습은 한 폭의 그림 같다. 천국을 향한 소망은 동양이나 서양이나 모두 똑같다. 천국의 향기를 맡으려고 순결을 지키며 고난을 참고 견디는 이슬람 여인의 모습에 할 말을 잃었다. 그들을 물끄러미 바라보던 아내가 손을 꼭 잡는다. 자유로운 여행을 할 수 있어 좋고, 한국 땅에서 태어난 것이 감사하며 고맙단다. 넘실대는 피낭섬의 파도 소리를 등지고 숙소로 돌아오는 발걸음이 가볍다.

무채색 여로旅路

　가슴이 답답하다. 왜 그런지 나도 모르겠다. 정신이 혼미해지며 숨쉬기가 힘들다. 이마엔 식은땀이 흐르고 손가락 발가락에 맥박이 떨어진다. 둘째 딸의 차를 타고 대학병원 응급실로 향했다. 휠체어를 타고 복도를 달리니 입구에서부터 간호사와 응급의사가 병원 침대에 눕힌 채 부산하게 움직인다. 현재 환자 상태를 묻는다. 눈을 감고 고개로만 답을 했다. 환자복으로 옷을 갈아입히고는 심장 상태를 점검하기 위해 사타구니 쪽의 혈관 부위를 소독하며 준비하는 손길이 바쁘다.

　수술실로 옮겨가는 침대가 흔들린다. 빛이 없는 마음엔 생존의 갈림길의 절박한 긴장감 속에서 지나온 날들을 되돌아본다. 가만히 눈을 감는 순간, 일상의 기억들이 무채색 속으로 빨려 들어간다. 사랑하는 아내와 자녀들, 귀여운 손주들의 모습이 잘 떠오르지 않는다. 아직 몸이 떠난 것도 아니고 떠나보낸 것도 아닌데 생각들이 뇌리에서 점점 멀어져간다. 소중하게 여기며 살아왔던 것들, 사회적 명예와 소유한 재물도 어둠 속에 아득한 그림자로 사라져가는 것 같다. 빠르게 지나간 세월의 무상함은 잠시 머물다가는 인생의 정체성에 대해 생각해 본다.

 이동 침대가 수술실에 멈춰 섰다. 몸을 시술대 위로 옮기고 서혜부 부분에 국부 마취를 한다. 파란 가운을 입은 주치의가 들어왔다. 수술대의 조명등이 환하게 비치지만 그림자가 없다. 곧바로 혈관조영술을 시작하며 심장 상태를 점검한다. 전신마취를 하지 않았기 때문에 전공의와 간호사들의 대화하는 소리가 들린다. 5년 전 스탠드 시술한 윗부분이 조금 막혔다고 한다. 의학적인 용어를 다 알아들을 수는 없지만 바쁘게 움직이는 손동작이 보인다. 심장에 넣을 스탠드 장치가 혈관을 통해 이동하는 것 같다. 생명을 연장하는 길에 빛나는 의술이 돋보이는 순간이다. 의학의 발달이 없었더라면, 어쩌면 지금쯤 세월을 베고 북망산천에 누워 낮달과 함께 긴 여행을 하고 있었을지도 모른다.

 씀벅이는 눈길 속에 모니터를 통해 심장의 실핏줄이 움직이는 모양이 보인다. 생명의 숨길이 반가웠다. 심장은 요람에서부터 지금까지 한순간도 쉬지 않고 수축과 이완을 하며 피를 온몸으로 내보내고 받아들인다. 3~5분만 정지해도 사망하거나 뇌 기능에 영구적인 손상을 입는다. 혼자서 힘든 일을 감당하면서 심장은 이 순간까지 불평 한마디 없다. 피로한 맥박을 붙들고 쉬고 싶다는 표정도 짓지 않는다. 긴박한 운동을 할 때 숨 가쁘게 헐떡이면서도 삶의 순리를 묵묵히 지켜왔다. 타고난 운명에 절대 순종하는 숭고한 헌신에 고맙고 감사하다.

시술 시간의 긴 터널을 지난 후 중환자실로 옮겨졌다. 간호사는 혈액 주사기를 왼쪽 팔에 꽂고, 상처가 아물지 않았기 때문에 몸을 움직이지 말라고 당부한다. 가슴에는 심전도 측정을 위해 무언가 부착하며 혈압과 맥박을 측정하는 장치가 팔에 붙는다. 시술 부위가 통증과 함께 뻐근하다. 아랫배 오줌보가 꽉 찬 듯 생리 욕구가 차올랐다. 화장실을 가고 싶다고 했더니 누운 채 소변을 보라고 한다. 소변 주머니를 차고 꼼짝없이 누워있어야 하는 나약한 내 모습이 싫었다. 어두움으로 가득한 병실의 밤은 온통 무채색의 세계다. 사물의 형체를 구분할 수 없고, 본연의 색깔을 인지할 수도 없다. 인생의 빛깔은 성취의 속도가 아니라 삶의 방향이 색깔을 결정한다. 지금은 무채색이다.

아침햇살이 창가에 비친다. 마른 바람에 흔들리는 초록의 나뭇잎이 반갑다. 파란 하늘에 흰 구름 한 조각이 한가로이 흐르고, 길가의 코스모스 꽃잎은 바람에 흔들리며 춤추듯 다가온다. 빛을 받은 사물들이 저마다 독특한 색깔을 발한다. 내 얼굴은 지금 어떤 색깔로 빛나고 있을까. 사랑, 온유, 화평의 열매로 풍성한 색깔을 나타내는가. 욕망으로 가득하여 시기와 질투 분냄과 미움의 색깔이 비칠까. 착하고 선한 양심으로 악을 미워하고 선한 사랑을 베풀며 살고 싶었다. 혹여 나로 인해 주변 사람들에게 또 하나의 슬픔과 아픔의 상처를 남겨주지 않았는지 마음을 되짚어 본다.

조용한 중환자실에 어떤 소리가 들린다.

"거기 누구 없소. 아! 몸이 저려 와요. 내 손을 좀 잡아줘요." 살

가죽이 뼈에 달라붙은 앙상한 가슴에 빛을 잃은 눈동자의 환자가 누군가를 찾는다.

아무리 소리쳐 불러도 대답이 없고 찾아오는 사람이 없다. 병실은 근무 교대 시간이라 간호사와 보호자가 자리에 없는 텅 빈 공간뿐이다. 젊은 청춘시절에 등이 휠 정도로 고생하고, 손발엔 굳은살이 박인 숟가락을 들 수 없을 만큼 늙었다. 혼자서 삶의 이별을 기다리는 고독과 아픔의 그림자가 생의 숨결을 다듬는다. 영혼의 그리움과 가슴에 남은 순간의 추억이 더욱 애닯게 그려진다.

누구든 고종명考終命의 복을 누리고 싶지 않은 사람이 있겠는가. 일생 아픔 없이 건강하게 살다가 평안하게 생명을 마칠 수 있기를 바라는 심정은 모두가 똑같을 게다. 나 역시 죽음에서 다시 태어난 생명의 소중함이 남다르게 느껴진다. 아름다운 자연의 색깔을 볼 수 있음이 감사하고, 정겹게 울어대는 산새 소리를 들을 수 있음이 새로운 기쁨이다. 구수한 된장국 냄새를 맡으며 콧노래를 부를 수 있는 시간이 행복한 순간이다. 따스한 손으로 꼬옥 잡아주는 만남의 손길이 한없이 고맙기만 하다. 내가 살아있음에 삶의 길이 새롭게 부딪쳐 온다. 무채색 여로, 빛의 사잇길로 걸어가는 발걸음에 따스한 온기가 가슴에 스며든다.

어떤 졸업식

 꽃비가 내리는 날 초청장을 받았다. 충주에 있는 문해학교文解學校 졸업식 행사에 참석해 달라는 내용이다. 이곳은 글을 잘 읽고 쓰지 못하는 어르신들이 다니는 학교다. 초청장과 함께 온 졸업자 명단에는 고희를 지나 팔순을 바라보는 할머니들이 대부분이다. 늦은 나이지만 읽고 쓰지 못하는 것에 갈증을 느껴 이제라도 배워야겠다는 일념으로 어렵게 학업을 마치고 졸업하는 자리였다. 바쁜 일정을 뒤로하고서라도 꼭 축하해 드리고 싶어 흔쾌히 참석하겠다고 연락했다.

 작은 교실에 조촐한 졸업식장이 마련되었고, 이십여 명의 할머니 학생들이 앉아있었다. 대부분 일제강점기와 6·25 동란의 어려운 시기에 태어나서 학교 교육의 혜택을 받지 못했다. 여자들은 "암탉이 울면 집안이 망한다" 하여 집안일을 하는 것으로 만족해야 하는 시대에 묵묵히 살아오신 분들이기도 하다. 뒷좌석에는 며느리와 아들, 손주들이 자리를 잡고 있다. 교장 선생님이 한 사람씩 이름을 부르며 졸업장을 수여한다. 순간 한쪽에서는 훌쩍이는 소리가 들린다, 슬퍼서 우는 것이 아니라 감격하여 우는 눈물이다. 축사가 끝나고 주름살 가득한 어르신들이 졸업식 노래를 부르시는 걸 보노라니 가슴이 먹먹해지고 나도 모르게 눈시울이 젖어 온다. 한복을 곱게 차려입은 할머니가 소감문을 읽는다.

"어린 나이에 시집을 와서 아들 삼형제를 키웠지요. 큰아들은 의사이고, 둘째는 판사가 되었으며 막내는 대학교수입니다. 생일날 자식이 찾아와 외식하자고 하여 따라나섰습니다. 식당에 들어서니 종업원이 무엇을 드릴까요? 물으면 글자를 모르기에 남편이 시키고 나면 똑같은 것 주세요. 했지요. 후식은 어떤 것으로 드릴까요 물으면, '큰아들이 시킨 것으로 주세요.' 했습니다. 시장에 가서 여러 가지 물건을 살 때면 덧셈과 뺄셈이 어려워 큰돈을 내어 주고는 거스름돈을 주는 대로 받아들고 돌아섰답니다. 눈이 있어도 보지 못하고, 입이 있어도 말할 수 없는 것이 평생 고통이었습니다.

글자를 쓰고 읽는 것이 이토록 행복한 줄 이제 알았어요. 인자는 식당에 가서도 먹고 싶은 것을 자신 있게 주문할 수 있어요. 사랑하는 자식에게 편지도 쓸 수 있어 정말 기뻐요."

하고 고백한다.

맨 앞 좌석에 앉아있던 할머니가 조심스럽게 자리에서 일어나셨다. 손에는 종이 한 장을 들고, 굽은 허리를 지팡이에 의지했다. '분한이'란 시를 낭송한다.

"내 이름은 분한이/ 우리 어매 딸 셋 나왔다고 지은 내 이름 분한이/ 내가 정말 분한 건 글을 못 배운 것이지요/ 글자만 보면 어지러워 멀미가 났지만 배울수록 공부가 재미나요/ 세상에 이렇게 행복한 일이 어디 있을까요/ 구십에 글자를 배우니까 이렇게 분한 생각이 몽땅 사라졌어요//"

　많은 사람에게 감동을 준 살아있는 시詩였다. 할머니가 옷소매로 눈가를 훔쳤고 선생님, 참석자들 모두 눈시울을 붉혔다. 졸업식장은 침묵이 흐른다. 뒷자리에 앉아있던 아들이 터벅터벅 걸어 나왔다.

　"우리 어머니가 정말 한글을 모르고 이제껏 살아오셨던 거예요?"

　하며 두 팔로 얼싸안고 어깨를 들먹인다.

　구순을 바라보는 할머니가 이번에는 '숨바꼭질'이라는 시를 낭송했다.

　"오만데 한글이 다 숨었는 걸/ 팔십 넘어 알았다/

　낫 호미 괭이 속에 ㄱ ㄱ ㄱ/ 부침개 접시에 ㅇ ㅇ ㅇ/

　달아 놓은 곶감엔 ㅎ ㅎ ㅎ/

　제 아무리 숨어봐라/ 인자는 다 보인다// "

　참석한 내빈석은 두 볼에 뜨거운 물줄기가 흐르고, 얼굴이 붉게 물들었다. 온몸에 전율이 짠하게 전해져온다. 문해학교는 읽고, 쓰고, 셈을 할 줄 모르는 사람들이 다니는 학교다. 그동안 눈이 있어도 글씨를 읽을 수 없었고, 자식에게서 온 편지를 받아도 무슨 의미가 들어있는지 알지 못해서 냉가슴을 앓았다. 오로지 자녀들을 공부시키며 가정 살림을 일구며 평생을 살아오신 분이다. 급격하게 변해 온 삶의 터전에서 이분들의 고통이 얼마나 컸을까. 말하고 싶어도 말할 수 없었던 답답함이 눈 녹듯 사라졌다. 이제는 글자가 보이기 시작한단다. 읽을 수 있고, 그 속에 들어있는 의미를 알 수 있게 된 것이다.

문해교육을 받은 어르신들은 시장에서 값을 꼼꼼히 계산해 물건을 살 수 있게 되어 좋다 한다. 한글이 서툴러서 문자 메시지도 보낼 수 없었지만 이제는 자식들이랑 카톡으로 대화하고, 일상생활의 어려움이 줄어들어 삶의 질이 높아졌다고 즐거워한다. 한글뿐 아니라 산수, 영어도 조금씩 할 수 있게 되면서 살아가는데 자신감을 갖게 되었다.

그분들은 조국을 짊어지고 나갈 젊은이를 키운 위대한 우리의 어머니들이다. 우리나라가 잘 살고 선진국이 되는 바탕에는 문해 할머니들의 헌신과 흘린 땀방울이 흠씬 배어 있다. 백세시대에 남은 생은 새 하늘과 새 땅을 바라보며 새 노래를 부르고 건강하게 사시면 참 좋겠다. 오늘같이 기쁜 날 할머니들이 준 감동과 감격은 오래도록 따뜻한 기억으로 남을 것 같다.

발가락이 닮았다

열대야로 잠 못 드는 밤이다. 시원한 수박화채로 열을 내린다. 멀리 사는 큰딸이 무더위를 어떻게 보내고 있나 궁금해 전화를 걸었다. 아빠인 줄 알고 목소리 톤이 올라간다. 손주들은 잘 크고 있느냐는 질문이 떨어지자마자 큰 손녀 혜원이의 목소리가 들린다.

"할아버지? 엄마 발가락이 이상해요. 네 번째 발가락이 삐꾸예요. 할아버지도 그런가요?" "응 그래" 하고 답을 하니 맏딸이 큰 손녀보고 "너도 그래 잘 살펴봐." "으악!" 소리를 지르며 "못생긴 발가락도 유전되는 건가요?" 하고 반문한다.

손녀가 엄마 발을 만져 보다 옆으로 누운 채 삐뚤어져 있는 네 번째 발가락을 발견했나 보다. 혹부리영감의 코처럼 생긴 발가락 안쪽 살이 가운데 발가락 밑으로 밀려 들어갔다. 똑바로 바닥을 향해야 땀방울이 흘러내려 건조한 상태를 유지하는데, 살과 살이 맞닿으면 빨갛게 무르기도 한다. 발톱도 옆으로 일그러져 누운 채 끝부분이 갈라졌다. 참 못생긴 발가락이다. 체질이 유전되고 몸의 형태도 닮아가는 혈육의 비밀이 신묘막측하다.

큰딸이 사는 모습을 보면, 부지런하게 아이들을 가르치며 성실하게 집안일을 꾸려간다. 아내가 살아온 삶을 그대로 사는 것 같다. 기도하는 여인, '한나'란 이름을 가진 딸이라서 그런지 무슨 일이든 먼저 기도해야만 일이 잘 풀린다. 큰손녀가 태어날 때, 아홉 달을 다 채우지 못하고 팔삭둥이로 나와 얼마나 애가 탔는지 모른다. 병원 인큐베이터 속에서 한 달을 보내고 나서야 집으로 돌아올 수 있었다. 이제는 할머니 뒤에서 등을 맞대고 더 큰 키를 자랑한다. 어찌나 온순하고 착한지, 사리 분별이 뚜렷하고 논리적이고 글도 잘 쓴다. 과학 선생님이 되고 싶다는 손녀는 발가락만 닮은 것이 아니라 타고난 재능도 엄마를 똑 닮았다.

맏딸은 아빠의 건강을 가장 많이 챙긴다. 어쩌다 만나면 아빠를 부둥켜안고 귓속말로 "건강하게 오래 사셔야 해요." 속삭인다. 성품이 올곧아 불의를 보면 참지 못한다. 센 고집은 형제 중에 남다르다. 무슨 일을 하든지 결과가 나올 때까지 밀어붙인다. 외눈박이 물고기처럼 사람들과 타협할 줄 모르고 융통성 없는 성격도 나를 닮았다. 사람의 염색체에는 성격 인자도 들어있는 모양이다. 사춘기 시절 자신의 생각을 내세우며 고집을 부리기에, 너도 시집가서 너 닮은 아이를 낳아보라고 했다. 피식 웃으며 제방으로 들어가서는 밥 먹으라고 부를 때까지 문을 열지 않았다. 고집 센 부녀간의 의견충돌로 마음고생도 많았다.

자식을 낳고 키우면서 부모의 심정을 깨닫고 철이 드는 모양이다. 애기 둘을 키우는데도 이렇게 힘든데, 어떻게 우리 넷을 키웠

냐며 혀를 찬다. 둘째 손주를 할아버지 앞에 앉혀 놓고는 아빠에게 사춘기 시절 속 썩인 잘못을 풀어 달란다. 어린이집에서 장난감 놀이를 하다가 제 성질을 이기지 못해 친구를 밀치거나 만들어 놓은 집의 모형을 무너뜨려 다른 아이들을 울게 한단다. 자신의 생각을 굽히지 않고 고집을 부리면 아무도 말리지 못한다. 맘에 드는 장난감을 사주지 않는다고 길바닥에 누워 발을 구르며 울고 떼를 쓰는 바람에 진땀을 뺀 적도 있단다. 속상함을 말하는 큰딸의 눈에 눈물이 글썽하다.

손주 머리에 손을 얹고 간절한 마음으로 기도했다.

"나가도 들어가도 복을 받고 떡 반죽 그릇까지 복을 받으며 세계에서 뛰어난 사람이 되는 축복된 삶을 살고 살과 힘줄이 뼈에 붙어 새사람 되는 자녀로 자라라."고 축복했다. 큰딸을 마주 보며 서로 빙긋이 웃었다. 몸이 너무 말라 목덜미의 엷은 살갗에 실핏줄과 쇄골의 움직임이 적나라하게 보인다. 늘 안쓰러운 마음에 가슴 한켠이 묵직하다.

은하수 별을 좋아하는 딸이 찾아오는 날에는, 아빠표 김치부침개와 삼겹살 파티를 준비한다. 빈대떡 반죽에는 칼칼한 성격에 걸맞게 청양고추와 오징어를 넣는다. 프라이팬에 한 주걱 퍼 올려 기름에 부치면, 방안을 가득 채운 고소한 냄새가 창문 타고 울타리 밖으로 날아간다. 밥 한 숟가락과 삼겹살 한 조각을 상추에 올려놓는다. 된장을 발라 손으로 오므린 상추쌈을 입 안에 넣고 오물오물 맛있게 먹는다. 톡톡 튀는 식성까지 나를 닮았다. 딸아이의 행복한 모습을 보면 마음이 따뜻해진다.

  할아버지와 딸과 손녀, 삼대가 나란히 발가락을 대어 보았다. 네 번째 발가락이 모두 옆으로 누웠다. 삐뚤어진 발가락을 만지며 '못생겨도 참 못생겼다! 삐꾸 발가락까지 어떻게 아빠를 닮았니? 역시 너는 내 딸이야.' 하고는 한바탕 웃는다. 내리사랑은 딸에게로 흘러 흘러 또다시 손주들에게까지 흘러간다. 발가락이 닮은 3대의 웃음소리가 담장을 넘는다.

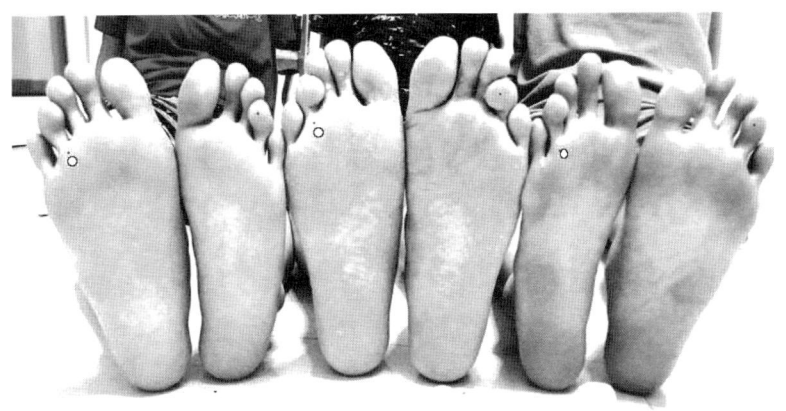

꽃이 지고 봄을 알았다.

　가을비가 들녘에 쏟아진다. 엷은 커튼 자락 모양의 빗줄기가 서쪽 하늘에 내린다. 청바지에 빨간 티셔츠를 입고 나섰다. 서늘한 바람이 두 볼을 스쳐간다. 요양원에 계시는 할아버지 할머니들 위문공연을 하러 가는 길이다. 굵은 주름의 인생 계급장이 이마에 자리 잡은 노인들이 생활하는 곳이다. 근육이 마르고 기력이 쇠하여 걷기조차 힘들어 대부분 휠체어를 타고 이동한다. 흘러가는 세월에 순응하며 황혼의 길을 묵묵히 걸어가는 분들이다. 긴 시간을 선물처럼 받아들인 노인은 인생의 꽃이다.

　요양원 강당에 들어섰다. 농익은 어르신들의 인생 꽃이 한가득이다. 머리카락이 성큼 줄었고 머릿결은 흰 구름처럼 바랬다. 얼굴엔 골 깊은 주름으로 시절의 나이테가 쌓였다. 사회자의 선창에 과수원길 노래를 따라 부른다. 어린 시절 오빠하고 누나하고 놀던 때가 그리움으로 살아난 모양이다. 입가에 엷은 미소가 피었다. 늙음이란 아름답게 맞이해야 할 삶의 꽃이자 그 열매를 맺는 시간이다.

　바람처럼 다가온 세월 속에 청춘을 묻은 노인이 먼 하늘을 바라본다. 멈추면 많은 것들이 보이고 생각나는가 보다. 지나온 삶의 여백에 추억을 그리는 모습이 보인다. 하모니카 연주단이 섬마을 선생님을 연주한다. "열아홉 살 섬 색시가 순정을 바쳐 사랑한 그 이름은 총각선생님" 노래 가사가 쏟아지자 어깨춤을 추던 할머니가 일어나서 박수를 친다. 사랑의 순정이 새로운 기쁨을 맛보게 한 것 같다. 앞니가 텅 빈 할아버지는 합죽이 웃음으로 인사하며 두 손을 내밀고 부루스를 추자 한다. 봉사단원 중 젊은 여자가 마른 손을 잡아주었다. 노래에 맞춰 앞으로 당기고 뒤로 밀면서 리듬 따라 춤사위가 그려진다. 손을 들어 올리면 여인이 빙그르르 돌고 잠시 품에 안긴다. 어깨 위에 팔을 가볍게 얹은 채로 함께 발을 옮긴다. 다시 손을 올려 자세를 바꾸어 손을 놓으면 여인 혼자서 되돌아 제자리를 찾는다. 한 쌍의 나비가 허공에서 사랑을 나누는 모습처럼 아름답다.

머리를 짧게 깎은 할아버지가 바닥만 쳐다보고 있다. 흥겨운 음악 소리가 홀을 채워도 핏기 없는 입술을 굳게 다물고 있다. 고고한 성품을 소유한 건지, 남은 생애가 서글퍼 외로움을 달래는 것인지 도무지 표정에 변화가 없다. 누웠던 뒷머리엔 새 둥지처럼 똬리를 튼 자국이 선명하다. 다정하게 챙겨줄 아내나 자식이 멀리 있기 때문인지 모르겠다. 나이가 들어 종착역에 다다른 사람들은 외모와 지식의 평준화가 이뤄진다. 사회적 지위와 권위의 높낮이, 가난한 자와 부유한 자의 모습도 구분되지 않는다. 남녀가 따로 없다. 모두가 똑같이 노인의 여로에 선 것이다. 서로 남은 여정을 돕는 배려와 땀방울을 닦아주는 다정스러운 모습은 수채화처럼 아름답다. 늙음의 미학이다.

눈이 부리부리한 할매가 자신이 노래하겠다고 청한다. '천상 재회' 곡을 선택했다. 이별한 사람을 위한 노래다. 마이크를 손에 쥐어 줬다. 반주기에 나오는 전주곡을 따라 목청에 있는 힘을 다해 부른다.

"나를 사랑한다는 말 바람결에 남았지요. 천상에서 다시 만나면 그대를 다시 만나면 천상에서 못다 했던 사랑을 다시 할래요." 음정이 다르고 리듬이 바뀐 채 부르지만, 모두가 시름을 잊고 그대로 두 손 모아 듣는다. 애달픈 감성이 천상이 되어버린 순간이다. 참고 있던 눈물이 주르륵 흐른다. 노래를 통해 위로하고 위로받으며 감동을 준다. 서로에게 희망을 주면서 꿈을 향해 다시 출발하게 하는 것이 노래요 음악이다.

옆에 있던 친구가 말한다. 구십 구세까지 팔팔하게 살다가 하루 아프고 죽었으면 좋겠단다. 삶과 죽음을 내 맘대로 할 수 있다면 얼마나 좋겠는가.

평생을 아내와 가족을 위해 일하다가 사회에서 돌아왔다. 정년 퇴임하고 내 안에 있는 나에게 너는 누구냐고 물었다. 침묵이 흐른다. 하고픈 일들이 많지만 세월이 기다려 주지 않는다. 살아오면서 볼 꼴, 못 볼 꼴 많이 보고 느꼈다. 한 겹 두 겹 의무와 책임을 벗고, 가벼운 마음으로 여생을 홀가분하게 살고 싶다.

그동안 나는 봄에 피는 꽃보다 가을 단풍丹楓을 더 아름답다고 생각했다. 연둣빛 새싹의 숭고한 생명이 싱그럽지만, 알알이 맺는 결실의 벅찬 기쁨도 견주어 볼 만하다. 아침에 뜨는 붉은 해가 찬란하지만, 해질녘의 저녁놀은 더 아름답다. 나이 든 사람만이 보여줄 수 있는 장엄한 아름다움 때문인지 모른다. 지구상의 생명체는 태어날 때부터 늙음과 죽음을 향하고 있다. 오늘도 나는 늙어간다. 꽃이 지고서야 봄을 알았다. 그 긴 인생의 여로에 너와 내가 서 있다. 처음 있던 그곳, 본향을 향해 걸어가고 있다.

3 더 키스 THE KISS

두 얼굴

시선

홀로 아리랑

더 키스 The Kiss

손에 손잡고 Hand in Hand

그해 봄

바다가 그리워

불의 나라

그곳에 애잔함을 두고

다뉴브강가에서

폼페이의 불꽃

임진각의 기적소리

그곳에 마음이 머물다

의심과 확신의 두 모습이 모두 진실한 얼굴이라면, 모순을 동시에 품고 있는 야누스의 두 얼굴이야말로 진정한 본연의 모습 아닐까. … 오늘도, 파란 하늘에 흰 구름은 말없이 흘러간다. 빛과 어두움, 사랑과 미움, 좌절과 희망을 함께 품은 얼굴로 그냥 미소 짓고 싶다.

두 얼굴

　여인을 바라보고 있는 야누스상이 보인다. 하나의 얼굴은 안쪽을 바라보며 살아온 길을 돌아보고, 또 하나의 얼굴은 밖을 향해 나아갈 미래를 생각하는 얼굴이다. 두 얼굴의 표정이 똑같아 보이지만 마음은 다를 것이다. 과거와 미래는 단절된 것이 아니라 연결되어 있는 연속성continuity을 가진다. 쉰부른궁전Schönbrunn Palace 출입문을 지키는 수호신은 800년을 지켜온 로마 황제에게 인간성의 깊은 진실을 가르쳐 주는 듯하다.
　얼굴은 심성을 표현하는 거울이다. 사랑과 미움, 분노와 질투, 증오와 용서하는 마음을 속이거나 숨기지 못한다. 야누스는 안과 밖을 바라보는 얼굴 표정이 똑같다. 그것은 분리된 두 사람이 아니라 한 사람이다. 처음과 나중이 다르지 않고, 언제나 한결같은 마음을 간직하라는 뜻일까? 다양한 상황과 감정에 따라 의지나 이성이 흔들리지 않고 옳고 그름을 잘 판단하라는 의미인가? 어쩌면 신성로마제국을 다스리는 황제가 백성 앞에 삶의 진실성을 보여주며, 존경과 신뢰를 쌓으라는 뜻인지도 모르겠다.

직장생활을 하는 동안 두 얼굴을 가진 사람들을 많이 만났다. 업무에 있어 성공한 일은 자신의 자랑으로 삼고, 실패와 실책은 다른 사람에게 돌리는 염치없는 얼굴의 웃음을 보았다. 친구 사이에서도 화장실 갈 때와 올 때가 다르다고, 달면 삼키고 쓰면 뱉어내는 인간관계의 씁쓸한 뒷모습도 보았다. 가족의 만남에서 가깝다는 이유로 예의가 없어지고, 오해와 단절로 냉담한 마음을 주고받는 상처와 아픔은 더욱 괴롭기도 했다. 오래 남는 상처는 낯선 사람보다 가까운 사람으로 오는 경우가 많다. 사회적 통념의 판단과 오류로도 작은 대가를 지불하며 삶의 아픔을 참으며 살았다.

권모술수가 있는 정치권력은 대표적인 두 얼굴이다. 동서양을 막론하고 권력자들은 선한 양으로 등장하여 짐승 같은 뒷모습을 보이는 경우가 많다. 어떤 증거를 들이대고 설명하든 좀처럼 믿지 않는 완고함도 답답하지만, 소문과 꼬임에 쉽게 휘둘려 아무 근거도 없이 쉽게 믿어버리는 가벼움도 문제다. 이 얇은 귀와 단순한 생각은 하루아침에 영웅을 만들어 냈다가 어느 순간 쉽게 땅에 떨어뜨려 짓밟기도 한다. 정치의 세계만이 아니다. 종교와 학문의 세계, 과학자와 물질의 이중적인 성질, 직장과 가족의 관계에서도 다를 바 없다.

누구에게나 두 얼굴은 있다. 하나의 얼굴로 두 마음을 품기도 하지만 두 얼굴로 처음처럼 같은 마음을 그리기도 한다. 어떤 얼굴이 진정한 얼굴일까. 나 또한 행복한 모습을 보이며 또 다른 얼굴로 지금까지 살아오지 않았던가. 겉 사람은 늙어가나 속사람은 늘 청춘의 마음으로 산다. 들에 나가 어떤 힘든 일도 할 수 있을 것 같고, 운동장에서 아이들처럼 마음껏 뛸 수 있을 것만 같다. 세월의 흔적으로 얼룩진 흉터와 남은 상처들을 손끝으로 만져 본다. 고난과 슬픔의 눈물자국, 환희의 주름진 추억, 아리고 애달픈 사랑의 입맞춤이 마음 한켠에 그림자로 남아있다. 내 모습에도 야누스상의 처음과 끝, 어둠과 빛, 과거와 미래의 양면성을 가지고 있다.

어머니라는 이름을 입술로 삼키면 나도 모르게 숙연해진다. 가족의 삶을 위해 꽃다운 청춘을 쏟아붓고, 온 힘을 다해 헌신하는 얼굴엔 세월의 무거운 짐으로 주름살이 늘어간다. 자식 걱정에 힘든 살림살이와 남편의 모난 성격과 비위를 맞추느라 가슴앓이하면서도 소리 내어 마음껏 울어보지도 못했다. 자신이 입에 넣을 음식까지 자식의 입에 넣어주고는 속 빈 강정 같은 모습으로 석양의 노을을 바라보며 검게 그을린 미소 띤 얼굴은 마음에 옹이로 박힌다. 웃지만 웃는 게 아닌 두 얼굴이었다. 처음부터 끝까지 사랑과 헌신으로 살아온 변함없는 어머니의 그 얼굴이 그립다.

어떤 얼굴을 선택하느냐에 따라 그 표정도 달라진다. 선택은 자신의 몫이다. 다만 그에 따른 결과와 책임이 있을 뿐이다. 의심과 확신의 두 모습이 모두 진실한 얼굴이라면, 모순을 동시에 품고 있는 야누스의 두 얼굴이야말로 진정한 본연의 모습일 수 있다. 어쩌면 상황이 바뀔 때마다 일희일비하지 않고 온갖 고난과 시행착오의 과정을 부둥켜안은 모순의 얼굴인지도 모른다. 오늘도, 파란 하늘에 흰 구름은 말없이 흘러간다. 빛과 어두움, 사랑과 미움, 좌절과 희망을 함께 품은 웃음진 얼굴로 살고 싶다.

시선

 하늘은 금방이라도 비가 뚝뚝 떨어질 듯 먹구름이 몰려온다. 일본의 근대화 역사가 숨 쉬는 곳 하기성 박물관으로 가는 길이다. 신간센 기차는 아늑한 분위기로 아이들이 좋아하는 키티 그림으로 가득 채워져 있다. 핑크색 리본을 단것은 여자이고, 넥타이를 맨 것은 남자이며, 치마를 입은 것은 엄마란다. 포토존마다 귀여운 아가의 미소와 가족의 행복함이 뚝뚝 떨어진다. 객차 안에는 샤기컷 머리를 한 아가씨가 입술을 야무지게 다물고 책을 읽고 있다. 띄엄띄엄 보이는 노인들도 책을 보거나 핸드폰에 열중이다.
 전형적인 일본 목조건물이 시골 풍경 속에 똬리를 틀 듯 자리 잡고 있다. 거리마다 깨끗하게 잘 정리된 모습이다. 창문 밖으로 보이는 전통 건물들은 대부분 각이 뚜렷하여 일본인들의 성격을 잘 드러나는 것 같다. 비가 오면 피할 수 있는 뜰팡을 만들기 위해 지붕 처마를 이중으로 만든 것이 특징이다. 빨간 지붕 너머로 언뜻언뜻 푸른 바다가 보인다.
 나가또 역에서 하기성으로 가는 열차는 한 량으로 간다. 승차하

는 학생들은 교복을 입은 단정하고 정숙한 모습이다. 기차역 앞 무라식당에서 라멘을 시켰다. 물컵을 가져다주는 주인 할머니의 얼굴은 깊은 주름이 자리를 잡고, 흰 머리카락을 날리는 모습이 팔순은 넘은 듯하다. 조금 민망한 생각이 들었다. 간단한 점심식사로 허기를 채운 뒤 박물관을 가기 위해 택시를 불러 달라 부탁했더니 조또마떼 구다사이(ちょっと待ってください)한다. 잠시 기다리라는 뜻인데 속으로 웃음이 나왔다. 잠시 후, 택시가 식당 출입문 앞에 도착하여 크락숀을 울린다. 운전기사의 나이도 칠순은 넘긴 것 같다. 택시 운전을 할 수 있는 나이를 물었더니 75세까지 할 수 있단다. 시골에서는 더 많은 나이가 들어도 일하고자 하면 된다 한다. 노인들 일하는 모습이 보기 좋아 보인다. '백세 시대에 나는 무슨 일을 하며 보람을 찾아야 할까?' 잠시 생각에 잠긴다.

시가성 박물관에 들어서니 다양한 패류와 어류표본이 보인다. 문어가 사람보다 크고, 사람 키의 두 배 정도 되는 갈치표본이 보관되어 있다. 바다의 보고(寶庫)를 잘 간직하고, 바다생물 생태계의 기록을 남긴 모습이 해양국가의 면모를 잘 보여주는 듯하다. 후쿠오카 역사의 기록이 있는 코너에 발걸음을 멈추고 노익장의 설명을 들었다. 일본의 서당 같은 '쇼카손주쿠'에서 근대화의 주요 인물들을 길러냈다는 것이다. 지방 소도시에서 유능한 인물을 많이 배출했다는 것은 자랑할 만한 일이다. 그 인물들 중에는 우리에게 익숙하지만 달갑지 않은 이토히로부미도 있었다. 일본의 초대 총리였으며 의회 제도를 확립한 정치가이다. 일본에서는 위인이겠지만 우리에겐 고종을 협박하고 을사조약을 맺게 한 악인이다.

　안내를 하던 노익장은 근대화역사를 영상으로 보는 것을 우리에게 권한다. 친절함에 못 이겨 좌석에 앉아 관람을 했다. 영상시간이 종료되자 방명록에 사인을 부탁한다. 사돈이 한국어로 하겠다고 했더니 굳이 일본어로 써 달라는 것이다. 자신의 업무에 충실한 사명감인가. 정한론을 세워 지배했던 정복감이 남은 것인가. 왜 그토록 방명록 작성을 권하는지 모르겠다. 바깥사돈의 할아버지는 독립운동을 하다 돌아가신 분이다. 자존심이 강한 그는 방명록에 한국어로 쓰고 이름 뒤에 영어로 사인을 했다. 물보다 진한 조국애의 숨결이 흐르고 있음을 보았다.

　후쿠오카 타워 엘리베이터를 타고 전망대에 올랐다. 동쪽으로 모모찌 해변이 보이고 백사장 길에는 관광객들의 발걸음이 분주하다. 건물 아래에서 사는 사람들의 이야기가 들리지 않는다. 시공간이 다르면 전혀 딴 세상이다. 무슨 생각을 하는지, 어떻게 살고 싶어 하는지 알 수가 없다. 혈통과 문화가 다르면 그 민족의 삶과 가치관도 다르다. 지금도 자국의 이권을 확장하며, 영토를 넓히려고 끊임없이 싸우는 나라가 있다. 잔혹한 전쟁으로 수많은 사람들이 피를 흘리며 죽어간다. 왜 죽어야 하는지 무엇 때문에 고통을 겪고 살아야 하는지 모른다. 긍정과 부정에 대한 시각, 자유와 죽음에 대한 생각은 어떤 다림줄로 판단하는 것이 옳은 것일까? 전쟁에서 승자의 기록은 영광스럽게 남지만, 패자의 억울한 눈물과 슬픔은 흔적조차 사라진다.

역사는 한 걸음 한 걸음씩 흘러간다. 아무도 가보지 않은 길을 열어가는 것은 모험이다. 어떤 가치관과 감정을 갖고 바라보는가에 따라 느끼는 마음도 다르다. 부정적인 시선을 가질 때는 부정적인 면만 보이고 긍정적인 마인드가 있을 때는 매사 가능한 것들로 여겨진다. 잃어버린 것을 생각하면 후회와 좌절이 앞을 가리지만 작은 것 하나라도 남은 것을 보면 감사가 넘친다. 나는 무엇을 할 수 있으며 또 잘할 수 있는가 성찰해 본다. 집을 떠나면 어렵고 힘든 일들이 따라오고, 고향을 떠나면 또 다른 그리움이 다가온다. 밤이 되어야 저 달이 밝은 줄 알고, 낮이 되어야 꽃들이 아름다운 줄 알듯이 고국을 떠나보면, 나도 모르게 나라를 사랑하는 마음으로 가슴이 뜨거워진다.

홀로 아리랑

고요한 아침 국립현충원에 진혼곡이 울려 퍼진다. 내 나라 내 땅을 사랑하고 조국을 위해 목숨을 바친 선열의 혼이 자욱한 안개로 서려 있다. 병사부터 장군, 대통령 묘까지 거룩한 묘비의 숨결에 숙연해진다. 어머니와 형제로서 자식과 아내로서 보내는 꽃 편지가 제단마다 가득하다. 그 사연의 애틋함이 마음의 울림으로 남는다. 귀하지 않은 목숨이 어디 있을까. 가신님은 아는지 모르는지 침묵 속에 잠겨 있다. 님의 발자국 소리와 향기가 능수버들 꽃잎에 달려 작은 이슬방울로 떨어진다.

현충원 독립유공자 묘역 제일 위쪽에 130여 분의 위패가 모셔져 있는 '무후선열제단'이 보인다. 후손이 없는 독립유공자 분들이다. 아우내장터에서 3·1독립만세 운동을 펼쳤던 유관순 열사, 만주지역에서 무장투쟁을 하신 봉오동전투의 홍범도장군, 납북된 저명인사로서 정인보, 나석주 의사 등이 계신 곳이다. 일제 강점기에 가족과 개인의 안위는 뒤로한 채 오직 조국의 독립을 위해 한목숨 기꺼이 바치신 홀로 아리랑 고개를 넘은 영웅들이다. 아무도 찾아주는 이 없고 그 어느 누가 울어주는 이 없으며, 따스한 손길로 묘비를 쓰다듬어 주지 않는다. 그럼에도 그 넓은 가슴엔 큰 뜻을 품고 끝까지 조국을 사랑하고 지킨 영혼들이다. 그러나 안타깝게도 후손이 없어 별도의 묘비도 세우지 못하고 유해마저 제대로 수습이 되지 않았다 하니 가슴이 먹먹하다. 국가가 있어야 국민이 있고 권리가 존재할 수 있다. 인간으로서 존엄성을 갖고, 행복추구와 인권이 보장되는 나라가 법 앞에 평등하며 국민의 자유를 누릴 수 있는 것이다.

혼자서 가는 길이 그렇게 외롭고 힘없는 것만은 아니다. 혼자라서 약한 것도 아니다. 예수, 석가모니, 간디 등 혼자서 더 큰일을 하고 세상에 빛을 주고 갔다. 혼자라면 함께 사는 가족의 생활고와 염려와 걱정이 없기에 앞으로 나아가는 길에 거칠 것이 없다. 그래서 나라가 혼탁하고 어려울 때 신부와 스님들은 정의 사제단으로 거리에 나와 용감하게 시국선언을 했다. 그 뒤로 민초들이 일어나고 민주화의 촛불이 꽃을 피웠다. 때로 처자식이 딸린 우리는 세상 걱정에 마음이 걸려 비굴하게도 수모를 겪고 참아야 하며, 불의를 보고도 선뜻 나서지 못하는 졸장부 인생길을 걷는 경우가 왕왕 있었다. 나는 이 나이 먹도록 하루하루를 내 욕망만 채우기에 급급해 하며 살지 않았던가! 작은 것을 얻으면 기분 좋고 작은 것을 잃으면 안타까워 시기 질투와 미움으로 얼룩진 삶을 살았던 범인凡人. 한없이 작아지고 겸허해진다.

꽃다운 17세 소녀의 이름 앞에서 넋을 잃은 채 바라보았다. 동백

기름을 바른 머리 가운데 곱게 가르마를 타고 검정 치마 흰 저고리를 입은 대한민국의 딸 유관순이다. 3·1 만세운동으로 서대문형무소에서 갖은 고문을 당하며 유언을 남긴 채 운명했다.

"내 손톱이 빠져나가고 내 귀와 코가 잘리며 내 손과 다리가 부러져도 그 고통은 이길 수 있사오나 나라를 잃어버린 그 고통만은 견딜 수가 없습니다." 처절히 소리친 절규는 무릎을 꿇고 듣게 했다. 목숨을 버리는 사랑보다 더 큰 것은 없으리라. 파도가 휘몰아치고 천둥과 번개 같은 시련이 다가와도 가슴은 뜨겁고 눈은 더욱 빛을 발한다. 마음은 청춘이고 눈빛은 봄이다. 어린 나이에 꽃다운 청춘을 피워보지도 못하고 쓰러져 갔다는 생각을 하니 순결한 조국애와 아린 마음이 강물처럼 밀려온다. 이제 간절한 사랑과 시련의 슬픔이 내 곁에 멈추고 어리석다며 비웃음 쳐도 눈물 보이지 않고 뚜벅뚜벅 걸어가리라.

이름 없는 김소위 묘에 눈길이 머물었다. 부슬부슬 떨어지는 빗방울은 대리석 묘비에 소리 없이 흘러내린다. 6·25 안동전투에서 목숨을 잃고 국립묘지에 안장되었지만 김씨 성만 알뿐 이름을 몰라서 묘비에는 김소위 묘라고 적혀 있는 것이다. 전투에서 같은 자리에 있었던 황장군은 그를 잊지 못하고 현충일이면 찾아와서 저승에 가서라도 보고 싶다고 하며 인사를 했다.

"내가 가면 술 한 잔 살거요"

하고는 가족에게 내가 죽거든 김소위 옆자리에 묻어주오 하며 유언을 남겼단다. 그래서 장군들의 묘 장소에 묻히지 않고 지금도 김소위 묘 옆에 나란히 묻혀 있는 것이다. 백발이 된 여동생은 "자주 찾아뵙지 못해 죄송해요" 하며 울먹인다. 그리움이 세월의 강물에 꽃잎처럼 떨어져 흘러가고 있다. 우리 모두가 무후선열, 무명용사들의 후손이다.

그날이 오면, 백두산 천지연에서 노래하고 한라산 백록담에서 춤추며 놀아보자. "아리랑 아리랑 홀로 아리랑. 대동강아 간밤에 잘 잤느냐. 다시 보자 한강수야. 가다가 힘들면 쉬었다 가더라도 손잡고 우리 함께 가보자." 홀로 아리랑 노래를 불러본다. 남한강과 북한강은 아리수 배 띄워 서해로 흘러가고, 대동강 물은 꽃잎 실어 남으로 떠내려오는데 우리는 언제쯤 하나 될 수 있으려나.

더 키스 The Kiss

고요한 정적 속에 잠시 숨이 멎는다. 살며시 뜬 속눈썹 사이로 매혹적인 여인과 남자의 포옹 장면이 보인다. 온몸의 핏줄을 타고 짜릿한 전율이 흘러 가슴을 움켜잡았다. 강직한 남성이 여인의 머리를 잡고 자신 쪽으로 와락 안아 그녀의 볼에 입을 맞추고 있다. 두 눈을 감은 여인은 강렬하게 힘을 준 손가락으로 남자의 목을 휘감고 행복감에 젖어 있다. 남자의 옷은 검정색과 흰색, 사각형구조의 무늬로 우직한 힘을 보여준다. 여자의 옷자락엔 타원의 소용돌이 문양과 삼각형무늬와 곡선들이 금빛 색깔로 물들었다. 절벽 위에서 무릎을 꿇고 앉은 여인의 볼에 클림트가 애정 깊은 키스를 하고 있다. 연인의 황금빛 사랑이 황홀감으로 깊이 빠져있는 모습이다.

아무리 생각해도 사랑의 밀어를 나누기에는 절벽은 적합한 장소가 아니다. 왜 두 연인은 벼랑 끝에서 키스를 나누고 있는 것일까? 평상시와 다른 만남의 절박한 사유가 있는 것일까. 이렇게 위태로운 장소에 여인을 둔 까닭이 궁금했다. 절벽에서 떨어지려는 여인을 클림트가 붙잡고 말리면서 사과하는 표시로 진한 사랑의 키스를 하는 장면이다. 연인에게 사과하여 마음을 돌이킨다는 그림의 스토리는 전 세계의 대중들을 더욱 매혹시켰다. 클림트는 작품 제작이 끝나면 모델들과 육체관계를 맺는 등 엽색행각이 심한 인물이었다. 정작 연인인 플뢰게와는 육체 관계없이 정신적 사랑을 나누는 관계였다고 한다.

키스를 하는 여인의 얼굴에 강물 같은 평화가 흐른다. 남성의 여색과 방탕함으로 마음고생을 많이 하여 세상과 이별하려는 여인에게 사과하는 입맞춤은 순결하고 거룩한 그림이다. 장미가 아름답고 백합의 향기가 아무리 고와도 한 가지 색깔과 향기일 뿐이다. 새소리가 그토록 매혹적일지라도 멜로디는 너무나 단순하다. 사람이 꽃과 새보다 아름다운 것은, 기쁨과 슬픔, 고난과 행복, 아픔과 그리움을 가슴에 담고 수만 가지 얼굴로 이야기꽃을 피우는 색깔이 있기 때문이다. 눈에 고인 호수 같은 심상을 어느 누가 모두 헤아리고 그 사랑을 느낄 수 있을까. 입술에 담은 사랑의 정을 벙그는 발걸음은 그 누구라도 막을 수 없는 것이다.

벨베데레궁전은 유럽에서 유네스코 세계문화유산으로 등재된 가장 아름다운 바로코 양식의 건축물이다. 상궁과 하궁 사이에는 프랑스식 정원이 있어 산책을 즐기기에 좋다. 클림트 작품의 키스는 비엔나 벨베데레궁전 상궁에 전시되어 있다. 금박을 사용해 독특한 분위기를 내는 그의 작품을 보기 위해 많은 관광객이 찾아온다. 보석과 도자기, 가방과 유리 세공 작품에도 클림트의 키스가 들어있다. 그의 예술작품은 오스트리아의 후손들에게 두둑한 관광 수입으로 많은 재화를 벌어들이게 한다. 갑자기, 가정과 나라가 부유해지는 그런 정열적인 키스를 한번 해보고 싶다.

반평생을 동거동락하며 걸어온 반려자가 정원 앞 벤치에 앉아있다. 볼의 홍조가 서녘하늘 구름에 걸터앉은 노을 따라 불타오른다. 도톰한 빨간 입술이 석류처럼 농익은 빛깔이다. 두 손으로 얼굴을 잡고 입술을 가만히 대어 보았다. 순간, 고함소리와 함께 눈에서 불이 번쩍 난다. "남들이 보면 어찌해요?" 눈살을 찌푸리고 부끄러워 입술을 양손으로 토끼처럼 닦아낸다. 동행한 친구 부부가 이 모습을 보고 박장대소한다. 키스도 할 줄 모르는데 어떻게 아이를 낳았냐며 농을 던진다. 키스는 제대로 못 하면서 자식을 넷이나 두었으니 얼마나 아이러니컬한가. 아내는 '뽀뽀는 돼도 키스는 안 된다'는 생각을 갖고 있다. 로멘스의 뽀뽀와 자식의 관계는 별개인 모양이다.

나무숲 둥지 속에서 새끼들이 짹짹거린다. 어디서 날아왔는지 어미새는 입속에서 먹이를 꺼내 노오란 주둥이를 크게 벌린 새끼 입에 넣어준다. 단단한 먹이를 씹어 부드럽게 한 후 새끼에게 넣어주는 생명의 입맞춤을 누가 욕정의 키스로 여기고 부끄러운 모습이라 할까. 키스는 우리의 감정과 마음의 비밀을 속삭이는 입술의 고요한 언어다. 말이 통하지 않는 공간과 침묵 속에서 마음을 표현하는 입맞춤이다. 또 부모와 자식의 사랑, 연인 간의 사랑 등을 비롯하여 누군가에게 자신의 마음을 전하고 감정을 확인할 수 있는 의사표시이기도 하다.

　사랑의 첫 키스에서 욕정의 키스, 죽음이나 이별의 키스까지 사연과 의미도 다양하다. 손등 입맞춤은 존경과 구애를 표현하고, 입술에 포개는 것은 '당신의 사랑에 진심으로 감사하다'는 표시다. 공개적인 키스는 삶과 인생에 대한 진지함과 헌신을 선언하는 것이다. 따뜻한 포옹으로 내게 고동치는 심장을 찾아준 사람이다. 그동안 희·로·애·락을 마음에 새기고, 기쁨과 눈물을 삼키며 살아온 동반자에게 밤 깊도록 입맞춤을 하고 싶다. 이렇게 가슴을 파고드는 미묘한 감정은 영혼을 결합시킨 클림트의 키스가 주는 반사유희일까.

손에 손잡고(Hand in Hand)

그해 가을 중국 광저우교육청에서 초청장이 날아왔다. 한국 학생들과 교육, 문화체험 교류를 하자고 한다. 우리나라 학생들이 중국의 가정집에서 민박을 하며, 가족처럼 식사를 하고 학교생활을 함께하는 홈스테이 프로그램이다. 그들에게 전통문화를 소개하고자 태권도와 사물놀이를 준비했고, 지역 특산물로는 영동 곶감을 포장했다. 한국의 산과 강 소나무가 그려져 있는 부채와 가야금을 선물로 가져가기로 했다.

공항에 내리니 코끝에 열기가 후끈 치밀어 오른다. 열대성 기후의 냄새가 상당히 이국적이다. 공항 입국대에는 군복을 입은 사람들이 보인다. 인민공화국이 통제하고 있는 나라의 분위기가 자유 대한민국과는 사뭇 다르다. 입구에는 광저우중학교장이 나와 우리 일행을 환영해주었다. 짧게 깎은 스포츠머리에 중국의 특유한 제복 차림이다. 스쿨버스 기사가 학생들 짐을 친절하게 화물칸에 넣어준다. 학생들이 "쎄쎄" 하며 간단한 인사를 건넬 때마다 부드러운 미소를 지었다.

버스 안에서 부교장이 간단한 인사소개를 한 후 반갑게 맞아주었다. 우리나라에서는 교감이라 부르는데 여기서는 부교장이란다. 소회의실에 도착하여 상견례를 갖는데 현수막에 써 있는 글이 눈에 들어왔다. "중국학교를 방문한 한국 선생님과 학생들을 열렬히 환영합니다." 붉은 글씨로 한문과 병행하여 썼다. 간단한 인사말을 하기 위해 통역하는 안내자를 불렀다. "자세히 보아야 예쁘다 오래 보아야 사랑스럽다"란 시를 인용하여 '학생들의 꿈과 끼를 찾아주는 것이 교육에서 중요하다는 말을 하려고 한다.' 했더니 예쁘다란 말을 중국말로 표현하기가 어렵다는 것이다. 예쁘다는 말은 아름답다는 것이 아니고, 잘 생겼다란 뜻도 아니다. 그렇다고 귀엽다는 뜻도 아니다. 보아서 그저 반갑고 기쁘고 살스러움이 듬뿍 담긴 말이다. 우리나라 언어는 다양한 형용사가 있어 아름다운 표현이 이루어짐을 새삼 느꼈다. 노란 색깔 하나를 노오랗다, 샛노랗다, 노르스름하다, 누렇다, 싯누렇다, 누리끼리하다 등 색깔의 밝기를 이토록 다양하게 표현할 수 있는 언어를 가진 나라는 대한민국 우리나라뿐이라는 생각이 들었다.

오후에는 교내방송을 통해 음악이 운동장으로 흘러나왔다. 전교생이 운동장에 나와 간단한 체조를 한 후 한국 학생들에 대한 소개와 함께 사물놀이와 대금연주 하는 시간을 가졌다. 상쇠의 꽹과리 소리가 요란하게 울려 퍼진다. 흥겨운 장구의 리듬이 어깨춤을 들썩이게 만들었고, 징소리의 긴 여운이 가슴을 울리는 감동을 주었다. 갓머리를 흔들며 양팔을 벌리고 좌우로 긴 리본을 돌리는 모습에 운동장은 박수소리가 가득했다. 중국학교에서는 함께 부를 노래를 준비했다며 방송실에서 반주를 들려주는데, 우리 귀에 익숙한 리듬이다. 88세계올림픽에서 부르던 '손에 손잡고(hand in hand)'였다.

"하늘 높이 솟는 불 우리들 가슴 고동치게 하네.

우리 사는 세상 더욱 살기 좋도록 손에 손잡고 벽을 넘어서

서로 서로 사랑하는 한마음 되자"

나도 모르게 중국학교장과 손을 잡았다. 학생들도 서로 손을 잡았고 떼창을 하기 시작했다. 1,200명이 넘는 학생들의 합창 소리가 교정을 가득 메웠다. 가슴이 두근거리고 손에 힘이 들어가 꽉 잡았다. 그도 전율이 느껴졌는지 내 손을 힘차게 잡는다.

"어디서나 언제나 우리의 가슴 불타게 하자.

하늘 향해 팔 벌려 고요한 아침 밝혀주는 평화 누리자

서로 서로 사랑하는 한마음 되자 손에 손잡고 벽을 넘어서…."

노래가 끝나면서 서로 부둥켜안고 기쁨을 나누었다. 이념을 달리하는 이국땅에서 이 노래를 부르고 있노라니 가슴이 뜨거워졌다. 환하게 웃으며 모두들 운동장이 떠나갈 듯 박수를 쳤다. 눈물나게 행복한 날이다.

올림픽 광장의 개회식 장면을 보는 것 같다. 백인과 흑인, 민주주의와 공산주의 각 나라 사람들이 손을 잡고 경기를 하며 웃음을 나누던 그날들. 선수들은 주인공이었고 나는 TV화상으로 보고 느꼈지만, 지금은 내가 주인공의 자리에서 손을 잡고 가슴속 깊이 외치고 있는

것이다. 손끝을 타고 짜릿하게 밀려온 이것이 진정한 인류애란 말인가. 무엇 때문에 전쟁을 일으키며, 서로 미워하고 한을 맺게 했던 것인지 곰곰이 새기게 되었다. 같은 혈육으로 태어나 분단의 벽을 넘지 못하는 남북의 아픔을 생각할 때 더욱 새로운 전율이 가슴에 밀려왔다. 음악은 언어가 통하지 않아도 이심전심 서로 통하게 만드는 마력이 있고, 인류의 모든 장벽을 뛰어넘는 것 같다.

 이별의 시간이 왔다. 만나면 헤어지는 것이 인연이다. 서로 선물을 주고받으며 눈시울을 붉힌다. 정들면 다 그렇게 되는가 보다. 동석한 중국 학생 부모님들까지 눈물을 보인다. 사랑에는 이념과 국경이 없다. 차창 밖으로 스쳐 지나가는 지평선 너머로 붉은 노을이 스며들고 있다. 공항으로 가는 버스 안에서 누군가의 선창으로 합창이 시작됐다. "손에 손잡고 벽을 넘어서 서로 사랑하는 한마음 되자." 목이 터져라 부르는 학생들은 얼굴이 상기되었고, 나 또한 가뭇한 전율에 빠져 눈을 뜰 수가 없었다.

그해 봄

여고생의 해맑은 미소는 연분홍 수줍음이다. 그 색깔이 진하거나 흐리지도 않으며, 봄에 피어나는 꽃봉오리 같다. 예쁜 새 한 마리가 허공을 나르려고 꿈의 날갯짓을 하는 것 같다. 화장을 한 것보다 더 곱게 피어나는 피부가 웃어도 예쁘고 울어도 예쁘다. 여고 시절은 청춘의 꽃이다. 창문 밖 오월의 장미가 활짝 핀 정원을 바라보고 있을 때였다. 봄이 오는가 싶더니 여름의 문턱에서 무더운 기운이 목까지 차오른다. 부모님 이동에 따라 전학 오는 여학생이 교무실을 찾았다. 생활근거지가 바뀜으로 부득불 학교를 옮기게 된 것이다.

둥글넓적한 얼굴에 통통하고 귀여운 미소를 가진 수수하게 생긴 아이였다. 수업 시간이면 앞쪽에 자리하고 야무지게 메모를 했다. 광합성에 대해 조사하여 다음 주까지 발표하는 학생에게는 수행평가 점수에 반영해 준다고 했다. 스스로 자료를 찾아 분석 정리한 것으로 발표하는 시간을 갖는 것이다. 1학년 학생들이라 과제 발표에 대한 기대는 반신반의半信半疑 했었다.

두 번째 과제를 발표하는 수업시간이다. "자! 오늘 광합성에 대해 정리한 것을 발표할 사람?" 몇몇 학생들이 노트에 정리한 것을 짧게 발표했다. 부끄러움을 타며 수줍은 발표에 키득키득 웃는 소리도 들렸다. 그런데 전학 온 여학생은 챠트 전지 3장 분량으로 정리를 해왔다. 대학생처럼 발표를 하고, 질문도 받고 답변도 놀라울 정도로 잘한다. 모두 칭찬을 하며 박수를 쳤다. 얼굴에 홍조를 띠기 시작한 학생의 볼이 불타오르는 것 같았다. 눈빛도 반짝였다. 인정을 받는다는 사실이 존재감을 느끼게 하고 자신감을 갖게 한 모양이다. 그렇다, 사춘기시절엔 자신이 무엇을 잘하고 어떤 것을 좋아하는지 궁금한 것이 많은 때다. 어쩌다 눈이 떠지면 흥미가 발동하고 재미가 생겨난다. 그것에 심취하여 달려가는 길은 아무도 멈추게 할 수가 없다.

교과 분야에 재미가 일어나면 그 과목이 좋아지고, 학과 공부에 열중하다 보면 학문의 세계가 보이며 새로운 세계가 있음을 알게 된다. 인문계 고등학생들에게는 시험문제를 어렵게 출제해서 공부를 깊게 하도록 하는 편이다. 그런데 이 학생은 중간고사와 기말고사에 모두 만점, 학생은 자신 속에 숨겨있는 자아를 발견하고 내재된 달란트를 찾음으로 성취에 대한 희열을 맛보고 있었다. 만점 맞은 보상으로 바닷가의 다양한 고둥과 조개 모양을 한 초콜릿을 선물로 주었다. 그것을 받은 아이는 너무도 행복한 모습이었다.

의기소침한 표정으로 창밖을 바라보고 있는 모습이 보여, 걱정거리가 있느냐고 물었다. "선생님 나는 무엇 하나 잘 하는 게 없는 것 같아요. 미모도 뒤따라 주지 않고, 키도 작고 쓸모가 없는 사람 같아요." 부모님이 남동생에게 더 애정을 쏟는 것 같고 자신은 뒷 전이라고 불평을 해댔다. 이런 마음의 방황이 그를 슬프게 했나 보다.

"누구나 사람들에게는 천재적인 소질과 재능이 있어. 너는 남들과 달리 탐구력과 분석 종합력은 뛰어난 것 같아. 우리 뇌를 백퍼센트 개발하여 사용하는 사람은 없지. 5%정도만 잘 사용해도 성공할 수 있는 거야." 긍정적인 생각을 하면 할 수 있는 길이 보이지만, 부정적인 사고로 접근하면 온통 할 수 없는 것들로만 보이고 마음 문을 닫게 된단다. 고개를 갸우뚱하던 학생이 씽긋 웃으며 교무실 문을 열고 나가는 뒷모습에 안도의 한숨을 쉬었다.

학년이 바뀌고 새봄이 성큼 다가왔다. 학생들이 문과반과 이과반을 구성하는데 그 학생은 이과반을 선택했다. 관심이 많은 만큼 학생은 유난히 질문도 많았다. 중간고사 시험을 마친 후 그 학생이 복도에서 울고 있다고 하여 나가보았다. 생물문제 중 하나를 틀려서 속상해하며 눈물을 글썽이고 있었다. 다른 학생들이 보면 조금은 얄밉다는 생각이 들지 모를 일이다. 진로상담을 했더니 유전공학 연구를 하고 싶고, 미국 유학을 꿈꾸고 있단다. 2학년 1학기말 고사에서 전교 수석을 차지했다. 선생님들도 놀랐지만 부모님은 더욱 놀랐다. 3학년이 되어서도 그 자리를 잃지 않았다. 결국 그 학생은 서울대학교에 입학하게 되었다.

스승의 날 백합 꽃다발을 한 아름 든 채 엄마와 함께 나를 찾아왔다. "안녕하세요" 인사를 하며 희죽 웃는다. 옆에 있던 어머니는 눈을 흘기면서 "대학생이 왜 여고시절 선생님을 꼭 찾는지 모르겠어요" 한다. 사춘기시절 선생님의 칭찬 한마디가 그의 위로자요 아빠의 빈자리를 채웠던 모양이다. 그것을 잊을 수 없다며 시절인연의 새로운 모습으로 찾아온 거다. 그 만남은 신뢰와 믿음으로 기억에 오래 남는다. 옷깃만 스쳐도 인연이라 하지 않던가. 우리가 태어나서 죽을 때까지 만나고 헤어지는 사람 중 기억에 남는 이름은 과연 얼마나 될까?

　배를 타고 육지를 떠나보면, 나무숲들과 능선이 더욱 새롭게 보이고 자세히 보인다. 삶에서 기쁘고 슬프게 느꼈던 사연들이 그곳에 아련하게 그림으로 그려진다. 조금 더 멀어져 가면 그때 그 시절의 아름다운 인연이 희미한 추억들로 남는다. 어느덧 세월이 흘러 그 아이도 지금쯤 부모가 됐을 텐데…. 같은 하늘 아래에서 또 다른 섬들과 지평선을 바라보며 행복하기를 빌어본다. 오늘도 동쪽에서 붉게 떠오르는 태양은 서쪽으로 지며 행복한 밤을 선물하지만, 달은 변함없이 지구를 돌며 그리움을 주고 간다.

바다가 그리워

바다가 그리워, 갈대숲이 그리워 열차 속에서도 마음은 저만치 달려간다. 을숙도는 낙동강 하구에 모래와 진흙의 퇴적지로 만들어진 섬이다. 동양 최대의 갈대숲 을숙도는 철새 도래지다. 겨우내 눈이 내리지 않는 따뜻한 남쪽 지역이다. 모래톱 위에는 철 따라 날아오는 새들의 보금자리가 숨어 있다. 수만 평 우거진 갈대숲은 하늘과 맞닿은 듯 지평선을 이룬다. 황금빛 낙조가 드리울 때 황홀한 광경은 입을 다물 수 없다. 연인들이 사랑을 싹틔우는 밤에는 유난히 갈대숲도 흔들린다. 을숙도는 3년간 고달프고 외로웠던 군 생활을 묻어둔 곳이다.

한 청년이 고속도로를 달리고 있는데 빨간 승용차가 추월했다. 살짝 창문을 열어 놓은 채 선글라스를 쓴 아가씨가 운전을 하고 있었다. 시속 110Km로 달린다. 서로 눈길이 마주쳐 손짓을 했다. 살짝 크락숀을 울리며 내달을 때 문득 따라가고 싶은 생각이 들어 줄곧 달려간 곳이 에덴공원이다. 그곳은 을숙도 전경이 잘 보이는 곳이다. 차 한 잔을 먹으며 이런저런 이야기를 나누었다. 시간이 흘러 어둠이 깊어졌다.

"우리 또 만날 수 있을까요?"

"어데예."

"에덴공원요."

"언제예."

"내일 저녁 이 시간에요."

고개를 끄덕였다. 기분 좋은 발걸음으로 돌아왔다. 다음날 시간을 맞춰 약속한 장소에서 기다렸다. 밤 열시가 넘도록 그녀는 나타나지 않았다. 나중에 안 사실이지만, 경상도 말은 억양의 높낮이에 따라 긍정과 부정으로 표현되는 경우가 있단다. 사실 그녀의 대답은 모두가 부정을 표현한 것이었다. 을숙도 아가씨한테 멋지게 바람맞은 친구의 이야기다. 순진한 총각이 "어데~예. 언제~예." 글자의 의미만 믿었던 탓이다.

낙동강나루터 횟집을 찾아 들어갔다. 회 한 접시와 세발낙지를 주문했다. 바닷냄새가 물씬 스민다. 낙지 몸통에 다리를 감아 초고추장을 푹 찍었다. 바다 향기가 꿈틀꿈틀 입안에 녹아든다. 낙지다리 빨판이 혀끝에 살며시 달라붙는다. 주인장이 힐끗 쳐다보더니 우리를 알아본다.

"야이 보리 문딩아! 반갑데이."

"그동안 별고 없으셨지요?"

"하모, 아주 잘 있었데이…."

만나면 반갑고 서로 웃어 줄 수 있는 추억이 남아있어 정다웠다.

낙동강 사하구의 사람 사는 맛이다. 언뜻 욕하는 것 같이 들리지만, 부산 사투리가 뚝배기의 된장국처럼 구수하다.

  백사장 모래알들이 반갑게 인사를 한다. 잠시 드러누워 소라껍데기를 귀에 대고 바다 이야기를 듣는다. 스치는 갯바람도 엿듣는다. 일몰을 바라보는 황홀경에 온통 마음을 빼앗겼다. 동양의 나폴리다. 남해 다대포 바다의 푸른 물은 하늘을 닮았다. 바다가 하늘 같고 하늘이 바다 같다. 바닷물을 한 움큼 잡으면 파란 하늘이 뚝뚝 떨어진다.

  바다는 천의 얼굴을 갖고 있다. 비바람이 불고 소나기가 쏟아지면 태고시절 천지를 창조하는 듯 검은 물결이 무섭게 넘실댄다. 태풍이 오는 날은 성난 밀물이 삼킬 듯 다가와 갯바위들을 부서뜨린다. 물보라가 수십 미터 솟구치는 풍경은 장관이다. 멀리 지평선 너머로 낙조가 드리우면 영혼을 잃어버린 것처럼 무아지경에 빠질 정도다. 감미로운 노을에 몸이 사르륵 녹는 것 같아 눈을 감을 수밖에 없다. 벚꽃 길에는 연인들의 숨결이 가득하다. 도심의 휴식공간이요 데이트하는 장소다. 속삭이는 밀어들이 갈대 바람을 타고 언뜻언뜻 귓가를 스쳐 간다.

  낙동강 하구의 물길에는 다양한 삶의 역사가 도도하게 흐른다. 강바람에 나부끼는 갈대숲은 언제나 마음이 설렌다. 을숙도와 함께 열어가는 공존과 상생의 길이 우리네 삶을 더욱 건강하고 풍요롭게 한다. 황금빛 노을이 서쪽 하늘을 물들인다. 눈이 부시다.

  을숙도 갈대밭에는 연인들이 걷는 비밀 숲길이 여러 개 있다. 고즈넉한 숲길에는 철새들도 조심하여 노닌다. 질척질척한 갯벌에는 게들이 바스락거리며 달려 나온다. 손잡고 가볍게 걷는 발걸음은 젊음의 향연이리라. 머리카락을 흩날리고, 머플러가 나풀거리는 뒷모습은 영화의 한 장면을 보는 듯이 빠져든다. 두 손 높이 들고 석양의 노을 앞에 서면 너무도 멋진 그림이 사진 속에 박히는 을숙도의 낭만이다.

불의 나라

 카스피해의 바람이 부는 항구도시 바쿠다. 처처에 알리예프라는 이름이 있다. 헤이다르 알리예프 국제공항, 랜드마크 역시 헤이다르 알리예프 센터이다. 알리예프는 현재 대통령의 아버지이기도 하다. 그의 손자가 다음 대통령을 할 것이라고 말하는 이곳 사람들의 대화 속에서 그들의 영향력을 느낄 수 있었다. 공원 한가운데 바쿠를 사랑한다는 로그(I♡aku)가 인상적이다.
 아제르바이잔은 아제르 '불' 바이잔 '나라'는 뜻이다. 땅속에는 유전으로 가득 차 있어 지상으로 가스가 분출되는 곳이 많다. 이 땅엔 비가 오나 눈이 오나 밤낮 구분 없이 불꽃이 타오르고 있다. 인근 나라에 기름을 수출하여 얻은 달러로 국가경제를 유지한다. 별이 쏟아지는 밤, 모스크 바쿠의 상징 불꽃 타워(Flame towers)가 현란한 몸짓을 한다. 마음속 잠자던 첫사랑의 열정이 불꽃으로 타오른다.
 아제르바이잔에는 유네스코 세계유산이 세 군데 있다. 쉬르반샤 궁전은 구도심에서 상당히 높은 곳에 위치하여 집무공간, 거주공간, 사원과 무덤공간으로 이루어져 있다. 집무공간은 왕궁으로 사용되었고, 거주공간은 왕실의 사적인 생활공간이다. 이슬람 모스크사원 안에 왕가의 무덤이 있다. 무덤 앞에 양의 모양을 한 석조 문지기가 있어 의아했다. 강한 사자나 호랑이가 아니라 순한 양이다. 죽은 시체를 석관에 묻고 아무도 침입하지 못하도록 지킴이를 둔 것이다. 영원히 살고 싶은 사람들의 갈망은 동서양을 막론하고 예나 지금이나 똑같은 것 같다.

세월이 흐르면 누구나 늙고 병들어 죽음의 문턱에 다다른다. 잘난 사람과 못난 사람을 차별하지 않고, 예쁜 사람과 미운 사람을 구분하지도 않는다. 물질을 가진 자와 가난한 자를 탓하지 않으며 남녀 나이가 많고 적음도 아랑곳하지 않고 세월의 나이테를 갖게 한다. 돌아올 수 없는 인생의 강물을 바라보며 지나간 청춘을 그리워하지만, 마른 갈대숲이 서걱거리는 것처럼 뼈마디가 흔들리는 소리만 들릴 뿐이다. 어느 시인은 "고향을 다녀오듯이 저승에서 이승으로 다녀올 순 없을까." 하고 아쉬움을 남기기도 했다. 시간의 흐름은 누구에게나 공평하게 지나간다.

칸의 여름궁전이 있는 쉐키를 가려면 카프카즈 산맥을 넘는다. 구불구불 산허리를 넘을 때마다 출렁대며 곡예를 하는듯해 손에 땀이 났다. 이 궁전은 2층으로 된 목조 건축물이다. 내부는 기하학적 문양의 벽과 천정, 화려한 카펫, 프레스코와 섬세한 스테인드글라스로 장식되어 있다. 호두나무조각을 이어 붙이고 그 틀에 유리를 끼워 만든 것인데 햇살이 스테인드글라스를 통과하는 빛과 모양이 예술이다. 외국의 손님이 올 때마다 안내하는 방이 다르단다. 카라반사라이는 실크로드 상인들이 드나들며 머물던 숙소다. 아치형의 출입문들이 아늑한 분위기이다. 나도 그곳에 들어가 하룻밤 묵고 싶은 생각이 들었다. 그 옛날 이 지역 영주들은 상인들에게 숙박비를 받지 않고 재워줬다고 한다. 그것이 지역상권을 살리는 지혜였다. 그들이 많은 물건들을 내려놓고 자유롭게 교역을 하도록 배려한 흔적이 돋보인다.

바쿠(Baku)에서 남서쪽 약 60km 지점에 있는 원시 암각화를 보기 위해 버스가 고부스탄(Gobustan)을 향한다. 차창 밖으로 메뚜기 모양의 채굴장치가 연신 고개를 끄덕인다. 우리나라에서 우물을 파면 지하수가 나오듯이 아무 곳이나 땅을 파고 메뚜기 입으로 퍼 올리면 석유가 나오는 모양이다. 돈이 땅속에서 쏟아지는 나라다. 지상에는 사막지형의 사구언덕들이 눈에 띈다. 간간이 내린 비가 고여 있는 웅덩이가 보일 뿐 해양성기후로 대부분 메마른 땅 황무한 벌판이다.

돌의 땅 고부스탄 암벽에는 배를 타고 노를 젓는 사람들, 춤추는 사람, 소, 태양과 별 등 다양한 그림들이 새겨져 있다. 이를 통해 선사 시대의 사냥, 동식물, 인간들의 생활 방식을 미루어 짐작할 수 있었다. 어쩌면 지구 지축이 변할 정도의 대우주 혼란과 지진, 대륙판의 이동과 충돌이 있어 온화한 기후와 초원이 현재와 같은 사막의 지형으로 바뀌었을지도 모른다.

200여 개의 진흙화산에는 지금도 군데군데 진흙물이 부글부글 끓어 흘러내리고 있다. 뜨거운 마그마의 위치가 지하에 가까이 있는 것이다. 바닥 흙을 손으로 만져보니 부드럽고 따뜻하다. 아마 이 지역은 강바닥이거나 해저였던 곳이 대륙판들의 충돌로 융기되어 솟아난 것이 틀림없다. 하늘에서 뜨거운 햇살이 내리쬐고 땅속에서는 열기가 솟아나 동식물이 살 수 없는 사막의 벌판을 만든 것이다. 나무 한 그루, 풀 한 포기를 보기가 어려울 정도다. 빗물이 흘러 지나간 자리에는 산등성이마다 깊은 계곡이 생겼다. 대자연의 위대한 힘과 인간의 한계를 느낀다.

사계절이 있고 꽃들이 만발하여 새와 벌 나비가 춤을 추는 우리나라. 언제라도 계곡물을 한 줌 떠서 마셔도 오장육부가 시원하다. 늘 푸른 숲과 파란 하늘을 바라보며 행복을 꿈꾸는 곳, 마파람이 불어 시절을 따라 비가 내리는 아름다운 금수강산, 소망으로 노래 부를 수 있는 우리나라 땅이 참 좋다는 것을 역으로 느끼는 순간이다. 여행은 감동과 깨달음으로 또 다른 나를 만난다.

그곳에 애잔함을 두고

버스를 타고 조지아 국경을 넘었다. 세계 최초 기독교 국가로 공인된 아르메니아이다. 바돌로매와 다대오 사도가 복음을 전해 사도교회가 세워진 나라다. 수도 예레반에서 한국어를 가르치고 있는 도나라 교수가 우리를 맞으러 나왔다. 서울대학교에서 한국어를 공부했다고 한다. 우리를 태운 버스는 고불고불 구부러진 산길을 따라 아그파트 수도원을 향한다.

돌의 나라 아르메니아는 오스만제국과 페르시아 제국, 러시아의 침략을 받아 수 차례 고난을 겪었다. 특히 터키와의 전쟁으로 100만 명 이상 학살당한 이야기를 꺼낼 때는 눈시울이 시큰해졌다. 800만 명의 디아스포라가 미국, 러시아, 이란으로 흩어져 살고 있으며 조국의 향수를 달랜다고 한다. 아르메니아 민족의 아픔이 한민족의 수난과 오버랩 되면서 동병상련의 마음이 밀려와 눈을 지그시 감는다.

산림이 우거진 골을 따라 신선한 바람이 분다. "딜리잔 터널을 지나면 어떤 세상이 올까요?" 하고 도나라가 묻는다. 미지의 세계에 대한 궁금증이 스물스물 올라온다. 잠시 어두컴컴한 터널을 지나 출구를 나오는 순간 모두가 눈이 휘둥그레졌다. 울창했던 산림은 온데간데없고 민둥산과 넓은 초원이 펼쳐졌기 때문이다. 화산활동으로 인한 토양과 기후변화가 있었음을 쉽게 알아챌 수 있었다. 토양 환경과 식물상들이 너무도 차이가 났다. 죽음의 터널을 지나면 천국이 올까? 지옥이 올까? 상상해 보았다. 이생의 삶과 전혀 다른 세상이 우리에게 오리라는 기대감으로 여행이 주는 감격에 푹 빠져들었다.

세반호수가 눈앞에 펼쳐진다. 칼데라호에 가득 담긴 맑은 물은 에메랄드빛으로 반짝인다. 강바람이 수면 위로 파랑을 일으키며 부둣가로 밀려온다. 놀랍게도 바다 갈매기가 그곳에 와서 물장구를 치며 놀고 있다. 파란 물이 호수인지 바다인지 분간할 수 없을 정도이다. '날씨가 좋아 호숫물이 파랗게 보이면 웃는다 하고, 날씨가 흐려 검게 보이면 세반호수의 기분이 안 좋은가 보다'라고 생각한단다. 여행이 즐거운 것은 색다른 생각과 시각으로 볼 수 있는 사람들과 문화가 있고, 돌아갈 집이 있기 때문이다.

지하 감옥이 있는 코르비랍 수도원은 아르메니아를 기독교 국가로 탄생케 한 성지이다. 성 그레고리가 13년 동안 감옥생활을 하면서도 살아 있어 믿음의 기적을 이룬 곳이다. 수직으로 뚫린 터널을 따라 사다리를 타고 지하 감옥을 내려가 보았다. 온통 암벽에 둘러싸여 있고, 빛이 들어오지 못하는 침침한 곳이다. 아무리 소리쳐도 굴속에서만 울릴 뿐 밖에서는 알아들을 수가 없다. 굶어 죽으라고 넣은 감옥에서 어떻게 살아남을 수 있었을까. 생존의 비밀은 어느 여인이 음식을 날라다 주었다는 미담과 하나님이 생명을 보호해 주었다는 이야기가 함께 전해진다.

아르메니아인의 민족성을 지켜오게 한 아라랏산을 가장 가까이서 보았다. 노아의 방주가 떠내려가다가 멈춘 곳으로 영산이라 불린다. 아라랏산은 아르메니아 국기와 화폐에도 들어가고, 은행, 레스토랑 이름으로도 사용될 정도로 남다른 사랑을 받고 있다. 산 정상은 만년설로 은백색을 띠고 있으며 구름에 자주 가리워 봉우리가 숨겨지기도 한다. 전쟁으로 인해 터키 땅에 자리하고 있어 곁에 두고도 멀리 바라봐야만 하는 슬픈 현실이다. 휴전선 철조망 앞에서 고향을 바라보고 애환과 슬픔을 달래는 남북 이산가족의 심정, 우리의 현실이 생각난다. 애잔한 마음이 나의 가슴을 울린다. 고개를 연신 돌려 성지를 바라보고 뒤돌아 오는 발걸음이 무겁다.

동쪽으로 아제르바이잔이 카스피해를 가로막고, 북쪽으로는 조지아가 흑해를 등지고 있어 해외 문물을 교류하는 데 많은 어려움이 따른다. 세계 각지로 흩어진 디아스포라는 조국을 사랑하여 언제든 나라를 다시 찾으리라는 신념으로 살고 있단다. 그들 속에는 선민사상이 뿌리 깊게 자리하고 있어, 수많은 외세의 침략과 수난을 겪으면서도 민족의 순수성과 정체성을 잃어버리지 않고 순례자의 길을 걷는다. 이곳에 평강과 축복이 가득하고, 찬란한 내일이 밝아오길 빈다. 하늬바람이 옷자락을 스쳐가고, 머리 위로 별빛이 쏟아진다. 예레반의 밤은 그렇게 또 깊어만 간다.

다뉴브강가에서

어스름한 강물에 푸른 달빛이 떨어진다. 굼실대는 물결 위로 유람선은 유유히 춤을 춘다. 헝가리의 수도 부다페스트를 흐르는 아름답고 푸른 강이다. 동유럽 중 열 개 나라를 흘러가며 국가의 흥망성쇠 이야기를 품고 있다. 국회의사당 전면에 황금색 불빛이 수를 놓는다. 간접 조명의 극치를 이룬 황홀한 모습에 온통 마음을 빼앗겼다. 귓가에 스치는 강바람도 신선하다. 어디선가 이바노비치가 작곡한 '도나우강의 잔물결' 왈츠곡 선율이 들려온다. 출렁이는 물결 따라 발걸음도 가볍게 흔들린다.

부다페스트는 강을 중심으로 부다와 페스트 지역으로 나뉜다. 부다는 '물의 도시'라는 뜻으로 언덕에 가족 단위의 주거지역을 이룬다. 페스트는 '도자기 굽는 마을'이라는 뜻으로 평지와 상업지역에 젊은 층이 산다. 이 두 지역을 가로질러 흐르는 강이 아름답고 푸른 다뉴브강이다.

세치니 다리를 건너 헝가리 정착 1,000년을 기념하는 영웅의 광장에 발걸음을 멈춘다. 원주의 기둥 위에는 가브리엘 천사가 서 있고, 아래 받침대에는 마자르족을 이끌었던 일곱 지도자가 말을 타고 있다. 밀레니엄 원기둥 뒤 좌우로 길게 수평으로 세워진 곳에 역대 왕과 나라를 이끌었던 위대한 인물들의 동상이 연대순으로 양쪽에 세워져 있다. 헝가리 사람들에게는 정신적으로 지주인 거룩한 광장이다. 우리나라 세종대왕과 이순신 장군처럼 국민들 가슴에 남는 인물들인 것 같다.

13C 몽고의 침략을 받아 나라가 초토화됐었고, 오스만제국과 오스트리아의 지배로 국토를 유린당하고 자유와 인권을 잃어버리며 탄압을 받았다. 세계 2차 대전 때 독일 편을 들어 패망함으로 전쟁 배상금을 물어야 하는 어려움도 당했고, 그 후 러시아의 지배 아래에서 어려운 저항 시대를 겪은 나라다. 불운한 역사로 국민의 25% 정도가 우울증을 겪고 있다고 한다. 가슴에 맺힌 한이 우리 민족의 한과도 흡사 일맥상통하는 것 같다. 김춘수 시인의 시가 생각난다. "다뉴브강에 살얼음이 지는 동구(東歐)의 첫겨울/ 가로수 잎이 하나둘 떨어져 뒹구는 황혼 무렵/ 땅바닥에 쥐새끼보다도 초라한 모양으로 너를 쓰러뜨렸다./ 부다페스트의 소녀여." 이 시가 우리나라에 읽힐 때쯤 민주화운동의 시발점이 되었다고 한다.

어부의 요새는 부다페스트를 공격해 오는 몽골 등의 외적을 막아 낸 이름 없는 7개 부족을 기념하여 만든 요새다. 네오 로마네스크 양식의 뾰족한 고깔 모양의 타워가 다뉴브강을 늠름하게 내려다보고 있다. 그 모양이 마치 몽골의 상징인 파오를 많이 닮았다. 혹시 아시아인의 피가 흐른다는 걸 무의식중에 보여주는 건 아닐까 생각한다. 요새 안마당에는 성 이슈트반 대왕의 기마상이 당당히 서 있다. 헝가리의 첫 번째 왕으로 기독교를 전파한 사람이다. 오른손에 쌍 십자가를 들고 있는 모습이 아주 인상적이다. 체코의 프라하가 여성적으로 아기자기한 문화를 갖고 있다면, 부다페스트의 문화 유적은 남성적이며 진취적인 기상이 있다. 어부의 요새는 이곳 최고의 관광명소로 많은 사람이 찾아와 여유로운 시간을 보내고 있다.

헝가리는 훈족이 세운 유럽 속의 아시아 나라로 우리 민족과 비슷한 문화와 정서가 있다. 몽고반점이 있어 아시아 혈통의 피가 흐르고 있음을 알 수 있고, 매운 것과 마늘을 좋아한다는 식생활이 우리와 닮았다. 유럽 나라들은 이름을 쓰고 성을 나중에 쓰지만, 이곳은 성을 먼저 쓰고 이름을 나중에 쓴다. 주소를 기록할 때도 우리나라처럼 큰 것부터 작은 것을 차례로 나열한다는 점이 특징이다. 또한 서양은 7음계로 악보를 작곡하지만, 헝가리가 5음계를 사용하는 것을 보면 동양의 전통음악문화를 갖고 살았다는 증거가 확실하다.

성당을 지나 부다왕궁 쪽으로 가다 보면 왼쪽으로 대통령궁이 보인다. 건물 벽에 베토벤의 부조가 붙어 있다. 베토벤은 헝가리 폰브룬스빅 백작의 후원을 받아 이곳에서 연주를 했다고 한다. 청력을 잃고도 위대한 작곡가로 우뚝 선 베토벤은 결혼을 하지 않았지만 사랑하던 여인이 있었다. 그가 사랑한 테레제말파티라는 여인을 위해 '엘리제를 위하여'라는 피아노곡을 썼다. 지금도 나는 그 피아노 소나타 곡이 들리면 발걸음을 옮기지 못하고 연주곡이 끝나야 다시 걸을 정도다. 천재 음악가 베토벤을 만난 기분 좋은 날이다. 음악은 젊은이와 노인의 한계를 구분하지 않고, 이데올로기와 국경을 넘어서 기쁨, 사랑, 행복의 삶으로 나아가는 감성과 감동을 주는 강력한 힘이 있다.

　헝가리는 고르바쵸프가 위성국가의 독립문을 열어 주었을 때, 재빠르게 독립하여 민주국가가 된 나라다. 국토는 우리나라와 비슷한 면적이고, 약 천만 명 정도가 살며, GDP는 2만$ 정도 된다. 그런데 이곳에서 노벨상을 탄 사람이 14명이라니 놀라운 일이다. 전철과 자동기어를 최초로 만들었고, 타미풀루화이자를 제조하여 코로나의 어려움을 극복하게 했다. 악마의 발톱은 근육통 해소에 효능이 우수하다 하여 세계인들에게 인기가 높다. 파프리카에서 비타민C를 추출하여 흑사병으로 죽어가는 시민들을 살려내는 위대한 업적으로 노벨상을 탔다. 작은 나라에서 의학과 과학이 크게 발달하여 세계를 깜짝 놀라게 한 것이다. 다뉴브강의 푸른 물결 위에 봄날이 피었다. 강물은 푸른 달을 품고 왈츠를 추며 흘러간다.

폼페이의 불꽃

 이순이 되는 해 딸들이 모였다. 이 세상에 태어나 행복한 결혼생활을 하게 했다는 감사의 표시로 회갑여행을 보내 준다고 한다. 큰딸과 둘째 딸은 여행비를 마련했고, 셋째 딸과 늦둥이는 여행 중에 쓸 수 있는 용돈을 준비했다. 평소 유럽을 가보고 싶었기 때문에 "모든 길은 로마로 통한다."란 말대로 이탈리아를 선택했다. 그 힘이 뻗쳐 나간 역사의 현장을 보고 싶었다. 지중해를 중심으로 유럽, 서아시아, 북아프리카까지 지배한 제국이다. 로마의 문화, 철학, 종교, 예술, 건축, 언어, 법 등 모든 분야가 세계 곳곳에 지대한 영향을 끼쳤다. 로마의 체계적인 법률은 민주주의 근간을 이루게 했고, 제국의 국교로 채택된 기독교는 카톨릭과 동방정교로 나뉘어져 전 세계로 퍼져 나갔다.
 제일 먼저 눈길을 끈 곳은 역사 현장에서 사라진 남부의 고대도시 폼페이다. 폼페이는 로마 남쪽, 현 나폴리 근처에 있다. 화산폭발로 멸망한 도시다. 과거 로마의 휴양 도시이자 농업과 상업의 중심도시였다는 기록만 남아있을 뿐 15세기까지 폼페이의 존재는 잊힌 채 땅속에 묻혀 있었다. 여행 가이드는 이 도시의 전형적인 형태를 잘 설명해 주었다. 하늘에서 바라봤을 때 원형경기장을 물고기의 눈으로 보고 왼쪽 위의 '미스터리 빌라'가 꼬리지느러미로 보이는 물고기 모양의 도시로 설계된 계획도시란다. 현재의 관광이나 당시의 도시 입성, 퇴성도 모두 입으로 들어와서 꼬리로 나오는 방식이라고 한다.

유적지 입구인 마리나문을 지나 아폴로신전 터를 가 보았다. 두터운 벽들의 잔재와 우람한 신전 기둥들이 잘 보존되어 있는데, 지붕은 불타고 없어졌다. 황제와 귀족들이 머물면서 천년왕국의 꿈을 꾸던 자리. 그 욕망을 불태우며 향락과 쾌락을 즐겼던 숨결이 지중해 바람을 타고 피부에 스쳐 갔다. 칼과 창을 들고 말발굽으로 넓은 대륙을 삼키며 달리던 수레바퀴의 흔적들이 아직도 남아 있다. 돌로 포장된 길은 걷기에 조금 불편하기도 했지만 수천년이 지나도록 숨겨온 역사의 뒤안길을 말해는 주는 듯하다.

그토록 사치스럽고 타락했던 폼페이는 베수비오 화산 폭발로 1,200도에 달하는 용암과 화산쇄설물이 덮치면서 한순간에 잿더미 땅이 되어버렸다. 동물과 식물들이 대부분 타 죽었고 남은 것들은 화구에서 분출된 가스로 질식사했다. 3m가 넘는 화산재로 덮여 인간 화석이 만들어졌는데, 화산폭발 당시 입과 코를 막았던 그 자세로 죽은 사람, 화산재를 피해 엎드린 노인, 서로의 손을 잡고 죽음도 갈라놓을 수 없는 연인의 모습 등 각양각색의 인간 화석은 마지막 처참했던 순간을 생생히 전하고 있어 눈길을 끌었다. 아기를 끌어 안고 지키려다 화석이 되어버린 모자상을 보는 것조차 슬펐다. 폼페이 인간 화석은 화산재에 묻힌 시체가 부패와 풍화과정을 거쳐 사라진 후, 마치 거푸집처럼 남은 화산재 속 빈공간에 사람들이 인위적으로 석고를 부어 만든 형태의 석고상인 셈이다. 폼페이는 이천년의 시간이 잠들어버린 비운의 도시다. 아직도 떠나지 못한 영혼들이 있는 것 같았고, 무엇인가 나에게 말하고 싶은 것이 있는 듯했다.

로마 귀족들의 공중목욕탕에는 때밀이 침대와 입구 벽면에 춘화도 그림까지 새겨져 있는 것이 보였다. 귀족들은 화려한 목욕문화를 즐기고, 매춘이 이루어졌으며, 성적인 타락이 이루어진 곳이기도 하다. 그래서 로마는 목욕탕 때문에 망했다는 말이 있다. 고대 로마인에게 목욕은 일상이었고, 목욕탕은 술과 음식, 성을 즐기던 종합놀이 공간이었다. 로마제국이 번성하면서 목욕탕은 황제들의 능력을 과시하는 대상이기도 했다. 크고 화려할수록 정치를 잘하는 것으로 알고 카라칼라 황제 시대는 축구장 4개 규모로 한 번에 이천 명까지 입장할 수 있었던 초호화 목욕탕을 지었다니 놀라운 일이 아닌가. 오늘날 일본은 온천을 활용한 '노천욕' 문화와 남녀가 함께 하는 혼탕까지 있다. 모래바람과 장거리 상거래를 하는 아랍권은 '하맘'이라는 목욕문화를 발전시켰고, 겨울이 혹독하게 추운 북유럽은 '사우나' 문화가 발전되었다. 사우나는 우리나라 공중목욕탕에도 들어왔다. 소돔과 고모라처럼 멸망되지 않으려면 올바른 성문화를 꽃피워야 할 것 같다. 성은 아름다운 것이다. 하나님이 우리에게 주신 선물이다. 그 비밀스러움은 가정 안에서 이뤄져야 아름답고, 진정한 기쁨이 있다. 가정 밖에서 이뤄진다면 단순 욕구 충족이요 범죄이며 인생을 망가뜨릴 수 있다.

 원형경기장 안에서 사랑의 노래를 부르면, 울려오는 소리를 들을 수 있다. 음향시설, 스피커가 없던 당시 이런 방법을 고안해내었다니 폼페이가 얼마나 문명의 발달을 이뤘는지를 한눈에 느낄 수 있었다. 검투사의 싸움을 볼 수 있고 만 명 이상 수용할 수 있는 강력한 로마의 힘이 눈앞에 펼쳐지는 듯하다. 로마제국의 흥망성쇠를 한꺼번에 보여주는 폼페이 유적은 생의 의미와 존재의 가치를 가슴 깊이 되새기게 했다. 그럼에도 우리는 삶과 죽음, 영혼이 가는 길까지 간구하면서 살아간다. 이태리 아말피 해변은 아름다운 바다물결에 햇빛이 반짝이고 있다. 맘속에 그리던 님을 잊지 못하고 돌아오기를 기다리는 여인처럼 돌아오라 쏘렌토 노래를 목청껏 소리 높여 불렀다.

임진각의 기적소리

　서울과 신의주를 달리던 증기기관차는 임진각에 멈추어 섰다, 총탄을 옆구리에 맞은 철마는 역사의 숨을 몰아쉬며 한을 달랜다. 언제쯤이나 뿌—웅 기적소리를 울리며 다시 이 철길을 달릴 수 있을까. 3·8선과 가장 가까운 최북단 비무장지대(DMZ)와 포로가 걸어 넘어온 자유의 다리가 보인다. 동족상잔의 피비린내 나는 6·25 전쟁의 영상을 보았다. 남으로 밀려오는 탱크에 조국 땅은 짓밟히며 인권은 유린되었고, 시체는 가을 낙엽처럼 흙에 나뒹굴었다. 힘없는 여인들은 삶의 터전을 잃어버려 망연자실했다. 아이들은 갈 곳을 잃고 먹을 것이 없어서 배고픔에 울며, 젊은이들은 의용군으로 끌려갔다. 전쟁의 피해로 군인과 양민이 수백만 명 죽었고, 천만에 가까운 이산가족이 생겼으니 한민족의 비극이다.
　전쟁은 국가와 민족 사이 이해관계가 얽히면서 일어나고, 욕심을 갖는 지도자로 하여금 생겨난다. 나폴레옹이 알프스를 넘어가며 유럽을 지배한 적이 있었고, 징기스칸은 아시아와 유럽까지 정벌을 한 때가 있었다. 고대시대는 칼과 창으로 힘을 겨뤄 싸웠지만 명분과 의리가 있었다. 2차대전은 세계전쟁으로 번졌고, 나라를 황폐화시켰다. 미사일과 포탄으로 사람뿐 아니라 동·식물까지 진멸하는 잔인한 인간의 본성을 드러냈고, 수많은 군인과 백성들을 죽음과 상처투성이로 만들었다. 히틀러와 무솔리니가 유럽을 흔들고 있을 때 일본은 중국과 미국까지 침공하며 싸움을 했다. 전쟁이 패배로 돌아가자 독일과 한국은 공산주의와 민주주의 이념을 갖는 나라로 양분됐다. 이념의 벽이 한 민족을 갈라놓고 이유 없는 죽음을 가져오게 한 것이 6·25전쟁이다. 지금까지 분단의 아픔이 아물지 않고 통곡의 휴전선 장벽으로 남아 있다.

80년대 '남북이산가족 찾기'에서 방영된 KBS의 눈물겨운 방송 장면이 떠오른다. 찾는 가족의 이름과 나이 사진이 들어 있는 안내판을 목에 걸고 광장을 헤맸다. 혈육의 정을 찾고 이별의 아픔을 참고 기다리며 살아온 사람들의 만남이 이루어지는 장면은 살아 있는 한편의 드라마였다.

"누가 이 여인을 모르시나요?"

노래가 흘러나오면, 밤을 새워 상봉 장면을 지켜보았고, "찾았다!" 소리치면 함께 기뻐하고 감격의 눈물을 흘렸다. 서울과 제주도에 사는 모녀간의 만남 인터뷰는 더욱 심금을 울렸다. 딸은 여섯 살 때 헤어졌기 때문에 화면에서 보이는 엄마 얼굴조차 기억이 안 난다고 한다. 어머니가 딸의 목에 종기가 나서 수술한 흔적을 보고 딸임을 확인하는 순간 어머니도 울고 딸도 울었다. 누가 봐도 닮은 꼴 모녀지간이다. 보는 이로 하여금 가슴에 멍울진 그리움과 감동으로 울컥하게 했다. 어느 누구도 잘못을 탓할 수 없는 애환이 우리 모두에게 쌓여 가고 있다.

한때 서울과 평양을 오가며 남북 이산가족의 상봉 시간을 가졌다. 생이별했던 아버지를 만나 불효자식의 참회와 뜨거운 상봉에는 밤잠을 못 이루며 뜬눈으로 새웠다. 아내가 남편의 두 손을 꼭 잡고

"살아있어 고맙소, 살아줘서 고마우이" 하니

"기다려줘서 고맙네, 어젯밤 잘 잤어!" 하며

남편이 인사를 할 때는 목이 메여오는 애틋함이 절절했다. 모자간의 뜨거움과 부부간의 애절함 그리고 형제간 그 추억들이 범벅이 되었다. 서울의 하늘도 울고 평양의 하늘도 울었다. 내일은 만날 수 있을까 기다리며 눈물 맺힌 칠십 년 세월이 말없이 흘러가고 있다. 손에 손을 잡고 강강술래 노래 부르며 뛰어보던 아름다운 고향엔 언제 다시 가 볼 수 있을까. 고향 잃은 그 신세를 서러워하며 울고 또 울었다. 우리 형제 다시 만나서 못다 한 정 나누고 살고 싶어요. 어머니, 아버지 그 어디에 계십니까. 목메이게 불러보는 실향민의 한스러운 노래가 구슬프다. 너와 나의 마음에 장벽을 깨고 남남북녀가 두 손 꼬옥 잡으며 입맞춤하는 날이 반드시 오리라 손꼽아 기다려 본다.

현충원 국립묘지에는 조국을 지키고 젊음을 바친 꽃들의 넋들을 위로하고 있다. 나라를 지킨 호국 선열의 피흘림 위에 우리나라가 이렇게 부강한 나라가 된 것이다. 6·25 때 실종된 미군은 팔천여

명인데 이 중 오백여 명의 신원만 확인된 상태라고 한다. 얼마나 많은 애달픈 사연이 아직도 이 땅에 묻혀 있는 것인가. 그때 그분들의 생애가 얼마 남지 않았다. 미운 정 고운 정 그림자는 하나다. 조급한 마음은 애가 닳는다. 오늘도 임진각 철마는 기적소리를 내며 평양으로 달리고 싶어 발을 구른다.

그곳에 마음이 머물다

 유모토 온천 호텔에서 하루의 피로를 풀었다. 산새울음과 계곡 물 소리가 싱그럽다. 한적한 시골길은 한국의 농촌 풍경과 다를 바 없다. 여행 가방을 들고 버스에 오르니 일본 아주머니와 아들이 앉 아있는 뒷편에 빈자리가 보인다. 한국에서 여행 온 우리에게 어떤 관계인가를 묻는다. 자녀들 결혼으로 맺어진 사돈 관계라고 하니 놀랍다는 표정을 짓는다. 사돈이 있어 시간에 쫓기지 않고 이렇게 여유로운 자유여행을 할 수 있다는 것이 너무 좋았다. 그들에게 한 국 사람들의 인상에 대한 느낌을 물어보았다. 대체적으로 힘이 있 고 강해 보인다고 말한다. 여간해서 속내를 보이지 않는 일본인의 모습이다.
 초등학생인 아들에게 거듭 물었더니 빙긋이 미소를 지으며 고민 한다. 두 볼에 볼그레한 홍조를 띠며 한참 동안 망설이다가 핸드폰 으로 '달래이야기' 인형극을 불쑥 내민다. 그것은 전쟁의 참혹한 어려움 속에서 가족을 사랑하는 삶을 무언극으로 꾸민 작품이다. 소년이 우리에게 극작품을 내민 이유를 더 이상 묻지 않았다. 함께 살아보지도 않았고 어떤 이해관계를 가진 적도 없는 사이에 이렇게 어려운 질문을 한 내가 무례했다는 생각이 들었다.

명성왕후를 시해한 칼이 구시다 신사 전시관에 있다 하여 신칸센 역을 찾아 나섰다. 칼집에는 "一瞬電光刺老狐(일순전광자노호) 즉 늙은 여우를 단칼에 찔렀다."란 글이 적혀 있다는 것이다. 국모를 죽이고 승전보를 알리는 일본도가 궁금했다. 신사 앞에는 홍살문과 같은 출입문이 세워져 있고, 사천왕 같은 문지기가 신사를 출입하는 사람들을 감시한다. 도요토미 히데요시의 뜻에 따라 후쿠오카의 초대 영주 구로다 나가마사가 지은 것이다. 이 지역을 대표하는 축제 '하카타 기온야마카사'의 행사를 진행하는 장소이기도 하다. 이곳의 전통 행사에 쓰이던 대형 장식 가마인 카자리야마가 전시되어 있는데 높이가 10m나 된다. 박물관 안에는 전통문화 양식의 가마와 옷들이 있으나 일본도는 볼 수가 없었다.

역사관에 보관되었다고 하여 광장 반대편으로 가보았다. 12세기부터 19세기까지 변모된 일본도가 전시되어 있으나 조선 왕비를 베었다는 칼은 보이지 않는다. 역사관 관리자에게 물었더니 모른다고 한다. 거듭 반복하여 보고 싶다고했더니 출입구로 안내하여 메모된 글을 보여준다, "히젠도(肥前刀)는 공개하지 않습니다. 향후에도 공개할 예정은 없습니다."라고 적혀 있는 것이다. 한국 사람들이 빈번히 오는 것을 알고 숨겨 놓은 것 같다. 수치스러운 모습을 보이기 싫었던 모양이다. 히젠도가 이곳에 있다는 사실은 분명하다. 이방인에게 국모를 잃어버렸다는 치욕스러운 마음에 가슴이 먹먹해진다.

옥중생활을 하다가 죽은 윤동주 시인이 머무른 형무소를 찾아갔다. 별을 헤며 조국을 가슴에 품은 시인이다. 밤하늘의 별 하나마다 의미를 붙여 부르고 어머니 사랑을 그리워했다. 모든 죽어가는 것들을 사랑해야겠다는 고백을 담았다. 항일운동을 했다는 혐의로 일본 경찰에 체포되어 후쿠오카 형무소(福岡刑務所)에 투옥되었고, 광복을 6개월 앞두고 27세 나이로 요절했다. 그의 생애는 짧았지만 민족을 사랑하고, 자유와 생명의 존엄성을 세우며, 평화 정신을 써 내려간 그의 시는 지금도 많은 사람에게 사랑을 받고, 감동을 준다. 비록 몸은 죽었지만 '하늘과 바람과 별과 시'로 부활하여 우리 가슴에 깊이 자리 잡고 있다.

지금은 그 형무소가 중범죄자들을 가두는 구치소로 바뀌었다. 구치소 주위를 한 바퀴 돌아보는데 담벼락이 높게 설치되어 있고, 건물 벽은 오랜 세월의 빛바램으로 검게 그을려 있었다. 출입문을 삼엄하게 지키는 경비원들이 분주하게 오간다. 시인이 감옥 생활을 한 그 곳에서 젊은 날의 동주를 만나고 싶었던 아쉬운 마음을 접는다. 냉냉한 분위기만 느끼며 돌아서는 발걸음은 무겁기만 했다. 죽는 날까지 하늘을 우러러 한 점 부끄럼이 없기를 잎새에 이는 바람에도 괴로워했던 아름다운 시인의 모습을 그리는 순간, 시인의 목소리가 들리고 마음이 뜨거워진다.

4 서리꽃이 핀 천년초

큰가시고기

팔공팔 인생

나목裸木

쓰리 김숲

숲 향기

겨울나무

갯벌 예찬

파트너partner

조강지처糟糠之妻

아끼다 똥 된다

오두막집 아이들

서리꽃이 핀 천년초

시그나기에 핀 장미꽃 사랑

천년초를 바라보고 있는 코끝에 높바람의 찬기가 다가온다. 남은 생애에 무엇을 버리고 무엇을 내려놓아야 하는가. 그동안 쌓아왔던 삶의 양분들은 어떻게 농축해야 하는가. 한 사람의 아픔이 모두에게 고통으로 느껴왔고 작은 일을 마무리하여 오는 즐거움은 가족 모두에게 웃음꽃을 피웠다. 시련 속에 핀 삶의 꽃이요, 향기다.

큰가시고기

바닷물과 민물이 만나는 강어귀로 큰가시고기가 달려온다. 아비로 살기 위해 이곳으로 온 것이다. 등쪽에는 푸른색을 띠고 예리한 가시가 달려 있다. 배는 붉은색을 띤다. 산란과 부화를 위해 보금자리 지을 곳을 찾는다. 갈대의 뿌리 근처에 둥지를 만든다. 주둥이로 모래알을 물고 둥지 밖으로 던진다. 주둥이가 일그러져도 아랑곳하지 않는다. 모래 바닥에 점액질을 토해내면서 단단히 뭉친다. 보금자리를 물풀들로 위장을 해 다른 적들로부터 새끼를 보호한다. 집 근처에 물고기들이 다가오면 등가시를 곤두세운 채 쫓아가서 사정없이 몰아낸다.

수컷은 암컷을 찾아 나선다. 배가 두툼한 암컷 주위를 맴돌며 구애를 시작한다. 부드러운 왈츠를 추기도 하고, 날렵하게 지느러미를 흔들며 현란한 몸짓도 한다. 몸을 비틀어 혼인색으로 암컷을 유인한다. 암컷 한 마리가 따라오면 애써 만든 둥지로 와서는 아늑한 보금자리를 자랑한다. 대궐같은 집안으로 들어온 암컷이 알을 낳는 동안 수컷은 주둥이로 등 쪽을 계속 두드려 준다. 알을 쏟아낸

암컷은 둥지를 나와 멀리 가버리면, 숫놈은 재빠르게 알 위에 정액을 뿌려 놓는다. 그 시간부터 수컷은 잠시라도 보금자리를 떠나지 않는다.

이때부터 큰가시고기 아빠의 새끼 돌보는 정성은 눈물겹다. 잠도 자지 않고 지느러미로 부채질을 하며 산소를 공급한다. 어느 한 순간도 둥지 곁을 떠나지 않고, 식음을 전폐하고 신선한 물을 둥지로 보내는데 있는 힘을 다한다. 일주일 정도면 수정란에서 새끼들이 나온다. 아비 가시고기는 입구를 지키며 밖으로 나온 새끼들을 입으로 물어 둥지 안으로 끌어 들이기에 여념이 없다. 혹여라도 다른 물고기들이 접근하면 가시를 곤두세운 채 몸을 흔들며 사력을 다해 쫓아낸다.

새끼들이 자라 둥지를 떠날 때가 되면 수컷은 서서히 죽을 채비를 한다. 모래알을 다지던 주둥이는 볼품없이 헐어버렸고, 힘이 빠져 움직임도 중심을 잡지 못한다. 몸의 푸른색은 퇴색했고, 지느러미의 부채질은 약해졌다. 새끼들의 부화를 위해 아무것도 먹지 못하고 혼신을 다해 돌보던 수컷은 생애를 마감한다. 끝내 아비의 주위로 모여든 새끼들의 먹이가 되고 만다. 가시고기의 헌신적인 부성애에 숙연해진다.

팔순이 넘도록 고된 농사일에 땀을 흘리며 허리 한번 제대로 펴지 못하신 아버지가 생각난다. 남자라는 이유로 힘들어도 힘들다는 표시를 하지 못하셨다. 뜨거운 여름날도 가장으로서의 책임감 때문에 하루도 쉬지 않고 일만 하셨다. 세월이 흘러가는 동안 근육은 마르고 건강은 쇠약해져 갔다. 머리카락은 희어지고 이빨도 거의 망가졌다. 음식을 제대로 씹을 수 없는 합죽이다. 그래도 자식 사랑만은 변함이 없었다. 그 침묵의 사랑은 여전히 내 안에 쌓여있다. 내 아버지의 사랑이 가시고기의 사랑이었다.

　물속에 사는 어류들은 모성애보다는 부성애가 훨씬 강하다. 대문이 있는 집이 없으므로 양육은 수컷들이 담당한다. 힘이 센 수컷이 천적을 막아주기에 유리하다. 죽은 큰가시고기의 살을 뜯어먹고 자란 새끼들은 여름이 되면 바다로 긴 여행을 떠난다. 그리고 이맘때쯤이면, 고향으로 돌아와 아비 가시고기가 그랬듯이 부성애의 역사를 또다시 이루어 간다.

팔공팔 인생

 버스는 북한강이 흐르는 화천을 향해 달리고 있다. 차창 밖으로 단풍이 스쳐간다. 무더운 여름도 가을 사랑을 이길 수 없는 모양이다. 언덕 아래 고즈넉한 전원주택이 드문드문 보인다. 장독대 뒤에 서 있는 감나무 가지 끝에 달린 빨간 홍시도 가을을 물들이고 있다. 만산에 불타오르는 단풍이 강물에 잠겨 살랑거린다. 강가에는 파란 잔디밭 위에 파크골프장이 조성되어 있었다.

 무심회는 실버들로 구성된 파크골프클럽이다. 철원에서 공장을 경영하는 무심회 회장 친구가 우리를 초대했다. 공장 입구에 들어서니 안내자가 반갑게 인사를 한다. 네온 간판에는 환영 인사를 크게 써놓았다. 멀리서 고향 분들이 온다고 하여 준비한 것 같다. 생산 공장내부를 견학하는데 어디선가 많이 본 듯한 상품명이 보인다. K808이다. TV 광고에서 보았을 때 꽤나 궁금했던 것이다. 음료를 생산하는 공장인데 하루 매출액이 5억 정도란다. 지하실에는 국내외에서 활동한 발자취를 촬영한 사진과 전시물로 가득했다. 놀라운 것은 창의력의 산물이요 종합 예술이기도 한 발명 특허를

낸 것이 많이 있었다.

강당에 둥근 테이블이 정렬돼 있어 그룹을 지어 앉았다. 공장이 세워지고 걸어온 역사를 들려주는 장면이 보이는데 TV 광고에서 본 그 사람이다. 이 회사의 회장이다. 일반적인 광고에는 인기 연예인이나 대중성이 있는 사람을 내세우는데, 상품광고에 회장이 직접 출연한 것임을 알았다. 갑자기 팔공팔의 비밀이 무엇일까 알고 싶어졌다.

훤칠한 키에 멋진 모자를 쓴 노신사가 뒤에서 걸어 나왔다. 우리를 초대한 그분이다. 힘들고 어렵게 성장하여 키워온 사업의 실패와 성공담을 들려준다. 807번을 실패하고 808번째 성공하게 된 것이 바로 K808이라고 한다. 불굴의 의지에 깜짝 놀랐다. 보통 사람들은 세 번만 실패해도 좌절하며 모든 것을 포기하는데, 어떻게 긴 세월을 이겨 냈을까? 그는 "위기는 기회입니다. 기회는 우리의 인생에 세번 오는 것이 아니라 계속하여 누구에게나 오고 있습니다. 다만 게으르고 몰라서 잡지 못할 뿐입니다"라고 말한다.

그는 후학들의 발전을 위해 사회와 학교를 위한 장학사업으로 봉사하고, 특별히 발명가들에 대한 후원을 아끼지 않고 있다. 또한 질병으로 고통을 받는 지인들의 치료를 돕는 손길에도 인색함이 없다. 코로나로 고생하는 인류를 위해 면역을 강화하는 식품개발에도 진력하고 있다고 한다. 산수의 나이인데도 청년처럼 살아가는 모습이 멋지고 아름답게 느껴졌다. 후끈 달아오르는 열정이 뜨겁다. 그 열정이 모두의 가슴을 태우고 도전을 준다.

삼대째 거지로 살았다는 일화가 생각난다. 아버지 거지가 아들 거지에게 거지의 장점을 말해 주었다. "첫째, 아무 곳에서나 잠을 잘 수 있어 집 걱정 할 필요가 없다. 둘째는 언제라도 얻어먹으면 되기 때문에 음식 걱정을 할 필요가 없다. 셋째는 옷 한 벌이면 봄, 여름, 가을, 겨울을 지낼 수 있으니 얼마나 편한 직업인가. 땅을 구들 삼아 누우며 하늘을 이불 삼고 사니 만고강산 이보다 좋을 순 없는 것이다."라고 했다. 거지라는 환경 속에서 한 번만이라도 벗어나고 싶은 생각을 했더라면 거지 삼대는 이어지지 않았을 것이다.

그동안 '왜?'라고 하는 문제를 해결하며 살아왔다. '어떻게 살 것이냐?'가 삶의 주된 이슈였다. 미래를 향한 꿈이 중요하다고 가르치기도 했다. 그러나 '무엇을 위해 살 것인가?'가 더 가슴에 와 닿는 까닭은 무엇일까. 나는 그 거지를 정말 탓할 수 있을까. 지금까지 고정된 생각과 틀에 박힌 규범에 갇혀 눈을 뜨지 못하고 산 적은 없는가? 되돌아본다. 내 속에도 거지의 근성처럼 현재에 안주하며 살아온 것들이 많지 않은가.

팔공팔 오뚜기는 우리를 바라보며 말했다.

"자식들에게 기대지 말고, 당당하고 자신 있는 삶을 사세요. 발명으로 슈퍼맨이 되세요. 답은 하나가 아니라 수없이 많습니다." 라는 말에 다양한 가능성을 엿볼 수 있어 가슴이 뿌듯했다. 807번을 넘어지고도 오뚜기처럼 다시 일어나 걷는 모습은 나를 심쿵하게 만들었다. 흥분되고 두근거리는 마음을 멈출 수가 없다. 이제부터 다시 새로운 시작이다.

나목裸木

지난밤 서리가 내렸다. 앙상한 나무 가지마다 서린 눈꽃이 피었다. 잎자루의 떨켜는 만남의 기쁨과 이별의 아픔들을 무심히 떨어뜨린다. 거북등처럼 굳어진 나목에는 땀방울도 다 말랐다. 쓸쓸한 바람은 나무껍질에 인고의 두툼한 골을 만들고, 가지에 붙어 있던 잎들은 슬픔을 이기지 못하여 나목 둥치에 떨어져 뒹군다. 낙엽들은 바스락거리며 숨을 죽인다.

하늬바람이 불어오는 날, 나목은 마지막 남은 잎마저 떠나보내고 외로이 눈보라를 맞을 준비를 한다. 추운 겨울 시련을 참고 견디려면 자신의 몸을 최소한으로 가볍게 해야 하기 때문이다. 보금자리를 만들었던 숲속에는 새들마저 모두 떠나 버렸다. 윤슬처럼 빛나던 잎들을 보낸 들판에는 황량한 바람이 불고, 적막하게 홀로 서 있는 나목엔 침묵만 흐른다. 떨켜의 매듭에 도드라진 상처를 어루만지며 늦가을을 보내고 있다. 진하고 굵은 나이테가 한 주름 잡히는 날이다.

수백 년을 살아온 고목은 나라의 흥망성쇠를 지켜보며 칼바람도 이겨냈다. 긴 세월 동안 몸통은 텅 빈 채 가지들의 버팀목이 되느라 굽은 허리를 펴지 못하고 서 있다. 마치 자식을 위해 몸이 다 망가져도 모든 걸 내어주는 부모 마음처럼 최후의 순간까지 잎을 내려고 안간힘을 쏟고 있다. 겉껍질은 뜨거운 햇빛에 바래며, 비바람 맞고 삭아서 볼품이 없는데도 새순을 간직하려는 간절한 갈망은 변함이 없다.

인생의 가을에 접어든 나 역시 젊음의 화려함이 사라진 한그루 가을나무다. 곱던 피부색이 변하고 주름살이 늘었다. 잘 보이던 글씨도 이제는 안경을 써야만 보이고, 조금만 일하거나 운동을 해도 근육이 삐그덕거린다. 잠시 앉았다가 일어서도 무릎이 힘겨워질 때면, 모든 걸 소진하고 나뭇가지만 앙상하게 남은 가을나무를 닮았다. 나목의 빈 나뭇가지 숲을 지날 때면 우리들에게 많은 이야기를 하며 사색에 잠기게 한다. 무거운 삶의 무게를 내려놓고 다음 세상을 꿋꿋이 기다리는 나목의 기개氣槪는 작은 어려움에도 당황하며 동동거리는 빈약한 나의 삶을 부끄럽게 한다.

아이들 모두 제 짝 찾아 떠난 집에는 왁자지껄하던 웃음소리와 잔소리 할 대상이 없다. 먹을 것이 있어도 쉽사리 줄어들지 않는다. 집안은 하루 종일 휑하니 조용한 바람만 분다. 하여 자식은 품 안에 있을 때가 자식이라 하는가 보다. 머리에 흰서리가 내린 우리 부부는 손주들이 건강하게 자라는 모습을 보고 행복을 채운다.

부모님은 효도 한 번 제대로 받지 못하고 작은 사랑을 표현할 기회도 주지 않고 세상을 떠나셨다. 기억의 한 자락에 받은 사랑을 움켜잡고 그리움만 남기고 있다. 언제나 든든했던 형님들마저 내 곁을 떠나고 빈자리만 남겼다. 이별의 아픔은 견딜 수 있다. 오랫동안 숨겨두었던 눈물도 참을 수 있다. 못다 한 사랑과 그리움이 가슴을 더욱 먹먹하게 한다. 허리 굽은 나목처럼 삶의 무게를 등에 지고, 모두가 걸어가는 이 길을 홀로 걸어가야만 한다.

그러나 내 속에는 떨켜 세포층이 성장하지 못해, 떠날 때가 다된 세상의 마른 잎들을 붙들고 힘들어하는 모습이 있다. 세상 풍파를 견디며 살아왔기에 모든 짐들을 내려놓고 홀가분한 몸으로 서 있어야 함에도 부질없는 것들을 붙잡고 흔들리고 있다. 태어날 때는 순서가 있지만 세상을 떠나 갈 때는 순서가 없다. 흘러간 세월을 탓해서 무엇하겠냐마는 무정한 세월을 멈출 수 없음이 안타깝다.

만남의 기쁨도 이별의 아픔도 세월의 한순간, 일만 겁의 정점일 뿐이다. 외로움이 아무리 지독해도 황량한 들판에서 얼음이 녹기를 기다리며, 흙덩이가 따스해지기를 나목은 묵묵히 기다려야 한다. 삶이 외롭고 힘겨워도 봄은 어김없이 다시 돌아온다. 온몸을 움츠리게 하는 북풍과 살을 에는 슬픔이 지나면 고요한 아침 해가 새 세상을 보게 할 것이다. 잠깐 소풍 나와 땅에 떨어진 낙엽들과 추억의 이야기를 나누는 시간이 가을 나목의 든든함일지도 모른다. 저 강을 건너기 전에 익어가는 삶의 여정을 도란도란 누려야겠다.

쓰리 김金

　지난 추억을 반찬 삼아 맛난 점심을 먹으며 좋아하는 사람들과 이야기를 나누는 날이다. 레인보우 마차다리와 지프네를 아시나요? 이것을 알면 진짜 영동사람이란다. 어린아이들이 물속에 풍덩 뛰어들어 발을 뻗고 손을 높이 들어 물 깊이를 표시하는데, 발이 닿지 않으면 "물이 지프네~" 하는 영동 사투리다. 장터 일을 보기 위해 말의 고삐를 묶어두는 장소를 가리켜 마차다리라고 부른다. 이어지는 전통시장에는 봄부터 겨울까지 우리가 먹을 수 있는 과일이 나온다. 하여 영동을 과일의 고장이라 일컫는다.
　충북에 살면서도 자주 가보지 못했던 영동교육청으로 인사 발령이 났다. 공교롭게도 교육장, 교육과장, 행정과장이 모두 동시에 바뀌는 것이어서 조금 어수선한 분위기다. 세 사람이 모두 김씨 성을 갖고 있어 3김金 시대가 왔다며 기대를 하는 듯하다. 서로 인사를 나눈 후 업무 파악을 하고 하루 일과를 시작했다.
　누구라도 해야 할 일이라면 내가 하자는 신념을 가진 멋진 사람들을 만났다. 직장 내·외에서 문제가 발생하면, 누가, 왜, 이렇게 했느냐를 추궁하지 않고, 책임도 묻지 않는다. 이미 엎질러진 물은 다시 담을 수 없는 것 아닌가. 어떻게 하면 문제를 해결할 수 있는가를 상의하면서 삼 김金은 머리를 맞대었다. 어차피 해야 할 일이라면 지금 하고, 기왕에 하려면 열심히 잘하자. 문제를 바라보는 시각과 해결하려는 출발점도 달랐다. 모든 일에 긍정적이고 적극적인 사고를 가진 사람들이다. 교육과와 행정과 직원들이 서로 웃으며 즐겁게 일을 했다. 시키는 자와 일하는 자가 한마음 되어 믿음과 신뢰가 쌓이고 정이 쌓였다. 일을 할 때 내 일 네 일이 따로 있지 않았다.

농촌지역은 노령 인구가 증가하고 신생아 출생이 줄어들어 학생 인구가 감소하고 있다. 군내 30여 개 초등학교가 절반으로 줄어들었다. 하여 중학교도 운영상 어쩔 수 없이 통폐합을 해야 했다. 3개면에 있는 학교를 하나로 통합하려면 주민들의 의견 일치를 보아야 하는데 그 간격이 쉽게 좁혀지지 않는다. 자신들이 사는 곳에 통합학교를 세우면 찬성이고, 다른 지역에 설립되면 반대를 하는 핌피현상PIMFY-Please in my front yard이다. 좋고 편리한 건 내 집 앞마당에 지어달라 하고 나쁜 건 다른 곳으로 보내라는 지역 이기주의 해결책을 찾기란 여간 쉽지 않았다. 각 지역을 찾아가 설명회를 가졌고, 꿈나무들과 지역의 미래 발전상을 그려가며 설득해 드디어 통합학교 장소를 결정했다. 어려운 숙제를 해결한 그날 밤, 쓰리 김은 어깨동무를 하고 7080 노래를 부르며 읍내를 걸었다.

퇴근 후 TV를 보고 있는데 누군가 문을 노크하며, 과장님! 하고 부른다. 운동을 좋아하는 행정과 직원들이다. 교육과 직원들과 릴레이 달리기 시합을 하자는 거다. 뜬금없는 말에 자못 당황스러웠다. 낮도 아닌 밤에 달리기 시합을 하자니, 밤중에 갑자기 홍두깨 내미는 격이다. 대부분 고향을 떠나 타 지역에서 근무하는 사람들이라 어스름한 저녁이면 술 한 잔과 가무가 그리웠던 모양이다.

잔뜩 찌푸린 하늘이다. 빗방울이 조금씩 떨어지고 있는 용두공원 군민운동장으로 갔다. 행정과장은 두 팀으로 나누는 방법으로 가위 바위 보를 하여 선수를 선택하자고 한다. 공교롭게도 나는 세 번 모두 졌다. 남자는 모두 행정과장이 뽑아갔고, 여직원들만 교육과장 편으로 남았다. 어느 팀이 이길 것인가 예측이 분명해진다. 기골이 장대한 골리앗과 어린 다윗의 싸움과도 같다. 오늘 저녁값은 여자팀이 담당해야 할 처지가 됨을 인정하는 모양이다. 남자팀들은 입꼬리가 올라갔다. 끝내 웃음꽃으로 폭발하고 말았다.

"삐리릭" 호루라기 신호가 울리자 바톤을 쥔 첫 주자가 출발했다. 운동장트랙을 달리기 시작하자 배가 나온 뚱뚱한 남자직원이 숨을 헐떡이며 뒤처진다. 앞서가는 여직원 이름을 부르며 천천히 뛰라고 외쳐댄다. 그 모습에 모두가 박장대소했다. 가쁜 숨을 몰아쉬며 걷는 남자도 있었다. 기적이 일어났다. 어찌 이럴 수가! 릴레이 경기에서 믿기지 않는 결과의 반전으로 여자들의 웃음꽃이 멈출 줄을 모른다.

옷과 신발은 하늘에서 쏟아지는 빗방울로 흠씬 젖었다. 까르르 웃는 여직원들의 웃음소리에 남직원들은 고개를 숙인 채 쥐구멍을 찾느라 정신이 없다. 가까운 호프집으로 향하며, 교육장님께 경기 내용을 전화로 말씀드리고 나오시라 했다. 전화기 너머로 한바탕 너털웃음 소리가 들린다. 비 오는 날 저녁, 양과 직원들이 달리기를 했다니 기막힌 일이 아닌가. 놀라운 경기 역전을 즐거워하며 담소를 나누고 있을 때, 교육장님께서 만면의 미소를 띠우며 들어오셨다.

"남자들이 그렇게도 못 뛰었다고 들었소. 허허"

땅콩, 멸치가 담긴 접시가 나오고, 거품이 하얗게 일어난 맥주가 테이블 위에 올려진다. 그 순간, 남직원 하나가 주인장보고 도마와 칼도 가져오라고 한다. 눈을 동그랗게 뜨며,

"왜요?"

"우리 남자들 거시기를 잘라야 해!" 한다. 다시 한번 웃음바다가 되었다. 배꼽 빠질 것 같은 폭소로 카페의 공간을 가득 채웠다. 눈물이 찔끔 났다. 별이 빛나는 밤에 멋진 어깨동무가 출렁거린다. 누군가 선창을 하면 함께 합창을 한다. 발을 구르고 무릎을 번갈아 가며 앞으로 올리고, 머리를 뒤로 젖히며 목청껏 부르는 기분 좋은 노래다. 흥이 넘치고 기쁨의 도가니에 빠진 사람들은 밤이 깊어가는 줄도 몰랐다. 모두들 흥에 겨워 입가엔 함박꽃이 피었다.

어린이집 신축을 위한 예산안이 도의회에서 삭감되는 순간 절벽을 만난 것처럼 답답한 심정이었다. 모사와 지략을 모으고 온갖 정성스런 설명으로 다시 통과되는 반전의 결과를 얻었을 때, 하늘을 찌르는 것 같은 기분이었다. 산업과학고 골프 특기자들을 위한 연

습장 개설사업이 주어졌다. 주민들의 이해와 협조를 얻어내고, 학생들 사이에서 일어난 사고로 인해 얽힌 어려운 관계를 풀어 화합을 이끌어 내는 것도 힘든 일이었지만 결국은 해냈다. 별이 빛나는 레인보우 마차다리 거리는 온통 흥분의 도가니였다.

직장이나 단체 또는 국가에 어떤 지도자가 있느냐에 따라 분위기가 사뭇 달라진다. 긍정마인드엔 밝은 서광이 비치지만 부정마인드엔 암울한 그림자가 드리운다. 살맛 나고 행복해하며 일하는 곳이 있는가 하면, 어쩔 수 없이 참아가며 따라가야 하는 곳이 있다. 처음부터 길은 없었다. 그러나 그 길은 걷는 자의 것이 된다. 아무리 어려운 문제가 있을지라도 머리를 맞대고 풀어나갈 실마리를 찾아가면 어찌하든 길은 있는 법이다.

밤이 늦도록 어려운 난관의 문제들을 풀어나갔던 그 순간들을 생각할 때마다 쾌감과 스릴이 주는 기쁨이 있다. 쓰리 김의 추억은 향수를 불러일으키고, 지금도 만남의 행복으로 이어진다. 엎질러진 물을 버리고 다시 빈 잔에 가득 채우는 수고로움과 땀을 흘리던 지난 일들에 대한 담소는 멈출 줄을 모른다. 점심 식사와 따뜻한 차 한 잔을 나누며 이야기꽃을 피우는 동안 해는 서녘 하늘에 걸렸다. 우리는 시간 가는 줄 모르고 추억 속으로 퐁당 빠져들었다.

숲 향기

푸른 향기를 마시고 싶어 산에 올랐다. 입구에 들어서니 관리인 부부가 나와 우리 일행을 반갑게 맞는다. 하늘을 향해 수십 미터 곧게 뻗어 오른 편백나무가 골짜기마다 울창하게 자랐다. 소박한 옷차림을 한 여인의 숲 해설을 듣는 중에 아뿔싸! 어디선가 뽀옹! 방귀 소리가 들렸다. 조용한 숲속에서 제법 크게 울렸다. 한바탕 웃음보가 터졌다. 이내 침묵이 흐르고 모두들 의아한 눈초리들이다. 냄새가 전혀 나지 않아 고개를 갸우뚱거린다. 이 모습을 본 부인이 빙긋 미소를 지으며 말한다. 편백나무에서 나오는 피톤치드가 유해 화학물질을 분해하는 효과와 탈취 효과가 있어 고약한 냄새를 잡아준다는 것이다. 편백나무 숲을 걷는 길은 유쾌하고도 상쾌했다.

민주지산자락 중부권 최고의 힐링 공간인 숲이다. 기온 변화가 심한 내륙지방인 영동에 편백나무 숲이 있다니 놀라운 일이다. 울창한 산림 속에 좌장을 하고 명상에 잠기니 신선이 되어 꿈길을 걷는 기분이다. 삼림욕으로 상쾌한 힐링의 시간을 가지는 호사를 누렸다. 푸르른 녹음으로 스트레스 해소와 정신적 해방감을 안겨 주는 편안함이 있다. 땀 흘리고 나서 차가운 냉수를 마시는 것처럼 오장육부가 시원하다.

숲에서는 침엽수 계통의 나무에서 항균작용을 하는 피톤치드가 많이 나온다. 그중에서도 편백나무에서 나오는 피톤치드 수치가 가장 높다. 죽은 목질부보다는 살아 있는 가지나 잎에서 피톤치드가 더욱 많이 나온다. 살균작용이 뛰어나고, 내수성이 강해 물에 닿으면 고유의 향이 진하게 퍼져 잡냄새를 없애준다. 집먼지진드기가 번식하지 않도록 막아주고 억제해주는 효능도 있다.

산책길을 따라 황토 방 집으로 가벼운 발걸음을 옮겼다. 식탁 위에는 산나물과 야채들이 풍성하게 올라왔다. 모두들 향긋한 냄새에 취해 얼굴엔 웃음꽃이 피었다. 우리는 그곳에서 편백나무 숲을 가꾼 산지기의 이야기를 들었다.

젊은 시절 일본을 방문했던 할아버지는 히노끼라 하는 편백나무의 매력에 흠뻑 빠져들었단다. 향기가 좋고 부패가 잘되지 않아 건축 내장재로서는 으뜸이다. 무엇보다도 척박한 땅에서 잘 자라며 부가가치가 높기 때문이다. 한국에 돌아와서 산림청을 찾아 조림 계획을 말했다. 지원을 요청했으나 일교차가 크고, 겨울 날씨가 추운 산간지역에서 자생하기 어렵다는 이유로 번번이 거절당했다. 그러나 꾸준히 산림청 관계자들을 설득하여 편백나무를 지원받아 조림을 시작하게 되었다.

"저 사람 정신 나간 거 아닌가? 따뜻한 기후에 잘 자라는 나무를 우째 이런 산골짜기에 심는고."

　마을 사람들의 비웃음을 사기도 했다. 산지기의 우직한 고집은 그 누구도 꺾을 수 없었다. 계곡마다 묘목을 끊임없이 심었다. 죽으면 또 심어 가꾸기를 거듭했다. 6만여 그루의 나무를 심기까지 손바닥에는 굳은살이 배기고 손톱이 망가지는 쓰라린 고통을 참아야만 했다. 넘어지고 바위에 부딪쳐서 온 몸이 검푸르게 멍든적이 부지기수였다. 다른 농사처럼 그해 추수할 곡식이 나오는 것이 아니다. 수십 년이 지나야 목재를 만들 수 있는 나무 심기를 묵묵히 해낸 산지기의 신념이 있었다. 그렇게 백두대간 천만산 기슭 사유지 20여ha에 편백나무 숲 군락이 이루어진 것이다.

　내륙 산간지역에 자리 잡은 편백나무 숲은 고 씨 집안 삼대가 가꾸며 지키고 있다. 백 년 된 편백나무는 일본의 도요타 차 한 대 값에 이른다는 말이 있을 정도로 가치가 있는 자산이 되었다. "호랑이는 가죽을 남기고 사람은 이름을 남긴다."고 하는데 고옹 산지기는 값으로 셀 수 없는 백년대계 편백나무 숲과 향기를 후손들에게 남겼다. 숲이 주는 매력은 무한하다.

겨울나무

　지리산 노고단에서 맞는 아침이다. 산봉우리들이 운해 속에 떠 있는 섬같이 보인다. 계곡을 따라 골바람이 세차게 불어댄다. 황홀한 노고단의 아침은 또 하나의 감동이다. 눈꽃의 향연이 펼쳐진다. 겨울을 품은 하얀 풍경이다. 나뭇가지마다 크고 작은 얼음꽃들이 보석처럼 피었다. 바람의 향방에 따라 얼음 결정체가 여러 겹으로 달라붙어 있다. 결정은 눈 모양과 비슷한 판상, 침상, 수지상樹枝狀 등으로 이루어진다. 구상나무에 핀 꽃들은 마치 크리마스 트리를 보는 것 같다. 눈꽃풍경 삼매경에 빠져서 넋을 잃고 말았다.
　이렇게 선명하고 또렷한 상고대는 처음이다. 가끔 한겨울 강추위에 뭉친 서리나 눈발이 내리는 날, 이른 아침에나 얼음꽃을 조금 볼 수 있다. 올라갈수록 눈꽃의 크기와 폭은 점점 더 커졌다. 작은 나무들은 하얀 솜털 옷을 입었다. 이것은 바람이 약한 맑은 밤과 이른 새벽 사이에 나무나 물체의 바람을 받는 쪽에 생긴 것이다. 안개 입자가 함께 붙어 비늘과 깃털 모양으로 수빙을 만들기도 한다. 나뭇가지에만 피는 것이 아니라 등산길 고목 등걸에도 피고,

바위에도 온통 엉겨 붙어 있다. 아직도 내 인생의 뒤안길에는 얼음꽃처럼 숱한 상처와 흉터들이 남아있다. 아픔과 슬픔들이 위로를 받으며 안식하고픈 마음을 갖는 것이 혹여 지나친 욕심일까. 바람은, 농익은 노년의 삶으로 익어갔으면 좋겠다는 상념 속에 잠긴다.

작은 나뭇가지들도 솜사탕처럼 눈꽃 송이로 둘러 싸여 있다. 푸른 이끼를 입은 바위도 하얗고, 세월이 인고를 짊어진 나무껍질도 흰색이다. 모든 색깔을 반사해주는 영롱한 빛들이 가슴을 설레게 한다. 만산이 백설 옷으로 덮여 있어 내 마음도 흰 옷을 입은 것 같다. 골바람 따라 눈가루가 흩날리며 볼을 스쳐가도 감미로운 온기가 느껴진다. 노고단 올라가는 오솔길을 걷다보니 겨울 왕국에 서 있는 왕자 같은 기분이 든다. 이곳에서 세상의 근심과 걱정이 사라진다. 시련도 없고 고통도 없다. 온통 희열과 행복한 마음만 가득할 뿐이다. 천국이 순백의 노고단 자락에 머문 것 같다.

잣나무가지에서 겨울밤 잠을 자던 새들이 푸드득 날았다. 나뭇가지에 소복하게 쌓인 눈가루가 자막처럼 떨어진다. 안개가 자욱한 숲길 저편에서 아침밥을 짓고 부엌에서 손을 씻고 나오는 어머니의 모습이 환상처럼 희미하게 보인다. 어머니를 부르며 가슴에 안기고 싶어 손을 흔들고 발걸음을 서두르며 달려갔다. 비탈길에 허둥대는 발이 미끄러지며 몸이 균형을 잃어버렸다. 바닥에 엉덩이가 쿵하고 닿는 순간 꼬리뼈에 짜릿한 통증이 전해 온다. 눈시울이 시큰하다. 한참동안 눈을 감았다가 떠보니 아무도 없다. 짙은 그리움만 허공으로 날아간다.

어린 시절에는 순수하게 꿈을 꾸며 청순한 삶을 살고자 했다. 남에게 손해를 입히지 않고 정을 나누며 넉넉한 마음으로 생활하고 싶었고, 사랑받고 사랑을 주는 알콩달콩 행복한 꿈도 꾸었다. 이렇게 아름다운 상고대의 설국처럼 아름다운 세상 이루고픈 바람이 가슴에 가득했다. 숱한 계절이 바뀌고 강산이 변하여 말없이 흐르는 강물은 회룡포를 만들었다. 생활 터전에서 수많은 경쟁에 시달리며 살아오면서 넘어지고 지친 다리를 끌며 다시 돌아온 여정에는 영광의 상처들로 얼룩져 있다. 덕지덕지 세월의 때가 묻은 주름살엔 검버섯도 피었다. 손마디가 굵어지고 손바닥엔 굳은살이 두텁게 자리 잡았다. 지나온 발자국마다 누군가 아름다운 동행이 있었기에 입가에 감사한 미소가 지어진다.

봄날의 연둣빛도 가고, 오월의 장미도 지고 말았다. 햇빛이 작열하는 여름도 가을바람에 저물었고, 찬 서리를 맞은 단풍은 낙엽 되어 하얀 눈밭에 숨었다. 12월 달력 한 장이 거실 벽에 남아있다. 한 해의 마지막 잎새다. 한 달의 사랑을 남기고 내일을 위한 기다림으로 서 있다.

황홀한 풍경이 펼쳐지는 노고단의 아침이다. 검은 산허리에 낮게 깔린 운해가 흩어졌다 골바람을 타고 몰려가기를 반복한다. 사람들 어깨너머로 저 멀리 무등산 자락이 보인다. 미명의 어둠이 걷힌 동쪽을 바라보니 멀리 구름 너머로 여명의 빛줄기가 올라온다. 떠오르는 해가 붉은 빛을 토해내기 시작했다. 넓은 평야와 대자연의 아름다운 서곡이 찬란하게 퍼진다. 드보르작의 신세계 교향곡의 장엄한 연주가 들려오는 듯하다. 가슴 뭉클하게 솟아오르는 감격에 목젖을 삼키며 두 주먹을 불끈 쥐어본다.

갯벌 예찬

뻘에서 숨소리가 들린다. 갯벌은 모든 생물을 살아 숨 쉬게 하는 지구의 허파이다. 산소의 70% 이상은 숲이 아닌 바다에서 생산된다. 식물성 플랑크톤이 바다에서 광합성을 통해 산소를 만들어내기 때문이다. 진흙뻘에는 수십억개 의 식물성 플랑크톤이 있어서 같은 면적의 숲보다 훨씬 더 많은 산소를 배출한다. 동고서저 지형인 우리나라는 강물이 서해로 흘러간다. 우리나라 서해는 리아스식 해안으로 바닷물의 조간대가 넓고 운반되는 퇴적물의 양이 많아 갯벌이 잘 만들어진다. 고운 갯벌에는 다양한 생물들이 살고 있다.

바위틈 사이 숨어 드나드는 게들은 팔다리로 근사한 춤을 춘다. 양쪽 팔다리를 흔드는 모양이 사당패들의 상모 흔드는 모습과 흡사하다. 몸동작을 조금만 움직여도 옆으로 재빠르게 기어가서 숨는다. 살며시 다가가면 수줍은 듯 양손을 높이 쳐들고 좌우로 흔든다. 갯강구들이 발자국 소리를 듣고 분주하게 뛰어다닌다. 만남의 기쁨이 버거워 어찌할 바를 모르는 모습에 내 마음도 두근거린다.

작은 파도에 시달린 홍합들이 바위에 빼곡하게 달라붙어 있다. 얕은 물가에는 김, 파래, 모자반, 톳과 같은 해조류들이 숲을 이룬다. 금방 뚝 따서 한 입 먹고 싶은 충동이 일 정도다.

갯벌은 어류와 조개들이 플랑크톤을 먹으며 잘 자랄 수 있는 바다의 보물창고다. 여러 생물이 살고 있어 갈매기, 도요새, 물떼새 등 철새들의 도래지를 이룬다. 작은 망치와 쇠갈고리를 들고 갯바위에 걸터앉아 석굴을 캐어 먹으면 짜릿한 바다 냄새가 입안에 가득 고인다. 파아란 하늘에 맞닿은 수평선을 보면 세상 근심과 걱정이 눈 녹듯 사라진다. 짝을 지어 나는 갈매기의 사랑 나눔과 정겨움을 바라보는 것만으로도 흐뭇하다.

썰물로 인해 민낯을 드러낸 갯벌로 어촌 아낙네들이 어복을 입고 들어온다. 널배에 바구니를 올려놓은 채 진흙 뻘 위를 한쪽 다리를 이용해 소금쟁이가 물위에서 춤추듯 가볍게 미끄러져 간다. 고무장갑 손끝으로 숨어있는 낙지를 끄집어내는 재미가 솔솔하다. 호미로 뻘을 뒤집으면 바지락과 꼬막들이 제 모습을 드러낸다. 조개들로 꽉 찬 자루를 바구니에 담아 물웅덩이에 씻어 담을 땐 아낙네의 뚱뚱한 몸체보다도 더 커졌다. 큰 자루는 머리에 이고 작은 것을 손으로 끌고 나올 때는 짠내 나는 땀방울이 쏟아져 눈을 뜰 수 없을 정도다. 어시장에 나가 팔면 알토란같은 수입을 얻는다. 갯벌은 어부들의 생명줄이요 삶의 터전인 셈이다.

자연에서 생겨난 생물이 자연으로 돌아가는 것이 순리이다. 새 생명의 씨앗이 그 속에서 탄생하고 또 다른 생명의 연속성을 이어

갈 터이니 말이다. 우리 몸의 콩팥이 혈액 속에 포함된 노폐물을 여과하여 맑은 피를 만드는 것처럼 해양의 오염물질을 분해하는 곳이 바로 갯벌이다. 갯벌의 정화 능력은 하수종말처리장보다 몇 배나 뛰어나다. 그러나 간척사업과 바닷가의 위락시설들이 들어서면서 갯벌이 줄어들고 있다. 숨쉬기가 답답해진다. 자연생태계가 무너지고 먹이사슬이 파괴되는 것들이 안타깝다.

 우리나라 갯벌은 생물의 다양성이 뛰어나고, 풍부한 생산력을 갖춘 천연의 보물단지다. 동해, 서해, 남해 어느 곳을 가도 푸른 바다 청정수가 펼쳐진다. 청정 바다에서 자란 김과 성게 알은 일본인들이 즐겨 먹는 식재료로 수출된다. 캐나다 동부 해안, 미국 남동부 해안, 아마존 강 유역, 유럽 북해 연안 등과 함께 세계 5대 갯벌 지역으로 손꼽힌다. 이렇게 좋은 나라에서 살고 있는 우리들은 참 복있는 사람들이다.

 바닷가나 강 하구에 만들어진 진흙 뻘은 얼굴과 몸에 바르는 머드팩으로도 이용한다. 곱게 만들어진 피부가 그보다 고울 수는 없다. 엷은 미소를 띤 얼굴에 저녁노을이 비치면 눈이 부시다. 파도에 흔들리며 다가오는 햇빛이 윤슬처럼 가슴에 와 닿는다. 따스한 평안함과 행복감에 저절로 눈이 감긴다. 밀물과 썰물에 부딪혀 유연해진 갯벌 흙처럼 우리의 성품도 그렇게 부드러워졌으면 참 좋겠다.

 석양 노을이 바다 파랑에 너울져 온다. 사계절 변화가 뚜렷하고 맑은 하늘과 신선한 공기가 흐르는 바닷가의 아름다움은 절경 그 자체다. 파아란 수평선은 하늘이 바다인지 바다가 하늘인지 분간하기 어려울 만큼 아름답다. 소라껍데기를 귀에 대면 태고시대의 전설 이야기가 들려온다. 까만 밤에는 은하수를 바라보며 천 개의 꿈을 물어보고 만 개의 소망도 그려본다. 지구 허파를 숨 쉬게 하는 갯벌을 병들게 해서는 안 된다. 갯벌은 아기가 젖을 먹으며 포근한 잠을 들 수 있듯이 우리가 안길 수 있는 영원한 엄마 품이다. 오늘 밤은 아내와 함께 갯벌이 있는 바닷가 그곳에서 어부로 사는 꿈을 꾸면 좋겠다.

파트너 partner

전화벨이 울린다. 반가운 목소리다. "그동안 잘 지냈지? 이제 나는 은퇴하고 안식년을 갖게 되었다네." 외국에서 오랜 생활을 하다 한국에 돌아왔다며 안부를 묻는다. 사십여 년 전에 함께했던 친구다. 그의 입가엔 언제나 미소가 흘러넘쳤고, 동료들과 만나면 남다른 유머로 웃음꽃을 피운다. 우리는 대학시절 한국대학생선교회에서 믿음의 동역자로 만나 캠퍼스 복음화에 뜨거운 열정을 쏟았다.

그해 '엑스플로 74'가 여의도 광장에서 열렸고, 백만 명이 모이는 집회를 열었다. 전국 각지에서 배낭을 메고 복음의 노래를 부르며, 걷고 걸어서 한강 언저리 도시 속 섬 여의도에 모였다. 영등포 다리를 꽉 메우고 구름떼 같이 몰려가는 발걸음은 새 바람을 일으키는 혁명가들 같았다. 가난의 설움과 배고픔의 생활을 벗어던지고, '잘 살아보세'를 외쳤다. 여의도 광장에서 비를 맞으며 죄를 회개하고, 민족이 잘살고 번영하기를 바라는 소망을 품었다. 한마음으로 가슴을 치며 눈물로 기도했다. 삼십만 명이 텐트촌에 숙소를 정하고, 삼천 명이 먹을 수 있는 솥으로 밥을 해서 퍼 날랐다. 반찬이라고는 새우젓과 단무지가 전부다. 집회를 마친 후, 우리는 "저 멀리 뵈는 나의 시온성" 찬양을 하며 거지전도 여행을 떠났다.

그 시절 만났던 세 친구가 수원의 어느 식당에 모였다. 얼굴에는 굵은 주름살이 생기고 흰 머리카락이 섞인 반백의 머리가 됐다. 청춘의 마음과 카랑카랑한 목소리는 변함없는데, 흘러가는 세월은 막을 수 없는 모양이다. 청주에서 올라온 친구 부인이 머리에 열이 나고 어지럽다고 하니, 수원에 사는 친구가 진맥을 짚어봐야겠단다. 남편 얼굴을 바라보며 긴 실로 맥을 짚어봐야 하는데, 실이 없으니 그냥 손으로 한다며 손목을 잡는다. "맥박은 잘 뛰고 있네요. 그런데 '태기'가 있군요." 한다. 위트 있는 재담에 한바탕 웃음바다가 터졌다. 칠순이 넘어 손주를 둔 할망구인데, 태기란 얼토당토않은 말 아닌가. 허나, 그 말이 노엽거나 마음의 상처가 되지는 않았다.

미소를 머금은 부인이 눈을 슬쩍 흘기며 말한다. "한국에 여러 번 왔다 가면서 왜 친구에게 전화를 안 하셨어요?" 한다. 가장 친하다 생각하고 마음이 너그러워 농담도 거침없이 해오던 사이였는데, 왜 그랬을까? 궁금했다. 그녀의 남편이 무거운 입술을 열고 섭섭했던 옛이야기를 꺼낸다. 직장을 퇴직하고 복음사역을 하려고 뒤늦게 공부를 시작했을 때 교수 방에서 있었던 일이다. 친구가 여러 명이 모인 자리에서 "자네는 제일 쫄다구니 차를 타오게나." 했단다. 나이는 같았지만 공부를 늦게 시작한 터인지라 참석한 자리에서 학번으로 막내였기 때문이다. 유머였는데, 받는 이는 상처가 되어 섭섭한 마음이 생겼나 보다. 유머가 우리 생활에 즐겁고 여유로운 분위기를 자아내지만, 듣는 사람의 상황에 따라 달라질 수도 있다.

언젠가 TV에서 서커스 묘기를 보여주는 앉은뱅이의 인터뷰를 들은 기억이 난다. 관람객들이 자기를 만나면 작고 귀여우니까 만지고 툭툭 친다는 것이다. 그때마다 너무 아프고 힘들어 그렇게 하지 말아 달라고 당부했단다. 내겐 작은 조약돌이지만 그에게는 커다란 바위덩어리가 될 수 있음을 느꼈다. 마음의 상태와 생활 조건이 달라지면, 평소 가볍게 들리던 것이 충격적인 말로 다가오고, 짠한 마음은 켜켜이 쌓여 어깨를 무겁게도 한다. 섭섭함은 오해를 만들고 오해는 미움을 낳는다. 열길 우물 속의 깊이는 알 수 있지만 사람의 심중을 알기란 그리 쉽지 않다. 모두가 내 마음 같다면 얼마나 좋을까.

오래전, 괴산 쌍곡에서 세 친구 가정이 캠핑을 했다. 젊음으로 꽃피운 만남은 온종일 뛰어다녀도 지칠 줄 몰랐다. 물속에 들어갔다 나오면, 햇살이 비친 탱탱한 몸매와 고운 피부가 눈부셨다. 물보라가 이는 계곡물에 발을 담그고, 손으로 물살 튀기는 장난을 치기도 했다. 그땐, 힘들고 무섭거나 노여움이 없었다. 배를 타고 푸른 바다 위를 항해하는 것처럼 신나는 소망으로만 가득했다. 오로지 인생의 길을 동행하는 짝꿍이 있음이 즐거움이었고 전부였다. 삶의 긴 여행을 꿈꾸며 뽀뽀하는 사진도 찍었다. 그렇게 사십여 년을 살아낸 파트너들이 청춘을 보내고, 세월이 저만치 흘러간 황혼의 자리에 모였다. 삶의 기쁨과 슬픔들을 옹이로 남긴 채 익어가고 있는 것이다. 그 기억들이 우리의 추억을 살찌게 한다. 얼굴을 마주 보며 잘 살았노라고, 남은 여생도 잘 살거라고 토닥이는 위로의 말을 건넨다.

친구는 우정이 있다. 자유롭고 평등한 영혼의 만남이 우정이다. 친구가 없는 세상은 황량한 들판을 걷는 것과 같다. 우리는 어떤 사람을 만나느냐에 따라 행동과 표정이 달라진다. 인생의 슬픔과 기쁨을 함께 나눌 수 있고, 또 하나의 세계를 열기 때문이다. 그는 나의 거울이고 그를 통해 나 자신을 바로 보며, 서로의 부족함을 이해하고 선을 이루는 길을 동행한다. 황혼의 오솔길에서 마음을 나누며 걷는 발걸음은 한결 가볍다.

서로 속마음을 열었다. "친구, 미안하네" 한마디로 응어리진 마음을 용서하고 수용하는 모습이 미덥다. 나이 들어 맘 편히 식사 한 끼 나누고 차 한 잔 할 수 있는 친구가 있다는 건 큰 복이다. 천하를 얻는 것보다 기쁜 마음이다. 가깝게 있는 사람끼리 더욱 오래 사랑하고 서로 존중하며, 넘지 말아야 할 경계를 지키자 약속했다. 반평생을 기다리고 기다려서 만난 짝꿍들이다. "우리는 인생의 멋진 파트너야!" 양손을 잡고 눈웃음으로 화답한다.

조강지처 糟糠之妻

 벌과 나비가 춤추는 봄날, 꽃가마 타고 새댁이 들어온다. 동네 사람들이 길목에 서서 수군덕거리며 신부 얼굴을 보려고 모여들었다. 연지곤지 찍고 족두리를 한 여인이 꽃가마 속에 살짝 보인다. 동네잔치에 아이들도 신나는 모양이다. 이리 뛰고 저리 뛰며 소리를 지른다. 강아지도 꼬리를 흔들며 신바람 났다. 청년들은 골목길 담 곁에 기대서 신부 얼굴 한 번 보려고 발꿈치를 들고 눈을 둥글리고 있다. 시집오는 새댁을 기다리는 신랑은 두근거리는 가슴을 억누르고, 신부가 들어오는 대문 밖을 곁눈질한다.

 전통 혼례는 한복을 입고 족두리를 쓴 신부와 홍색도포를 입은 신랑이 맞절을 하며 시작한다. 그날은 마을 사람들의 잔치다. 평소 아끼는 소나 돼지를 잡고 여러 가지 전을 함께 부치며 마음껏 음주가무를 즐긴다. 덩실덩실 춤을 추는 아낙네도 있고, 구성진 농부가를 부르는 남정네들도 있다. 마주한 신랑 신부는 백년가약을 맺고 머리가 파뿌리처럼 하얗게 될 때까지 평생 기쁨과 고난을 함께 하기로 약속한다. 둘이 마주하여 맞절하는 모습을 보면 사람 인(人)

자가 된다. 반쪽과 반쪽이 만나 서로 지탱하여 주며 온전한 사람이 되는 것이다.

여자가 시집을 오면 새 사람이 들어왔다고 말한다. 아기가 태어난 것처럼 기뻐한다. 그 비밀은 법적인 신분 변화에 있다. 혼인신고를 하는 순간 신부 가문의 호적에는 붉은 펜으로 줄이 그어진다. 사람이 사망했다는 표시와 같다. 그러나 신랑 가문의 호적에는 출생신고를 한 것과 같이 검은 글씨로 새롭게 신부의 이름이 기록된다. 법적으로 한 가문에서 죽고 또 다른 가문에서 살아난 사람이다. 하여 시집온 신부를 부를 때 새사람이라고 부르는 것은 마땅하다.

시집와서 서로 다른 문화권에서 자란 성정이 하나 되려면 각자 자신이 가진 모든 것을 버려야 하는 아픔을 겪고, 새로운 문화를 받아들이는 고통도 인내해야만 한다. 미운정 고운정이 엉겨 붙어 지고지순한 사랑으로 익어가는 것이다. 서로에게 고맙고 감사한 마음은 말하지 않아도 안다. 찡긋하는 눈짓 하나 벙글어진 미소 한 모금에도 서로의 마음이 오고 간다.

후한後漢을 세운 광무제光武帝는 일세의 영웅으로서 신하들과 백성들의 신망을 한 몸에 받고 있었다. 광무제는 과부가 된 누이가 가엾어서 가능하면 재혼이라도 시켜주고 싶어 사대부어사 송홍에게 물었다. 송홍은

"폐하, 황공하오나 신의 생각은 가난하고 천할 때의 친구일수록 잊지 말아야 하고, 고생할 때 술지게미와 겨로 끼니를 함께 때우던 아내는 결코 내치지 말아야 한다. 糟糠之妻 不下堂조강지처 불하당"

고 대답을 했다.

　조강지처는 처음 만난 남편과 자식을 위해 일평생 헌신하며 산다. 삶의 주인정신이 멍에를 걸치고 논밭을 일구던 황소의 뚝심보다도 강하다. 고난을 고생으로 여기지 않는다. 남편의 기쁨과 슬픔이 곧 자신의 행복과 눈물이다. 비가 오나 눈이 오나 변함없이 남편과 가족만을 사랑하는 사람이다. 첩은 어려움이 닥쳐오면 뒤도 돌아보지 않고 떠나지만, 조강지처는 치마끈을 동여매고 고난을 눈물로 삼키며, 또다시 돌아올 기쁜 날을 위해 참고 기다린다.

　그런데 요즈음 홀로 사는 사람들이 점점 늘어가고 있다. 미혼으로 노처녀 노총각도 있지만, 성격 탓이라 돌리며 만남을 쉽게 포기하는 젊은 청춘들은 굴레에서 벗어나 자유의지로 살고 싶어 한다. 황혼 이혼을 하고, 부부의 관계는 유지하되 각자의 삶의 영역을 지키며 사는 사람들도 있다. 이제 결혼을 졸업하고 싶다는 졸혼 문화까지 생겼다. 고생한 조강지처와 백년해로하며 함께 사는 것을 인간의 가장 큰 덕으로 사는 삶의 가치관이 점점 사라져가고 있음이 안타깝다.

　반평생 비바람 맞으며 지친 아내의 주름진 손등을 가만히 만져본다. 꽃다운 날, 나를 만나 모든 걸 맡긴 사람이다. 젊은 날 고운 살결이던 피부는 핏기가 없고 거칠해졌다. 눈가의 깊은 주름진 골은 모진 세월이 지나간 자리임을 쉽게 알 수 있다. 가난한 나를 만나 속 많이 썩은 사람이다. 가슴엔 삶의 여백과 말없이 흐르는 눈물 자국이 남아있다. 소리 없는 미소가 입술에 그려지고, 지그시 눈 감은 얼굴엔 뜨거운 모정이 잔잔하게 그려져 있다. 다시 태어나도 임을 사랑하겠노라는 순백한 사랑의 고백엔 가슴이 저려온다.

처마 끝에 매달린 풍경소리는 저녁을 부른다. 자녀들은 하나둘씩 살림을 나고 이제 우리 부부만 남았다. 희끗희끗한 귀밑머리가 대청마루 끝에서 불어오는 바람에 흩날리고, 텅 빈 집 창가에 피어오르는 안개를 등지고, 옷을 꿰매는 손끝엔 떨림이 오고 있다. 바느질하던 옷감들을 주섬주섬 밀쳐놓고는 주방을 향해 일어서면, 뼈마디에서 우두둑 소리가 난다. 꾸부정했던 허리를 펴고 기지개를 펴지만 팔은 어깨 위로 올라가지를 못한다. 세월이 날 떠나도 나만을 믿어준 단 한 사람 왜 이리 연약해졌는지. 늙으면 늙은 대로 사랑스러운 건 내 마음이다. 오늘도, 속 빈 강정같이 허울만 남은 조강지처의 허리춤엔 농익은 사랑의 노을빛이 깊게 드리운다.

아끼다 똥 된다.

맑은 햇살이 해변 위로 쏟아진다. 파아란 수평선 너머 뭉게구름이 피어오르고, 밀려오는 파도는 하얀 거품을 모래밭에 토한다. 부드러운 해풍이 목덜미에 후끈하게 다가온다. 야자수 위에 원숭이 가족들은 먹이감을 찾느라 분주하게 오르내린다. 새끼 원숭이가 어미 배의 앞가슴에 대롱대롱 매달려 함께 있는 모습이 귀엽고 사랑스럽다. 우리가 깔아놓은 자리 주변에는 바닷새들이 고개를 갸웃거리며 맴돌고, 원숭이들은 먹을거리를 호시탐탐 넘본다. 눈 앞에 펼쳐진 풍경과 날씨는 지극히 이국적이다.

태국 핫야이에서 한 달 살기를 하는 중 송쿨라 바닷가에 갔다. 영상통화음이 울린다. 핸드폰 화면 속에는 두터운 겨울옷을 입은 손주들의 얼굴이 보이며 귀여운 목소리가 들린다. "할아버지? 여기는 추워요. 할머니는 여름옷을 입었네요 그곳은 어때요?" 아내가 "여긴 따뜻해" 하고 바닷가 주변 풍경을 천천히 보여준다. 반바지와 티셔츠를 입은 모습을 보고는 "오 마이 갓!" 하며 두 손으로 입을 가린다. 같은 하늘 아래에서 한 곳은 무더위로 땀을 흘리고,

또 다른 곳은 영하의 추위로 떨고 있는 별천지 세계를 동시에 맛본다.

젊은 부부가 아기 손을 잡고 핫야이 공원을 걸어간다. 아기는 우리와 눈이 마주치자 해맑은 웃음을 띤다. 호수 같은 검은 눈동자에는 순백한 마음이 들어 있다. 어떤 말도 어떤 몸짓도 없었지만, 눈빛으로 통하는 마음엔 그저 예쁘고 사랑스러움이 가득하다. 귀여운 아기의 볼에서 향긋한 냄새가 난다. 값없이 받은 것을 마음껏 주는 행복한 마음을 느낀다.

한 달 살기 생필품을 사기 위해 대형 백화점에 갔다. 입구에 들어서자 경비원이 차 트렁크를 열어 확인하고, 신분증을 보여주자 주차권을 건네준다. 차에서 내려 걸어가는 순간, 신발 바닥이 뭉그러져 덜렁덜렁 떨어지는 것이 느껴진다. 고무가 삭아서 검은 가루가 바닥에 뚝뚝 떨어진다. 직원이 쫓아와서 검게 묻어난 발자국을 카메라로 찍는다. 너무 황당하여 어찌할 바를 몰랐다. 몸의 균형을 맞추고 척추 신경자극에 좋다 하여 아내가 꽤 비싸게 사준 신발이다. 평소 신발장에 모셔 두었다가 이번 해외 여행길에 꺼내 신었는데 이 지경이 되었다. 결국 맨발로 매장의 신발코너를 찾아 새로 신발을 사 신었다. 아끼다 똥 된 꼴이다.

전자제품 판매원이 직장으로 찾아왔을 때다. 동영상을 찍을 수 있는 사진기를 서로 먼저 사려고 다툰 적이 있었다. 카메라의 기능이 들어있는 핸드폰이 나온 후로 욕심냈던 그 사진기는 서랍 구석에서 잠자고 있다. 나의 욕망으로 가진 것이 쓸모없는 것으로 전락

했다는 생각에 부끄러운 생각이 든다. 젊은 시절 힘들고 어려울 때, 부지런히 돈을 벌고 나중에 여행도 하며 맛있는 음식도 사 먹을 수 있으리라 기대하며 살았다. 그러나 은퇴라는 선물을 받고 보니 이는 시큰거리고, 무릎은 조금만 걸어도 찌릿한 통증을 느낀다. 해외여행의 긴 비행시간에 수축한 근육은 자주 경련을 일으키며 쉽게 피로를 가져온다. 사랑할 수 있을 때 사랑하고 웃을 수 있을 때 웃는 기쁨이 얼마나 소중한 것인가. 뜨거운 여름날도 밀려오는 시간을 이길 수 없듯이 나 또한 가는 세월과 청춘을 붙잡아 둘 수 없다. 지금 이 순간 나와 함께 동행하는 사람과 오달진 시간을 누려야겠다.

문득 코흘리개 소꿉장난하던 모습이 떠오른다. 비 오는 날 책가방을 들고 터벅터벅 걷던 냇가의 긴 둑방길이 선명하게 보이고, 기차 타고 통학하며 학교 다니던 개울가에 흐르는 물소리도 들린다. 눈보라를 맞으며 골목길을 걷고, 자취집에서 불 꺼진 연탄불을 지피던 고난의 눈물도 생각난다. 부끄럽고 창피했던 것, 욕심으로 넘어졌던 일, 부질없는 것을 가지려고 허둥댔던 모습들이 영화의 한 장면처럼 스쳐간다. 남의 불행이 나의 행복이 될 수는 없지 않은가. 사랑하는 사람들과 더불어 누리는 현재의 삶이 진정 카르페디엠이다.

언젠가 눈과 귀가 어두워지고, 몸을 가누지 못할 때가 올 것이다. 귀한 손님 오면 대접하려고 준비한 비싼 그릇, 노후에 편안하게 쓰려고 모아둔 돈, 특별한 모임에 가려고 사놓은 값비싼 옷들을 입어 보지도 못한 채 세상을 떠나게 된다면 무슨 소용이 있겠는가. 남겨 놓은 것들 중, 써보지도 못하고 누군가에게 짐으로 남게 하지는 말아야 하겠다. 내가 많이 소유하면 누군가는 적게 가져야 하고 힘든 삶을 살아야 한다. 사랑의 노래, 아픔의 절규, 고통의 탄식을 듣는 귀를 열어두고 싶다. 서녘 하늘에 걸린 해가 고단한 하루를 접는다. 날갯짓하며 날아가는 기러기 떼도 집으로 돌아가는 길이 바쁘다.

　세월의 무게를 등에 지고 걸어온 삶의 허리가 무겁다. 이 세상과 저세상의 존재가 다르듯이 눈을 뜨고 보는 세상과 눈을 감고 보는 세상은 역력하게 다르다. 눈을 뜨면 욕망과 함께 가시광선을 타고 비쳐오는 만 가지 색깔이 들어온다. 눈을 감으면, 지나온 인생의 발자국과 또 다른 세계가 보인다. 꿈속에서라도 사랑하는 사람들과 정을 쌓으며 이야기를 나누어야겠다. 핫야이 해변에 쏟아지는 별들로 가슴을 덮고, 바다를 베개 삼아 길게 누워 파도 소리를 듣는다.

오두막집 아이들

 따스한 봄날 지인으로부터 전화를 받았다. 필리핀 선교지 방문을 함께 가자는 것이다. 대학 선배가 바기오 벨학교에서 사역을 하고 있기에 찾아가고 싶은 마음이 있었다. 퇴직 후 제2의 인생을 제3국 어려운 나라에서 5년 정도 협력선교를 하고 오리라는 계획을 갖고 있었다. 6·25전쟁 후 우리나라가 받던 도움을 이제 우리가 갚아야 할 때라 생각했다. 큰 가방에 아이들에게 나누어 줄 옷과 장난감 학용품들을 준비했다. 그러나 오래전 나의 이름과 같은 사람이 필리핀에서 문제를 일으키고 도피한 사람의 블랙리스트가 있어 입국거부를 당했던 적이 있다. 다소 염려가 되어 한국 필리핀대사관에서 동명이인 확인서를 발급받고 나서야 일행과 함께 출발했다.
 동이 뿌옇게 밝아오는 새벽이다. 꼬꼬댁 수탉 울음소리에 잠이 깼다. 열대지방의 뜨거운 지열은 턱밑까지 푹푹 올라온다. 맑은 하늘에서 쏟아지는 햇살에 피부가 따가웠다. 팔뚝에 토시를 끼고 얼굴엔 선크림을 바르고 밖에 나갔다. 우리를 태워갈 차가 대문밖에

도착해 클랙슨을 울린다. 미군이 쓰던 트럭을 개조해서 만든 지붕에 화려한 무늬로 알록달록하게 장식한 지프니다. 시내버스처럼 손님들을 실어 나르는 자동차다. 얇은 천을 머리에 둘러쓴 아이들 옆에 앉았다. 뿌연 흙먼지를 일으키며 덜커덩덜커덩 달린다.

강기슭에 자리 잡은 빈민촌을 방문했다. 오폐수가 흘러가는 검은 물에서 코를 들 수 없을 정도로 쾌쾌한 냄새가 난다. 좁은 공간에 할머니, 엄마, 아빠 그리고 손주들이 모두 함께 살고있는 집들이다. 진흙 바닥 같은 곳에 갈대나 대나무로 집을 짓고 사는데 위생 상태가 엉망이다. 반바지 차림의 사내아이들은 대부분 뼈가 앙상하게 드러나 보인다. 늑골 사이로 움직이는 숨결이 보일 정도다. 까무잡잡한 얼굴에 검은 눈동자가 유난히 밝게 빛난다. 아이들은 학교에 가지 못하고 마을 주변이나 우물가에서 놀고 있다가 우리를 보고는 신기한 듯 쫓아다닌다.

어느 집에 들어갔더니 아픈 아이가 침대에 누워있다. 칙칙한 얼굴에 눈곱이 잔뜩 껴있고, 누런 코가 양쪽에서 오르락내리락하며 귀에서는 농이 흘러나온다. 아파도 병원비가 없어 치료를 받지 못하는 형편인 것 같다. 귀에서 나오는 농이 코처럼 나오는 것인 줄 알고 아무도 치료해줄 생각조차 하지 못 하고 있는 것이다. 아이의 엄마는 바람이 나서 재가했고, 술주정뱅이 아버지는 다른 여자와 살기 때문에 할머니가 키운다고 한다. 그 아이의 머리에 손을 얹고 기도를 했다. 마음이 쓰리고 가슴이 터질 듯해 쏟아지는 눈물을 멈출 수가 없었다. 이 아이를 어떻게 해야 하나요? 이곳에 무엇을 남겨주고 떠나야 할까요? 말로만 사랑한다는 것이 무슨 소용이 있을까요? 하늘을 바라보며 아린 마음은 눈가를 하염없이 적신다.

마을 우물가에서 놀고 있는 아이들의 옷자락이 반질반질하다. 땀 냄새가 나는 머리카락과 침을 흘린 입가에 파리들이 쉴 사이 없이 날아든다. 신발이 헤어져 발가락이 나와도 전혀 부끄러워하지 않고 걸어 다닌다. 쓰레기 매립장에서 먹을거리를 찾는 모습을 볼 때는 말문이 막혔다. 이들에게는 잘사는 집과 가난한 집을 선택할 기회가 없었고, 부모와 자식으로 만나는 인연과 태어나는 나라도 자신의 뜻과는 거리가 먼 것이다. 그저 그것을 숙명처럼 받아들이며 살아가야 하는 아이들의 모습은 가슴을 먹먹하게 만들었다.

회칠한 무덤을 이곳에서 처음 봤다. 속은 썩었는데 무덤 밖은 깨끗하고 화려하게 꾸민 것이다. 시체를 넣은 입구를 흰색의 회로 발라 놓았다. 그 무덤들이 산비탈에 즐비하다. 민가와 가까운 거리에 있는 무덤이지만 주민들은 별로 개의치 않고 살고 있다. 삶과 죽음이 공존하는 장소다. 겉과 속이 다른 사람을 빗대어 말할 때 회칠한 무덤 같다고 말한다. 겉으로는 사람에게 옳게 보이되 안으로는 외식과 불법이 가득하고 탐욕과 방탕으로 부패한 사람들에게 경종을 울려주는 말이기도 하다.

돌아오는 길에 트라이시클이라는 택시를 탔다. 오토바이 옆에 한사람이 앉을 정도의 좌석이 있는데 허리를 굽혀야 탈 수 있다. 마당에 도착하니 동네 아이들이 놀러 와 있다. 세수도 제대로 하지 않은 얼굴에 너덜너덜 헤진 옷을 입고 있다. 손과 발을 씻기며 세수를 하고 준비해 간 옷가지들로 갈아입히고 나니 순수하고 말간 얼굴에 반짝반짝 빛나는 눈동자가 더욱 돋보인다. 아이들 마음 판에 예쁘게 새겨줄 사랑노래 "알랑콩 마가가와 앙디오스"를 불러주었다. 이것은 주님께서 네 길을 예비해 주신다는 뜻이다. 그렇게라도 아이들을 위로해 주고 나니 안타까운 마음이 조금 가라앉았다. 바기오 앞바다 석양노을이 붉게 물들고 있다.

인생이 마지막으로 가는 무덤을 생각했다. 내가 죽는다면 나의 묘비에 쓰일 이름은 무엇일까? 잘 먹고 배부르게 살다간 사람일까. 아니면 자신만을 위해 인색한 삶을 산 사람이라고 할까. 아무도 찾아주지 않고 빈 바람만 부는 쓸쓸한 풀밭 무덤일까. 떠난 빈자리를 아쉬워하며 누가 슬퍼하며 울어줄까 곱씹어보는 밤이다.

우리가 살아가는 동안 아무것도 아닌 의미 없는 하루를 사는 사람과 모든 순간을 기적처럼 살아가는 사람이 있다. 인생의 비극은 삶을 살아가는 동안 마음에서 소망을 잃어가는 것이다. "성공한 사람이 아니라 가치 있는 사람이 되라. 오직 남을 위해 산 인생만이 가치 있는 것이다"라고 한 아인슈타인의 마지막 그 말이 파도처럼 밀려온다.

서리꽃이 핀 천년초

억새 바람이 서걱거린다. 눈보라 동장군이 귀밑을 스친다. 계절이 순례하는 길은 질서 정연하게 다가오는데, 이 땅에 사는 생명들은 숨결이 가쁘다. 세찬 바람 속에 겨울나기를 하는 모습이 눈에 띈다. 양지 녘에 로제트형 식물과 함께 천년초가 말라죽은 것처럼 땅바닥에 납작 엎드려 있다. 지열을 흡수하고 불어오는 바람의 찬 기를 피하려는 모습이 역력하다. 몸속에 있는 수분을 밖으로 내보내어 주름이 잡혀 있다. 며칠 전 내린 눈이 소복하게 천년초의 뿌리를 덮고 있다. 잔가시 끝에는 서리꽃이 피어 영롱하다.

겨울이 오면 나무는 앙상하다. 사람처럼 옷도 없고 동물처럼 털도 없는 식물은 추운 겨울을 어떻게 이겨낼까? 대부분의 풀이 겨울에 살아남으려면 남다른 월동장비가 있어야 한다. 얇은 외피와 털로 피층을 보호하며, 내부로는 수분을 몸 밖으로 최대한 배출하고, 수액에 당분 농도를 올려 어는점을 낮춘다. 광합성에 필요한 물 흡수를 억제하려고 엽록체를 파괴시키고, 카르티노이드계와 크산토필의 색소로 잎의 색깔을 바꾸고 있다. 불그죽죽한 색깔과 쭈글쭈글한 모습으로 죽을힘 다해 생명을 이어가고 있다.

　이 시련을 이겨낸 잎 속에 여러 가지 약효를 갖고 있는 천년초는 한반도의 신비한 약초다. 선인장은 사막의 50도 이상의 고온과 영하 40도 이하의 강추위 속에서, 수분이 부족하고 척박한 땅에서도 힘겹게 살아간다. 5월초 무렵이 되면 다시 초록색이 돌면서 수분을 머금고 일어서고, 6월이면 노란 꽃이 피는데 꽃잎 속에 수술 밥이 한가득 담긴 가운데 암술이 앙증맞게 자리 잡고 있다. 잎을 넓게 펼쳐서 고르게 햇빛을 맘껏 받아들일 수 있어 광합성에 유리하다. 겨울을 날 때는 필요한 영양분인 당분이나 당알코올을 가득 저장하여 냉해를 막는다. 이런 영양분 때문에 겨울 채소가 다른 때보다 훨씬 고소하며 달콤한 맛을 낸다. 식이섬유, 칼륨, 항산화 물질이 풍부하고, 사람에게 유익한 물질을 많이 가지고 있어 천 가지 약효를 갖는다고 하여 천년초라 부른다.

　혹독한 겨울의 시련을 이겨내며 종족을 번식시키기 위한 천년초의 생존방식은 남다르다. 다른 식물보다 먼저 햇빛을 받아 싹을 틔우고 꽃을 피워 중매쟁이 벌과 나비를 맞이할 준비를 하고 빠르게 성장해 결실을 얻기 위해서다. 자연을 거스르지 않고 순응하며 지혜롭게 살아가는 강인한 생명력은 놀랍다. 천년을 살아가며 꽃피우는 모습이 경이롭다. 살아가는 모든 것들은 어느 하나도 의미가 없는 것이 없고 그럴만한 이유가 충분히 있다.

　천년초를 바라보고 있는 코끝에 늦바람의 찬기가 다가온다. 남은 생애에 무엇을 버리고 무엇을 내려놓아야 하는가. 그동안 쌓아왔던 삶의 양분들은 어떻게 농축해야 하는가. 겨울을 맞는 인생의 뒤안길을 가만히 들여다본다. 살림살이가 힘들 땐 서로 위로하며 인내를 배웠고, 뜻을 합하여 배려하고 도우며 살았다. 떡 한 조각, 밥 한 그릇도 나누어 먹는 사랑엔 눈시울을 붉히기도 했다. 한 사람의 아픔이 모두에게 고통으로 느껴왔고 작은 일을 마무리하여 오는 즐거움은 가족 모두에게 웃음꽃을 피웠다. 시련 속에 핀 삶의 꽃이요, 향기다.

  내게도 혈기왕성하고 의욕이 활발했던 봄이 있었고, 세상을 향한 꿈을 이루려고 앞뒤를 바라볼 틈 없이 질주하던 여름이 있었다. 알토란같은 자식들을 하나둘씩 짝을 지어 보내는 결실의 기쁨도 있었고, 숨 가쁘게 달려오던 인생의 오르막길을 지나 황혼의 겨울을 맞고 있다. 백 년도 살기 어려운 인생인데 천년을 살 것처럼 살았다. 내 것이 아닌 것을 너무도 애타게 가지려 했던 마음의 부질없음을 깨닫는다. 종은 울리기까지 종이 아니고, 노래도 누군가에게 불리질 때 노래이듯이 맘속에 있는 사랑도 주어야만 사랑이다. 서리꽃 속에서도 오래 참고 견디는 천년초의 고귀한 사랑을 마음속에 품는다.

시그나기에 핀 장미꽃 사랑

물의 나라로 불리는 조지아 카페에 앉아 보르조미 한잔을 시켰다. 러시아의 가수 알라푸카체바(Alla Pugacheva)가 부른 '백만 송이 장미' 노래가 나지막하게 들려온다. 사랑밖에 모르는 바보 같은 남자가 그림 속에 담긴 웃음과 눈물을 팔아 산 백만송이 장미를 그녀에게 전한다는 이야기다. 떠나가는 여인에게 차갑게 버려진 자신의 사랑을 잊지 말아 달라는 순정의 가사가 마음 깊숙이 파고든다.

고희를 맞은 기념으로 네 개의 보석 같은 아이들이 여행을 보내줘 이곳에 왔다. 아내는 아이를 낳고 기르며 살림살이와 가정을 꾸려가느라 곁눈질 한 번 할 새 없이 바쁘게 열심히 살았다. 사랑이란 이름으로 만나 지고지난至苦至難한 세월을 함께했다. 나 또한 직장생활과 대학원 공부하느라 눈코 뜰 새 없이 바쁜 시간을 보내며 반평생을 살았다. 가난을 탓하거나 부자를 부러워할 틈도 없었고, 여유로운 시간을 갖고 여행하기란 더더욱 힘들었다. 이제야 잠시 삶의 호흡을 멈추고 평온한 숨고르기를 한다. 아내의 주름진 손을 가만히 잡아본다. 웅크리고 있던 첫사랑의 뜨거움이 솟아오른다. 꽃다발 선물로 사랑을 고백하면, 고요한 마음이 흔들려 출렁거렸고, 심장이 숨 가쁘게 쿵쾅거렸다. 그 시절 아낌없이 사랑을 주었다. 지그시 다문 입술에서는 아무 말이 없었지만, 마주치는 눈빛이 무엇을 말하는지 전율로 다가왔다. 화려한 프러포즈와 다이아몬드 반지 선물은 없어도 가슴에서 가슴으로 통하는 사랑으로 충분했다. 더 이상 뜨겁지 않으나 뭉근한 군불처럼 오래가는 사랑으로 어디든 아내와 함께 간다.

조지아의 수도 트빌리시는 고즈넉하다. 국민을 품은 조지아의 어머니상이 높은 언덕 위에서 도시 전체를 내려다보고 있다. 벼룩시장을 걷다가 여인의 그림이 있는 액자를 보았다. 예쁜 원피스에 아름다운 꽃을 들고, 한 남자의 사랑을 듬뿍 받는 아리따운 여인의 모습이다. 동화에 나오는 공주처럼 신비롭다. 피카소에게 깊은 영향을 준 니코 피로스마니(Niko Pirosmani)그림이다. 가난한 화가의 첫사랑 이야기는 낭만적이다. 상가의 간판을 그리며 하루하루를 생활하던 피로소마니는 평소 짝사랑하던 아름다운 여배우 마르가리타가 시그나기에 공연하러 온다는 소식을 듣는다. 그는 집과 그림을 팔아서 그녀가 묵는 호텔 앞 광장을 백만 송이 장미로 온통 꽃밭을 만들어 연모의 마음을 표현했다. 화가의 사랑 표현에 감동한 마르가리타는 그와 행복한 시간을 보냈다. 하지만 그녀는 다음 공연장으로 떠나가 버린다. 잠시 화려하게 피었다가 시들어 버리는 꽃만큼이나 허무했지만 자신의 사랑을 표현하기 위해 가진 것 모두를 쏟아부었다. 정열적인 화가, 니코 피로스마니는 푸른색으로 그린 여인처럼 순수한 사람이었다.

  나이가 지긋한 두 사람이 손을 꼭 잡고 시청 출입문을 나서고 있다. 행복한 여생을 보낼 꿈에 부풀어 기쁨의 미소를 짓는다. 이곳은 결혼을 축복하며 기리는 마음으로 시장이 혼인신고를 허락하는 도장을 직접 찍어준다. 복잡한 과정의 시간과 많은 비용을 들이지 않아도 된다. 굳이 결혼식을 하지 않고서도 두 사람의 보금자리를 꾸밀 수 있는 것이다. 그래서 사랑의 만남을 통해 언제라도 새 출발할 수 있는 조지아의 시그나기를 사랑의 도시라고 부른다. 인생 2막의 새로운 꿈을 바라보는 붉은 노을이 저녁 하늘에 걸렸다. 어둑어둑 다가오는 땅거미 속으로 지난 삶의 아픔과 고난의 눈물을 묻었다. 세월이 흘러가고 청춘이 시들어도 아름다운 본향을 갈 때까지 우리 만남을 잊지 않고 살아야지. 인생의 강에 흐르던 생의 기쁨과 감사가 사랑의 도시 시그나기에 머문다.

  피로스마니가 심혈을 기울여 번 재산으로 백만 송이 장미를 사서 프로포즈했던 열정은 세간의 사람들에게 감동을 불러일으킨다. 그는 수많은 꽃 중에 장미꽃을 선택했다. 붉은 장미꽃 색깔은 강렬하여 심장을 고동치게 하지만, 끝내 이루지 못한 그의 사랑이 더 애처롭다. 밤하늘에 별이 쏟아지는 사랑의 도시에서 나도 장미 한 송이를 들고 아내를 향해 세레나데를 불렀다. 빨간 카페트 위로 남은 인생여정의 발걸음을 옮기고, 파란 하늘을 캔버스 삼아 붓을 들어 행복한 그림을 그려본다. 사랑밖에 모르는 바보 같은 시그나기의 밤은 그렇게 깊어갔다.

5 비밀의 정원

쏘가리 아빠
직지인쇄의 비밀
어깨동무 내 친구
품앗이
말의 씨
바람의 빛깔
발로 부는 호루라기
소용돌이 배수구판
아버지의 정원
건배사
돌산도 가는 길
청주성淸州城 안길
인생 로드맵을 그리다

온 몸을 허공중에 띄워 돌고 상모끈으로 둥근 원을 그리는 모습이 흥겹다. 농부가의 장단에 맞춰 아이들도 손을 흔들고, 노인들은 엉덩춤을 실룩거린다. 나도 어깨 춤사위로 로봇춤을 추며 뒤뚱뒤뚱 걸어본다. 멍멍개도 꼬리를 흔들며 따라나선다. 청주성터에 봄이 왔다. 천년을 지켜오던 고목나무에 연한 순이 돋아난다

쏘가리 아빠

어린 아이가 품은 꿈은 저 하늘 은하수 속에 있는 별보다 많고, 바닷가의 모래알처럼 반짝인다. 그들이 좋아하고 잘하는 보석을 찾아내어 빛나게 다듬는 것은 꿀보다 더 단 보람을 느낀다. 찬란한 봄날을 위해 한번 맛보면 절대로 멈출 수 없는 기쁨이 그곳에 있기 때문이다.

전국학생과학전람회 대회를 앞두고 있을 때였다. 따르릉, 한 통의 전화가 왔다. 탐구보고서를 검토하던 막내 연구사가 전화를 받았다.

"교육과학연구원입니다. 무엇을 도와 드릴까요?"

"아! 네 쏘가리 아빠입니다."

한강 상류지역, 충주호의 민물고기 탐사활동에 참여하는 학생의 아버지 목소리다. 분명히 아들인 학생 이름이 있을 텐데 민물고기 이름이 어깨너머로 들리는 것이다. 쏘가리를 탐구하는 충주 고등학생의 집에서 온 전화임이 분명했다. "쏘가리 아빠한테서 온 전화인데요. 어느 분을 바꿔 드릴까요." 담당자를 찾는다. 순간 외부에서 다른 일로 방문하셨던 손님들이 듣고, 모두 까르르 웃음을 터트린다.

나 역시 큰딸이 태어난 후로 '한나 아빠'라고 불렸다. 둘째 셋째가 태어나도 변함이 없다. 기다리고 기다렸던 아들이 태어나도 사람들은 역시 한나 아빠라고 부른다. 부모님이 지어준 내 이름이 분명히 있으나 다음 세대 첫 번째 생명의 주인공 엄마 아빠에게 붙여진 또 다른 이름이다. 직업을 갖고 직위를 얻으면 호칭이 또 달라진다. 이름 대신 성과 직책을 붙여 부른 것은 하는 일이 정체성을 의미하는 것이다. 퇴직을 했지만 여전히 그 이름이 불려진다. 현재 나의 정체성에 맞는 이름은 무엇일까. 계속되는 의문이다.

시인들이 노래하는 이름은 사뭇 다양하다. 윤동주의 '별 헤는 밤', 김소월의 '진달래꽃', 김춘수의 '꽃' 등은 조국과 님에 대한 사랑을 노래하며 작가의 상념을 표현하고 있다. 황순원의 '소나기'는 순정을 그려놓아 지금도 첫사랑의 애틋한 순애보다. '접시꽃 당신'은 아내가 죽고나서, 살아 옷 한 벌 못 해 주고 죽어 베옷 한 벌 해 입혔다는 애절한 이별의 아쉬움을 남겼다. 정치가가 떠나도 이름 뒤에 수상 또는 대통령이라는 명칭이 붙는 것을 보면 어떤 일을 하는가에 따라 표상이 달라지는 것이 뚜렷하다.

결국 그 학생은 '이소종 한국 쏘가리와 중국 북방 쏘가리의 생물학적 차이 탐구'라는 작품으로 전국대회에서 우수상을 수상했다. 아들과 아빠가 쏘가리에 깊이 풍덩 빠진 결과다. 시상식에서 미소를 머금고 바라보는 엄마의 눈빛에 흐뭇함이 뚝뚝 떨어진다. 우리와 마주친 그는 다음과 같이 고백을 했다.

"아직도 우리 집 냉장고에는 쏘가리로 가득해요. 물고기 냄새가 온 집안을 맴돌아요. 아들과 아빠가 모두 쏘가리만 생각하며 살고 있지요. 그런데 내년에도 연구를 계속한다고 하네요."

멈추지 않고 지속적으로 연구하는 모습을 보며 불평하는 것 같으면서도 기쁨 가득한 말투다. 엄마도 역시 쏘가리에 깊이 빠져든 쏘가리 가족임이 분명하다.

쏘가리 매운탕은 민물고기 매운탕 중 으뜸이다. 냄비에 마늘과 파 고춧가루를 넣고 끓이면, 담백하고 얼큰한 맛이 일품이다. 일터에서 돌아온 일꾼들의 식욕을 돋우고 남한강과 금강의 특산물로 강가 어부들의 살림살이를 넉넉하게 해 주기도 한다. 양식을 하고자 하나 먹이가 까다롭기에 용이하지 않다. 아직도 쏘가리 아빠와 아들은 어떻게 하면 많은 사람이 즐겨 먹을 수 있을까 고민을 하고 있다. 쏘가리 매력에 마음을 빼앗긴 부자는 밤낮을 쉬지 않고 탐구 활동에 지칠 줄 모른다.

한강 이남에 살고 있는 쏘가리는 지리적 격리로 독특한 형태와 특성을 갖고 있어 매우 흥미롭다. 누구나 한번 눈을 뜨면, 보이는 세계 속으로 깊이 빠져들게 마련이다. 탐구 활동에 푹 빠진 학생은 한국의 어류학자가 되는 것이 꿈이라고 한다. 어류의 대가로 불리는 교수가 강의하는 대학에서 쏘가리 연구를 계속하고 싶단다. 어떤 일에 몰두해 그것을 사랑하다 보면 자신도 모르게 그 이름이 불려지게 된다. 먼 훗날 젊은 쏘가리 아빠가 되어 있는 미래 그의 모습을 그리며 빙긋 웃어본다.

직지인쇄의 비밀

와우산 자락에 짙은 안개가 솜사탕처럼 내려앉는다. 청주고인쇄박물관을 찾으니 핑크빛 영산홍 꽃들이 반갑게 맞이한다. 이곳은 아주 오래전 고려 우왕 3년 백운화상이 초록한 《불조직지심체요절》을 주자鑄字하고 발간하였던 흥덕사 절터 위에 건립된 곳이다. 우리나라가 세계 최초로 금속활자 인쇄를 창안하여 발전시킨 문화민족임을 알리는 중요한 유산이다.

직지는 "직지심체요절"을 줄여서 부르는 것으로 금속활자 인쇄본 가운데 가장 오래된 책이다. 세계 도서의 해를 기념하는 도서전시회에 출품되어 세계 최고最高로 공인을 받았다. 구텐베르크보다 78년 먼저 완성된 것으로 현존하는 최초의 금속활자라는 문화유산으로서의 가치를 인정받아, 유네스코 세계기록유산으로 지정됐다.

교육과학연구원 연구사 시절, 교사와 학생이 손을 잡고 '유레카'를 외치던 시간이 떠오른다. 그날 학생들과 함께 전시장을 돌아보던 중 《직지심체요절》 인쇄를 살펴보게 되었고, 금속에 잘 달라붙지 않는 먹물을 어떻게 금속활자에 묻혀서 인쇄할 수 있었을까. 궁금증이 생겼다. 순간 금속활자에 먹물을 묻게 한 과학적 원리를 찾아보려는 마음이 생겼다. 그런데 고인쇄박물관에 전시된 인쇄본의 먹물을 분석하려면 시료를 채취해야 하는데 국가 보물이라 접근조차 불가능했다. 인쇄된 글자를 건드려 훼손하면 국보에 손상이 가기 때문이다. 직지인쇄 비밀의 문을 열고 싶었으나 난공불락의 문제에 봉착한 것이다.

조상의 지혜와 통섭의 열쇠를 찾고 싶은 열망이 가득하여 몇날 며칠을 생각하며 해결의 실마리를 찾느라 뜬눈으로 밤을 새웠다. 드디어 물줄기가 또 다른 물길을 만나 새로운 강물 줄기를 만들듯, 간절한 생각이 모아져 기발한 아이디어가 떠올랐다. 인쇄할 때 흘린 아주 작은 먹물 방울이 화선지 여백에 떨어진 것을 찾아보아야겠다 싶었다. 불가능하다고 여기면 절벽이 앞을 가리지만, 할 수 있다고 생각하니 새로운 길이 보였다. 다행히도 화선지에 떨어진 작은 먹물 점을 발견하여 그것을 시료로 채취해 시험해 볼 기회를 얻었다.

종합대학의 첨단기기실에 있는 가스크로마토그래피로 분석한 결과 유지油脂 성분이 들어있음을 알아냈다. 먹물에 기름을 섞어서 금속활자에 묻혀 찍어보았다. 인쇄용지에 글자가 선명하게 찍혔다. 순수 먹물은 금속활자에 잘 달라붙지 못하지만, 기름 성분을 넣은 먹물로 찍어보니 인쇄가 아주 잘 되었다. 하늘을 날아갈 것만 같았다. 아르키메데스가 목욕탕 안에서 부력의 원리를 깨닫고 발가벗은 몸으로 '유레카'를 외치며 뛰어나온 모습과 닮았는지도 모르겠다.

활자란 인쇄에 쓰이는 글자의 모형으로, 다양한 것들을 필요한 만큼 인쇄할 수 있어 인류문화의 정보전달과 대량생산을 가능케 한다. 금속활자 이전의 목활자는 나무에 글자를 하나씩 조각한 다음 글자를 조합해서 한 면을 만들어낸다. 금속활자는 합금으로 주조하여 글자를 만들어 낸 뒤 서로 조합하여 책의 한 면을 만들어 내는 방법이다. 두 가지 다 글자를 만들고 조합해 책의 한 면을 만들어 내는 것 같다고 하겠으나 우리 선조들은 이미 고려시대에 나무에 글자를 조각하던 것을 지나, 구리, 주석, 아연을 적확한 비율로 배합해 활자를 만들어냈으니 얼마나 뛰어난 민족인가. 민족적 자긍심을 가지기에 부족함이 없는 것 같다. 여기에 우리나라는, 세계 최초의 금속활자를 문화유산으로 가진 민족답게 다양한 책을 신속하게 인쇄하여 국가 운영발전과 통합된 사상으로 백성을 이끄는 역할을 하는데 기여했다.

사람과 금속활자 인쇄 기술의 복합 산물인 책에는 사람 사는 이야기, 삶의 지혜, 생활의 철학, 생각이 꽃피는 문화 향기가 있다. 희로애락이 담긴 흔적 속에는 반짝반짝 빛나는 삶의 진리가 담긴 보석들이 어둠을 밝힌다. 민족의 문화유산을 꽃피운 직지 인쇄의 비밀 속에는 조상들의 깊은 통찰력과 통섭의 지혜가 들어있다. 책은 오랜 세월이 지나 색이 바랠지라도 활자에 담긴 의미는 영원히 낡지 않는다.

21세기 한국문화가 세계로 뻗어나가고 있음을 실감하고 있는 오늘이다. 일본에는 겨울연가, 중국에서는 대장금 드라마 열풍으로 문화관광객이 한국으로 몰려오고 있다. 세계의 젊은이들이 K-Pop을 떼창으로 따라 부르고, 한국 전통 음악과 춤에 감동과 전율을 느끼는 모습이 놀랍다. 우리나라의 매운 음식 맛이 유럽의 먹거리 장터에서 인기를 끌고, 음악은 빌보드챠트에서 최상위를 차지하여 한류를 넘어 코리아니즘(Korenism) 시대를 열어가고 있다. 또한 화장품, 애니메이션, 패션 등 다양한 장르에서도 세계의 지지를 받고, 세계인들의 정신문화를 이끄는 문예부흥의 길을 열고 있음은 참으로 놀라운 일이다.

지난 1천 년 동안 있었던 사건 가운데 인류에게 가장 큰 영향력을 행사한 100대 사건 중, 1위를 차지한 것이 금속활자 발명이었다고 한다. 우리나라가 6·25후 최빈국에서 지금처럼 선진국으로 비상할 수 있었던 데에는 직지인쇄의 비밀을 찾음과 선조의 뿌리 깊은 문화유산이 있었기 때문에 가능했던 것이리라. 그런데 안타깝게도 우리 조상들의 꿈과 염원이 담겨있는 소중한 직지가 역사적 환란으로 온전히 보존되지 못했다. 남의 나라 도서관 귀퉁이에서 의미 없이 먼지에 뒤덮여 있다는 생각에 가슴이 먹먹해진다. 아직도 돌아오지 못하고 있는 현실이 안타깝다. 그래도 우리 것을 찾아와야 한다. 지혜를 모아 묘수를 생각해 이곳 청주고인쇄박물관으로 조속히 돌아오길 간절히 소망한다.

어깨동무 내 친구

한 가정의 엄마 아빠는 아이들이 눈과 비를 피할 수 있는 안락한 지붕이다. 지붕이 날아가면 그 안에 사는 사람들은 그 어떤 것도 피할 길이 없다. 도시와 농촌의 중간지역 학교에는 결손가정, 조손가정 아이들이 꽤 많다. 대부분 기가 죽어 있고 좀처럼 자기표현을 잘 하지 않는다. 학교생활기록부를 보면 편모, 편부 슬하에 있거나 조부, 조모와 함께 사는 것을 쉽게 발견할 수 있다. 처음엔 아버지가 혹은 어머니가 일찍 돌아가셨나 보다 생각했는데, 부모의 이혼으로 아픔과 갈등을 겪고 난 후 할머니 할아버지와 살고 있는 조손가정이 대부분이었다.

교육과학연구원에 있을 때 만난 어린 친구가 생각난다. 초·중·고 학생들이 일상 생활부문과 과학완구 분야에서 창의적인 아이디어로 새로운 발명품을 만들어 전시회를 갖고, 우수작품은 전국대회에 출품한다. 그 아이는 초등학교에서 소위 열등생 그룹에 속했다. 부모의 이혼으로 할머니와 함께 살고 있다. 평소 말이 적은 데다 친구도 별로 사귀지 못하며 소심한 성격으로 학교생활 하기가 쉽지 않았다. 집에 돌아와도 이야기할 사람이 없어 텔레비전이나 만화를 보면서 시간을 보내곤 했다. 가끔 멀리 떨어져 있는 엄마가 아이에게 인터넷을 통해 택배로 피자를 보내주었다. 피자조각을 나누어 먹은 후 종이 케이스를 쓰레기통에 버리려는데 너무 커서 잘 들어가지 않았다. 어떻게 하면 작게 만들 수 있는가를 궁리하던 끝에 접을 수 있는 피자 케이스를 생각해냈다. 그리고 그 반짝이는 아이디어로 만든 발명품을 전국대회에 출품하게 되었다.

　연구원에서는 전국대회에 참가하는 학생작품의 발표력 신장을 지도하기 위해 컨설팅시간을 갖는다. 처음엔 컨설팅위원이 질문을 하면 얼굴을 붉히며 고개를 숙인 채 아무 답도 못 하던 아이였다. 부모의 사랑과 인정을 받지 못하고 자라서인지 자신감이 없어, 눈 한번 제대로 맞추지 못했다. 답답했지만 더듬더듬 말하는 학생의 발표력을 격려해 주고, 발명품이 발전되어가는 모습을 칭찬해 주었다. 시간이 흐를수록 컨설턴트로 온 대학교수들이 질문해도 막힘 없이 술술 답변할 정도로 익숙해져 갔다. 만남이 거듭되면서 그 학생은 자기 자신을 사랑하는 마음과 자신도 할 수 있다는 자신감을 갖게 되었다. 컨설팅 시간에 열심히 참여하는 아이가 기특해서 머리를 쓰다듬어 주었더니, 학생은 내 허리를 덥석 끌어안았다. 내 얼굴을 힐끗 쳐다보면서 빙긋이 웃는 모습이 늦둥이 아들 보듯 귀여웠다. 컨설팅을 받으러 올 때마다 "어깨동무 내 친구? 작품 잘 진행되고 있나?" 하면, 신이 나서 네에! 반가운 목소리로 대답을 한다. 잠시 화장실 간 사이 안 보이면 "내 친구 어디 갔지?" 하며 서로를 찾았고, 어느새 스스럼없이 함께 어깨동무를 할 정도의 사이가 되었다.

어느 날 학생의 지도교사는 수업시간에 있었던 이야기를 들려주었다. 국어 수업시간에 '누가 발표해 볼 사람?' 하고 물었을 때 아무도 손을 들지 않았는데, 그가 손을 번쩍 들었다. "저요!" 그리고 옆 친구를 돌아보면서 말했다. "나, 발표 잘해!" 학교 수업에서도 학생의 자신감이 나타난 것이다. 늘 기가 죽어있고 자신 없어 하며, 먼저 나서서 발표하겠다고 말을 하지 못하고 교과 성적도 좋지 않은 학생이었다. 선생님은 너무 기뻐하면서 이런 대회야말로 학생들의 자신감을 북돋워주고 학생들에게 행복을 찾아주는 대회라고 말했다.

난독증이 있어 친구가 적으며 수줍음이 많았던 스티븐 스필버그가 쥬라기공원, 죠스, ET 등 많은 작품을 만들어 세계적인 영화감독으로 성공한 것은 자상한 아버지와의 추억과 낙천적이고 긍정적인 어머니가 꿈을 심어 주었기 때문이다. 재능과 호기심을 키워 주는 참 스승이 작은 아이를 큰 인물로 만든 것이다. 부모가 이별하고 떠나면, 아이는 세상에 대한 두려움에 희망과 자신감마저 무너져 버린다.

학생이 어깨동무를 한 채 작은 소리로 "항상 격려하고, 칭찬 해주셔서 감사합니다." 속삭였다. "축하한다는 소리를 자주 듣게 되었는데 이것도 제가 자신감을 키워서인 것 같아요." 하면서 인사를 한다. 그 말에 연구원 식구들은 울타리를 쳐주는 교육봉사에 보람을 공유할 수 있었다. 그래 손잡고 가자, 같이 가면 백 리 길도 십리 된다. 어깨동무하고 비바람 맞아가며 함께 걷는 거다.

품앗이

 장맛비가 처마 끝에서 여름소리를 낸다. 비가 오는 날이면, 대청마루에서 퉁소를 부시던 아버지가 생각난다. 구슬픈 음률의 구성진 노랫가락은 어린 마음에 말할 수 없는 느낌이 파도처럼 밀려들어 왔다. 농사일로 시달린 굳은살이 마디마다 박혀있고, 이마의 굵은 주름은 세월의 인고로 검붉게 물든 아버지의 모습이다. 밭일은 하룻밤만 자고 나면 사람의 발이 묻힐 정도로 자라는 풀과의 전쟁을 이겨내야만 한다. 해가 뜨기 전부터 밤늦도록 잠시 허리 한번 펼 틈조차 주지 않는 바쁨이 등을 땅으로 굽게 만든다.
 비가 오거나 눈이 오는 것을 사람의 힘으로 어떻게 조절할 수 있을까. 홍수는 농토와 마을을 흙탕물로 잠기게 하고, 식물을 쓰러뜨려 잎들을 녹인다. 가뭄은 경작지를 황폐화하여 기근을 가져다준다. 농촌의 풍년과 흉년은 하늘의 물바다에 달려있다. 자연이 혜택을 주었을 때는 마을이 번창했고, 자연이 가져가면 가난의 설움을 맛보아야만 한다.
 할아버지는 삼형제였고, 큰할아버지가 노름을 좋아하는 바람에 집안의 땅과 집까지 모두 팔아치워 버렸다. 졸지에 아버지는 알거지가 되어 이웃집 밥을 얻어먹고 살아야 하는 어려움을 겪었다. 어린 나이에 동네 부잣집 머슴살이를 시작했다. 학교는 언감생심이었고, 소꼴을 베고, 추수한 곡식과 땔감나무 짐들은 지게를 지고 날랐다. 아버지는 가난의 설움으로 한이 맺혔다. 바싹 마른 몸으로 산더미처럼 쌓인 집안일과 농사일들을 하루도 쉬지 못하고 감당해야만 한 힘든 세월을 살아내신 아버지다.

시골에서는 품앗이로 일손을 서로 나누고 산다. 소는 소로 사람은 사람이 하는 일로 품을 사고 갚아야 한다. 소가 없는 아버지는 이웃집 소를 한번 쓰고 나면 그 집에 가서 이틀 동안 일을 해주어야 했다. 이웃집 일들은 내 것보다 더 꼼꼼하게 챙겼고, 해가 지기 전에 힘든 일을 모두 해내느라 구슬땀을 흘렸다. 얼마나 힘이 들었는지 저녁에 돌아오시면 살이 떨리고 뼈가 운다고 말씀하셨다. 그래도 품앗이한 값으로 새경을 받아 잃어버린 땅을 조금씩 조금씩 다시 찾으셨다.

품앗이로 일하는 경우는 매우 다양하다. 논·밭갈이, 씨앗 파종, 김매기, 가을추수와 같은 일들이다. 어머니는 삯바느질, 잔칫집에서 음식을 만드는 일, 남자들의 노동력이 부족할 때는 논밭의 김매기까지 감당하는 품앗이 일을 하셨다. 도움을 받으면 반드시 '품갚음'을 해야 하는 품앗이는 단순히 품의 교환이기보다는 서로 돕는 나눔의 공동체성 유대감이 강하다. 마른 빨래를 두드리며 펴는 다듬이질로 여름밤에는 정겨운 장단을 맞추며 세월을 이고지고 사셨다.

　독신인 아버지가 논·밭일을 품앗이로 감당하기엔 늘 시간과 일손이 부족했다. 이른 새벽에는 밭농사를 살피고, 새벽과 늦은 밤에는 물고를 열고 닫으며 벼농사를 지어야 했기 때문이다. 가뭄이 들면 기우제를 지내며 하늘을 쳐다보고 기다려야만 한다. 강바닥이 뭍으로 드러나면 인심도 마르고 이웃 간의 품앗이 정도 싸늘해진다. 어느 해 풍부한 물이 공급된 때는 식량이 남아돌고 흥겨운 풍류가락으로 마을 잔치를 꽃피우며 인심도 좋다. 하여 인심은 곳간에서 나온다고 했는가 보다.

　두 형님이 장성하면서 아버지는 조금씩 허리를 펼 수 있었다. 살림살이도 나아졌고, 집안 일손들이 서로 비슷하여 품앗이도 순조롭게 할 수 있었다. 품앗이는 시기와 계절을 가리지 않고 일의 종류에도 관계가 없다. 농가에서 가정의 힘만으로 노동력을 감당하기 어려울 때는 수시로 품앗이를 나눈다. 이웃 간에 일손으로 맺어진 공동체적인 삶이 '나'라는 개인보다는 '우리'라는 삶을 우선시하는 마음이 깊게 자리를 잡는 농촌살이다.

　품앗이는 도움을 도움으로 서로 갚는 거다. 마을에서는 힘든 일을 하는 일군들을 돕기 위해 농악대, 농부가, 행여가, 권주가, 풍물 등 전통 민속축제의 장이 펼쳐진다. 일하기 어려운 한여름에는 장기자랑, 춤과 민요, 씨름 등 민속경기로 고달픔을 달래기도 했다. 이제는 품앗이 자체가 사라졌다. 아르바이트 개념으로 제자리를 잃고 정겨운 나눔이 사라지고 있어 아쉬움이 크다. 노동에 따른

품팔이 고용으로 보편화 되어 이익추구적인 면이 강해져 버렸다. 그나마 인륜대사人倫大事로 일컬어지는 관혼상제冠婚喪祭 때, 서로 돕는 미풍으로 남아있다는 것만으로도 다행이다. 아버지가 농사짓던 품앗이의 정겨운 인심은 언제 또 다시 볼 수 있을까.

말의 씨

말이 내 속에 있을 때는 내가 말을 다스리지만, 말이 입 밖으로 나가면 그 말이 나를 지배한다. 그래서 '생각이 행동을 지배하고 행동은 인품을 만든다.'고 한다. 생각이 떠오른다는 것은 무엇인가 할 수 있는 가능성이 있다는 것이다. 이루어질 수 없는 것은 생각조차 하지 않는다. 생각이 말로 표현되면 그것이 신념으로 바뀌고 나를 이끌어가는 견인차 역할을 한다. 세 치 혀로 사람을 죽일 수 있지만 말 한마디로 살리기도 한다. 그 사람의 심성이 얼굴 표정과 말씨 그리고 몸짓에서 묻어나온다. 그렇듯 말이 씨가 되어 결실을 맺게 된다는 기대감이 있다.

연구원에서 건배사에 얽혀 있던 이야기가 생각난다. 전국학생과학전람회와 학생과학발명품경진대회를 준비하던 연구사들의 회식자리에서 건배 제의를 받았다. 무엇을 할까 망설이다가 문득 떠오르는 생각과 기대감으로 "대통령상" 하며 건배를 했다. 그런데 갑자기 회식자리가 조용해진다. 부담스러웠던 모양이다. 충북과학교육 50년 동안 땀 흘리며 바라고 열심히 일해 왔지만 이루지 못했던 일이다. 충북에서 대통령상이 나온다는 바람이 어처구니가 없다는 듯 피식 웃는다. 이렇게 멋쩍은 분위기는 처음이다. 그래도 나는 말의 씨앗을 던졌다.

기적이 일어났다. 그해 대통령상과 국무총리상이 충북으로 쏟아졌다. 이게 웬일인가. '봉사가 코끼리 뒷다리 잡듯 재수가 좋아서 생긴 일 아닌가?' 생각하는 사람도 있었다. 그런데 다음 해 또 기적이 일어났고, 5년간 지속되는 상복이 터졌다. 말이 씨앗이 되는 것을 체험한 직원들이 올해는 어떤 건배사가 나올까 사뭇 기다리는 눈치다.

중·고등학교 학생들의 수학과학경시대회가 도내 전체학생을 대상으로 시작하는 날이다. 아침 식사를 마치고 출근하려는데 하늘에 먹구름이 잔뜩 몰려온다. 일기예보는 비가 온다고 구름과 우산 표시로 알려준다. 작은 가랑비 방울이 조끔씩 떨어지고 있다.

"현수막을 어떻게 할까요"

직원이 묻는다. 하늘의 비 보따리를 잠시 묶어 볼 테니 현수막을 걸어 보라고 했다. 빗방울이 떨어지는데 걸어요? 하며 담당 연구사의 걱정이 크다. 말이 씨가 된다는 신념이 있었지만 '이렇게 장담하다가 비가 오면 얼마나 또 망신스러울까?' 조금 염려도 됐다. 현수막을 걸었을 때 빗물이 떨어지면, 글씨가 번져 우스꽝스럽게 되기 십상이다. 다행히도 하늘의 물 보따리가 참아주었다. 오전에 대회가 끝나자마자 소낙비가 쫘악 내린다. 창문 밖으로 흘러내리는 빗줄기를 보고 잠시 기다려 준 고마운 날씨에 안도하며 하늘에 감사했다.

　화려한 백수로 문학에 심취하다 결국 글 바람이 난 어느 날, 아침밥을 먹으면서 아내에게 말 폭탄을 던졌다.

　"올해 내가 일 한번 낼 거야" 말했더니, 빙긋이 웃는다. 믿지 못하겠다는 반응이 이해가 안 되는 것은 아니다. 갓 태어난 아기가 아장아장 걸으며 팔뚝을 올리고 힘센 청년에게 팔씨름하자 덤비는 격이다. 글쓰기를 시작하고 배운지 얼마 되지 않은 때였다. 하지만 입 밖으로 뱉어진 말은 씨앗이 되어 나를 움직였다. 셋째 딸 예비 사돈과 만나는 날과 전국소월백일장대회 날이 겹쳐졌다. 아내는 "여보! 넘볼 것을 넘봐요. 실력을 갖춘 다음 나중에 하세요." 한다. 포기를 권면하면서 사돈과의 만남을 적극 추진한다. 그러나 내 마음속에서 싹트는 열정은 멈출 수가 없었다.

　오월, 소녀처럼 마음을 졸이며 서울 동작동 국립현충원을 찾았다. 전국에서 참가한 학생들과 일반인들이 수백 명 모였다. 철부지 아이처럼 두근거리는 심장을 쓰담고 있었다. 새한국문학회 이사장님의 대회사가 끝나고 시제가 펼쳐진다. 아버지, 물, 젖은 손, 노인이다. 원고지를 바닥에 놓고 무엇으로 할까 망설였다. 말없이 몸짓으로 표현했던 아버지 사랑이 생각났다. 글 제목을 아버지의 강으로 정하고 써 내려갔다. 점심식사 시간도 잊은 채 떨리는 가슴을 부여잡고 끝말을 맺었다. 고속버스를 타고 청주로 내려오는 내내 가슴이 콩닥거리고 정신은 아득해진다.

　보훈의 달 6월 5일 소식이 왔다. 대학·일반부 산문부문에서 대상으로 입상되었다는 것이다. 아내는 입을 벌린 채 눈을 동그랗게 뜨고는 "헉!" 소리를 낸다. 아이들은 "아빠가 대상? 이게 웬 경사요!" 믿기지 않는 모양이다. 글 바람 난 남자가 결국 일을 저지르고 만 것이다. 마지막 글귀가 떠오른다. "오늘도 보고 싶어 불러보고 그리워서 또 눈물 짓는다. 받은 사랑 다시 자식에게 주는 내리사랑은 그렇게 아버지의 강이 되어 흐르고 또 흘러간다." 무심코 내뱉은 그 한마디가 씨앗이 된 거다. 뱉어진 말은 나를 또다시 이끌어간다.

바람의 빛깔

비 갠 하늘이 유난히 눈부시다. 초록으로 물든 여름이 가슴으로 밀려온다. 오늘은 그녀와 여행을 떠나는 날이다. 만남의 약속은 맥박수를 높이고, 호흡이 가빠진 숨결은 목젖을 두드린다. 칠순을 지난 노인과 서른 살 젊은 여인의 여행이다. 심장이 고동친다. 아내도 아니고 애인도 아닌 사랑이와 떠나는 나들이다. 온통 영혼을 빼앗길 것처럼 열망이 쏟아지고, 설렘이 하늘 끝까지 치솟는다.

"둘도 많다 하나만 낳아서 잘 기르자. 잘 키운 딸 하나 열 아들 부럽지 않다"고 할 때, 우리 집은 딸 셋을 두었다. 딸 부잣집 막내딸을 하나님이 주신 아름다운 은혜라고 사랑이라 불렀다. 그 딸이 시집을 가 딸 둘을 낳았다. 이것도 제 엄마를 닮았나 보다. 산고의 고초를 겪고 육아에 지친 사랑이가 아빠와 바닷가로 여행을 떠나자고 한다.

바람이 분다. 그 바람은 겨울에 눈꽃송이로 하얗게 세상을 덮지만, 봄바람은 연분홍 꽃 색깔로 반가운 소식을 전한다. 태양이 작열하는 여름엔 붉은 장미의 정열과 사랑을 남겨주고 세상을 초록으로 색칠한다. 가을바람은 익어가는 열매들을 황금색으로 물들이고 겨울을 맞는 단풍으로 마음을 붉게 물들인다. 사계절의 바람은 쌀쌀한 고난과 따뜻한 사랑, 시원한 낭만과 반가운 소망의 물감으로 수채화를 그린다. 빨강, 파랑, 노랑색이 바람결에 숨어 있는 바람의 빛깔이다.

 시원한 바람을 맞으며 마음의 눈을 떠보면 세상이 새롭게 보인다. 딸과 함께 노래를 불렀다. "산에 피어도 꽃이고 들에 피어도 꽃이고, 아무 곳이나 생긴 대로 피고 이름 없이 몰래 피어도 모두가 꽃이야."라는 사실이 그렇게 좋다. 그 눈으로 세상을 보면, 존재의 행복을 느낀다. 노을이 바닷물 속으로 떨어지는 해변을 사랑이와 손잡고 걸었다. 언제 즐거웠고, 어느 때 슬펐으며, 무엇이 섭섭한 마음을 갖게 했는지 지나온 추억들을 떠올리며 살아낸 이야기 발자국들을 백사장에 늘어놓았다.

 전에 내가 해준 닭볶음탕 이야기를 딸이 꺼낸다. 다리가 팔뚝만 하고 모래주머니가 사과만한 것이 통통하게 살이 찐 닭으로 딸을 위해 요리했다. 양파와 감자를 썰어 냄비 바닥에 깔고, 그 위에 뜨거운 물에 데친 닭고기를 올려놓고 고추장, 마늘과 고춧가루로 양념을 만들어 부었다. 보글보글 끓는 소리와 냄새가 군침을 돋운다. 대파와 청양고추를 썰어 고기 위에 얹혀 놓고는 약한 불로 국물을 졸였다. 구수한 냄새가 방안에 진동하자 사랑이가 코를 킁킁거리며 식탁으로 왔다. 김이 모락모락 나는 밥 한 숟갈을 떠서 입에 넣고 닭고기를 씹는 순간, 이마를 찌푸린다. 아무리 씹어도 씹혀지질 않아 목으로 넘기지 못하고 있다. 국물은 맛있는데 고기는 고무 타이어처럼 질겼다. 알고 보니 그것은 오래 묵은 폐계廢鷄였다. 수저를 놓고 멍하니 입맛만 다시는 그림의 떡이었던 추억을 떠올리며 우리는 한바탕 웃음을 터트렸다.

  구구단을 외우지 못해 엄마에게 꾸중 듣고 나서, 구단의 특징을 역발상으로 살펴본 후 원리를 이해하며 함께 외웠던 순간, 유레카의 기쁨을 느꼈단다. 수시로 대학에 합격했을 때가 어느 순간보다 감격과 스릴이 있었고, 늦둥이 아들과 말다툼을 하는데 막내 편을 들면서 누나가 이해하라고만 할 때 너무 속상했단다. 아빠가 심근경색으로 병원에 갔을 때는 세상이 무너지는 것 같았다면서 눈시울을 적신다. 지나온 이야기를 들으며 맨발로 해변의 모래밭을 걷고 또 걸었다. 뒤를 돌아보니 하얗게 부서지는 물거품이 우리의 발자국을 고운 모래로 말갛게 덮어버렸다.

  저녁식사는 꽃게장 정식을 먹었다. 양념게장과 간장게장이 나오는데 무한 리필이다. 신선하고 고소한 맛이 혀를 사로잡는다. 게장은 밥도둑이라더니 세 접시를 모두 비웠다. 만족스런 식사를 마친 후 두 손녀를 돌보는 사위에게 전화를 걸었다. 애기들 보느라 힘들지? "네. 힘들어요. 그런데 사랑이는 매일 하는 일인 걸요." 전화기 너머로 나지막한 목소리가 들린다. 장인과 아내의 로드맵 여행을 위해 뒤에서 애쓰는 모습이 믿음직스럽고 젊은 그들의 사랑이 아름답다. 자녀가 행복하게 살아가는 모습을 바라보는 아비의 마음은 눈물 젖은 감사로 흠뻑 차오른다.

육아휴직이 끝나면, 사랑이는 직장에 복귀해야 한다. 대학전공과 다른 일을 하는 사랑이에게 평생 짊어지고 갈 일이 무엇인지 청사진을 그려보자고 했다. 취미가 무엇이 있는가 물었더니 딱히 없단다. 그저 주어진 인생 수레바퀴 속에서 성실하게 살다보니 여유가 없었던 모양이다. 고개를 갸우뚱하며 로드맵을 적어가더니 자신도 놀라는 것 같다. 인생 여백의 그림을 채울 수 있는 붓이 없다면 삭막한 일이다. 쉼이 행복하고 소꿉장난이 즐겁다면, 생의 결이 더욱 빛나니 하고 싶은 일을 맘껏 해보라고 했다. 갯바람이 분다. 세상을 다시 살아야 한다. 산다는 건 멋진 거다. 바람의 빛깔로 세상을 바라보고 좋아하는 일에 마음을 속삭이며 걷는다. 바위틈에 숨어 있던 게들도 따라나선다.

'아빠와의 여행을 한 단어로 표현하면 어떤 것 같아?' 물었더니 오래된 나의 보물 상자 같단다. 시간이 지나도 켜켜이 쌓인 그 소중한 것들을 모아 오래 간직하며 두고두고 보고 싶을 만큼 알콩달콩한 시간이었다. 시집간 딸과 둘만이 갖는 시간 속에서 인생 항해를 새롭게 시작하는 모습을 찾았다. 미래의 꿈을 꾸면 열정이 피어나고, 삶의 활력은 불꽃처럼 일어난다. 밤늦도록 늘어놓은 이야기들을 갯벌에 묻어 두고 떠나는 딸의 검은 눈동자가 윤슬처럼 반짝인다.

발로 부는 호루라기

그해 여름은 몹시 더웠다. 고목나무에 붙은 매미가 요란하게 운다. 등골에는 땀이 흐르고, 아랫배가 뻐근하게 저려왔다. 온종일 책상에 쌓인 서류를 정리하느라 잠시 화장실 갈 시간이 없었다. 먼 산을 넋 놓고 바라보고 있는데 수석연구사가 노크를 하고 웃으며 들어오는 폼이 반가운 소식을 들고 온 것 같은 예감이 들었다. 전국과학전람회와 전국학생과학발명품대회에 출품한 결과를 기다리고 있던 참이었다. 대전국립과학관에서 내일 과천의 과학기술부 브리핑 준비를 하러 오라는 소식이 왔다는 것이다. 그것은 대통령상 수상작이 충북에서 나왔음을 알려주는 거다. 순간 꺄악 소리를 지르며 두 손을 잡고 춤추듯 기뻐했다. 충청북도교육청에서 50년 만에 이룬 기적이다.

충북과학전람회 역사 가운데 새로운 쾌거를 이루어 낸 것이다. 가슴 벅찬 기쁨을 억누를 수 없다. 그동안 교육환경과 경제적인 상황을 고려해 볼 때 충북은 타 시도에 비해 낙후된 편이다. 서울과 경기도에 비해 교육예산이나 학생 수가 현저하게 적고, 인적·물적

자원이 부족한 실정이다. 뱁새가 황새를 쫓아갈 수 없는 격이다. 이러한 상황에서 전국 최고의 작품 대통령상이 나왔다는 것을 무엇으로 설명할 수 있을까.

수석연구사와 인연은 참 끈끈한 만남이다. 해양생물표본 전시회 준비를 위해 돌산도 채집활동에 함께 갔고, 비너스호를 타고 한려수도를 지나 부산에 도착하여 점심을 먹었다. 식중독이 걸려 눈물콧물 범벅이 되어 토하고 있는 그 때 내 등을 두드려 준 여학생이기도 했다. 제천 백운중학교에서 근무하고 있을 무렵, 제천여고 교무부장을 하고 있던 선생님을 불러 칼국수를 사주었다. 전문직 시험을 보라고 권면했더니 나이가 많아서 힘들다고 사양한다. 삼고초려三顧草廬라고 세 번이나 박달재 고개를 넘어오게 하여 칼만두를 사주고 내 마지막 소원이라며 강권했다. 그렇게 이어진 인연으로 한 직장에서 다시 만났으니 눈짓 하나에도 서로의 심중을 알 정도로 손발이 척척 잘 맞는다. 이 기적 같은 소식을 듣고 온 그녀가 감격하여 울고 서 있는 것이다. 말없이 다가가 등을 두드려 주며 "수고했다, 정말 고생했다" 격려의 말로 기쁨을 함께 나누었다. 너무 슬픈 일을 만나면 허허 웃지만 큰 기쁨에는 한없이 눈물이 나오는 것은 왜 일까?

수상작은 '발로 부는 호루라기'였다. 입으로 부는 것이 마땅한 호루라기를 왜 발로 불어야 할까. 많은 사람들에게 궁금증을 갖게 했다. 이것을 발명한 초등학생은 학교 등굣길 횡단보도 앞에 서서 아이들이 다칠세라 교통지도를 하는 녹색어머니를 보았다. 눈비가 내리는 날, 한손으로 우산을 들고 또 다른 한 손은 깃발을 든 채 호루라기까지 조절하는 모습이 너무도 안타까워 보였다. 발로 불게 하면 얼마나 좋을까? 생각하여 만든 것이 바로 발로 부는 호루라기다. 효심 어린 발명품의 감동과 기발한 아이디어로 심사 위원에게 인정을 받은 것이다.

바이 코리아(buy korea)를 외치며 회사와 공공기관이 합병되어 서럽고 한 맺힌 울분을 삭이고 있을 때였다. 우리나라가 빚더미에 쌓여 국가 부도를 맞고 기업과 땅이 외국에 팔렸다. 국가운명이 풍전등화처럼 불안하여 암울한 시간을 보냈었다. 월드컵축구가 세계 4강을 올라가는 동안 골을 넣으면, 남녀노소가 따로 없이 서로 끌어안고 얼씨구 절씨구 너무 좋아 기뻐했다. 아파트에서 함성을 외치면 지다가던 멍멍개도 함께 짖었다. 동네마다 꽹과리와 북을 치며, 이 골목 저 골목에서 모두 나와 노래를 불렀다. 나라를 되찾은 광복절의 기쁨처럼 모두가 함께 기뻐했다.

그날 같은 감격이 오늘 이 자리에 웃음꽃으로 펼쳐진 것이다. 모두가 상기된 얼굴에 심장이 뛰는 고동소리를 들으며 마음을 진정하려는 모습이 역력하다.

자축하는 의미로 오늘 '하늘물빛정원으로 갑시다.' 했다 모두가 박수를 치며 즐거워한다. 열대 식물원이 있고 장미와 나리꽃 냄새가 코를 실룩거리게 만들었다. 공작 단풍나무의 아름다운 색채와 호수에 비쳐오는 산그림자에 감탄사가 절로 나왔다. 작은 호수 속에 아름다운 정원이 춤추고 있고, 하늘에 떠가는 구름이 호수 속에 잠길 때는 강태공처럼 뛰어들고 싶은 심정이다. 핑크빛 뮬리길을 걷다가 울다가 또 그렇게 웃었다. 형형색색 조명이 물가에 비치는 야경은 정말 이국적이다. 우리들 만남 속에 슬픔을 나누면 슬픔이 반으로 줄고 기쁨을 나누면 그것이 두 배로 커진다. 이것이 행복 나눔의 비밀이요 경쾌한 삶의 행진곡이다. 머들령에서 3초 구이로 유명한 장어와 삼겹살을 먹으며 그동안 쌓였던 회포를 씻었다. 대통령상을 만든 이 멤버 영원히 잊지 말자라는 뜻으로 건배사를 했다. 이 멤버(member) 리멤버(Remember) 선창을 하면, 모두가 포에버(Forever)합창을 한다. 거품이 이는 맥주로 브라보를 외치며 서로 위로와 격려하는 모습은 하늘물빛정원 속에 또 하나의 그림을 그려 놓았다.

---

*삼고초려三顧草廬 : 인재를 맞아들이기 위하여 참을성 있게 노력함. 국 삼국시대에, 촉한의 유비가 난양南陽에 은거하고 있던 제갈량의 초옥으로 세 번이나 찾아갔다는 데서 유래한다

소용돌이 배수구판

 그해 여름은 유난히 소나기가 많이 쏟아졌다. 편서풍 바람은 불어오고 휘몰아치는 빗방울이 창문을 두드린다. 잠에서 깬 학생은 화장실 세면대에 물을 받아놓고 세수를 했다. 배수판을 누르니 물이 빠져나가는데 소용돌이치며 나가는 것을 발견했다. 씽크대에서 설거지를 한 후 물을 배수할 때도 역시 소용돌이 현상을 관찰했다. 아침밥을 지으려고 쌀을 꺼낼 때도 쌀통 안에서 작은 쌀알이 시계 방향으로 돌면서 나가는 모양이 보였다. 왜 돌면서 나갈까? 물체가 부딪치는 마찰력 때문인가. 지구가 자전하는 코리올리 효과인가. 의문이 꼬리를 물고 일어난다.
 그때부터 제자는 배수구판의 모양과 원리를 관찰하기 시작했다. 일자형, 직사각형, 기역자형 등 다양한 모양을 하고 있음을 발견했다. 배수구판이 어떤 모양일 때 물이 빨리 많이 빠져나가는지 시간을 측정해 보았다. 별 모양, 정사각형, 직사각형, 원형으로 구멍을 뚫어 비교 하였더니 원형이 가장 빨리 배수되었다. 소용돌이 각도를 20도, 30도, 45도, 60도로 배수구판을 만들어 실험을 해보니

45도일 때가 가장 빨리 배수가 된다. 도심에 홍수가 나서 하수구에서 물이 잘 배수되지 않을 때, 가옥이 침수되고, 도로가 막혀 차량들이 물에 잠기는 사태가 종종 벌어진다. 새롭게 만들어진 배수구판을 활용하면 홍수 피해를 줄이는데 효과적일 것이라 예상되었다. 결국 학생이 만든 발명품은 한국 발명진흥회에서 주관하는 대한민국발명품전시회에 출품하여 금상을 받게 되었다. 상금과 함께 보너스로 미국 선진지 시찰단으로 워싱턴과학관과 항공우주센터(NASA), 스미소니언 자연사박물관과 미국발명특허청을 방문했다.

이 아이디어로 상을 받은 학생은 과학에 남다른 흥미를 갖게 되었다. 일상생활에서 불편을 느끼는 것이 있다면, 깊은 사색과 해결하려는 탐구 의욕이 불같이 일어났다. 어떤 사실들의 문제점을 바라보고 가설을 세우며 대조군을 설정하고, 실험을 통한 확인과 결과를 유추하는 과학자의 탐구심이 쌓여 분석과 종합하는 능력이 날로 더해만 갔다. 학생 아버지는 다양한 공구까지 사주며 격려해 주었다. 발명 일지를 만들며 새롭게 만들어가는 재미가 학생을 신바람 나게 한 것이다. 결국 그는 고려대학교 공대로 진학하여 꿈을 이루어 갔다.

대학을 졸업한 후, 국내 굵직한 기업체에 취업하여 직장생활을 하다가 군에 입대하고 병역의무를 잘 마쳤다. 그렇게 세월이 흐른 30대 초반에 사랑스러운 여인을 만나 결혼했다. 신혼여행을 해외로 다녀와서 부모님과 할머니에게 인사를 해야 했지만, 중학교 과학 선생님을 먼저 찾았다. 자신의 인생 터닝포인트가 된 것에 감사를 드리고 싶었던 모양이다.

그동안 얼굴이 어떻게 변했을까 궁금했다. 공군사관학교 근처 전원주택에 산다고 한다. 저녁을 초대받아서 보내준 주소를 내비게이션에 입력하고 찾아갔다. 부모님이 반갑게 우리 부부를 맞이해 주었고, 신혼부부는 대문 밖까지 마중을 나와 서 있었다. 의젓한 청년으로 자라서 사회의 일꾼 된 모습이 대견스럽기만 했다.

방으로 들어가 보니 진수성찬을 준비해 놓고 기다리는 것이 아닌가. 정성스럽게 준비한 음식은 달콤새콤한 맛으로 혀를 놀라게 한다. 자녀가 잘 자라서 사회 일군이 된 것을 자랑스럽게 여기는 학생 아버지가 한마디 툭 던진다.

"저놈은 신혼여행을 갔다 와서 할머니에게 제일 먼저 인사를 해야 하는데, 꼭 선생님을 먼저 뵙고 인사를 드려야 한다고 해서 오늘 이렇게 선생님 부부를 초대하게 되었답니다." 이 세상 돈과 명예 권세를 얻는 것보다도 사람을 가르치며 사람을 얻는다는 것이 얼마나 감사하고 흐뭇한지 다시금 보람을 느끼는 순간이었다.

때로는 봉급생활이 넉넉하지 못하고 교사의 신분이 나약해 보였지만, 내재된 기쁨이 주는 즐거움은 형용하기 어렵다. 소용돌이 배수구판이 제자 인생의 꿈을 바꾼 것처럼 우리의 만남도, 인생길을 걸어가는 데 힘이 되고 응원이 되리라 기대해 본다. 제자의 행복한 결혼생활을 소원하며, 따뜻한 정을 나누는 밤은 시간 가는 줄 몰랐다.

아버지의 정원

　거실 벽면에 가족사진이 걸려 있다. 결혼한 자녀들과 손주들의 웃음이 꽃으로 핀 모습이다. 뒷짐을 진 아버지의 시선이 그곳에 멈춘다. 아빠의 손을 잡고 가랑이 사이를 오가며 말 배우던 큰딸, 이 세상에서 가장 부자로 살 거라며 어깨를 들썩이던 둘째, 하나님의 은혜로 태어나 믿음을 지키며 사는 아름다운 셋째 딸이 미소 짓는다. 신생아실에서 가장 크게 태어났다고 애기반장이라 불리던 막내아들의 기개가 시선을 끈다. 손주들의 거짓 없는 미소가 나도 모르는 사이에 입이 귀에 걸리게 한다. 사람도 웃음이 있어야 꽃이다.

　가족사진 옆에는 패밀리(family) 기도제목이 가정의 순서대로 정리되어 있다. 사랑을 주고, 서로 나눌 수 있을 만큼 부요해지기를 소망하는 가족의 염원이 담겨있다. 정원 밖 또 다른 텃밭이다. 그 텃밭은 인생의 수필(隨筆)이요, 서정시(抒情詩)다. "할아버지 할머니, 건강하게 오래 사세요." 애정과 따뜻한 마음이 그곳에 있다. 욕심은 허상을 따라가고 항상 허기를 느낀다. 그러나 소망은 지금 이 시간을 돌아본다. 거창한 대리석 위에 꾸민 정자와 핑크빛 뮬리 꽃길이 있어 남의 시선을 끄는 정원보다는, 내 몸같이 서로 아끼고 돕는 삶의 정원이 있는 곳이 곧 천국이다. 외로움을 달래주고, 피곤한 삶을 쉬게 해 주는 어머니의 품 같기 때문이다. 계절이 아름다운 꽃밭보다는 즐거움과 정이 가득한 꽃밭을 가꾸며 살고 싶다.

아버지의 정원은 삶의 여백이 있다. 그 공간에서 사계절의 그림을 눈으로 담을 수 있고, 자세히 보면 볼수록 사랑스런 매력에 발걸음이 머문다. 울타리 안에 꽃이 없어도 겨울에는 흰 눈꽃 송이로 고요한 정서를 안겨주고, 봄엔 흙덩이를 머리에 이고 나온 연두색 새싹들의 향연으로 가득하다. 자신을 보일 듯 말 듯 부끄러운 모습으로 피는 노란 꽃, 친근하게 얼굴을 조용히 내미는 보라색 제비꽃, 양지 녘에 앙증맞게 핀 봄까치꽃, 화사한 벚꽃들이 우리 마음을 희망으로 물들인다. 오월 장미꽃이 피면, 가슴은 사랑으로 부풀어 오른다. 붉게 물든 애기 단풍이 찬바람에 떨어질 때, 꽃자리에 다가올 님 기다리는 그리움은 또 하나의 소소한 기쁨이다.

정원은 집 밖의 또다른 생활공간이다. 창밖 초록의 공간을 보는 것만으로도 힐링의 효과가 있다. 수목이나 담장은 외부와의 차단 효과를 가져다주고, 내부의 사생활을 보호해 주며 쾌적한 환경의 기능도 담당한다. 서양의 정원은 대칭성을 기반으로 자연에 내재된 규칙을 드러내는 것을 중요하게 여겼다. 그에 비해 동양의 원림 園林은 자연 산수의 구성이 비대칭으로 자유분방함을 나타낸다. 커다란 호수와 긴 회랑의 정취가 더욱 멋진 이유다.

　우리 조상은 사람과 자연이 조화를 이루는 것을 최고의 이상으로 삼았다. 남성들이 기거하는 사랑채는 개방적인 공간에 두었고, 주로 여성들이 지내는 안채는 밖에서 보이지 않도록 정원을 만들었다. 세월의 흔적만큼이나 휘감고 멋스럽게 자란 소나무는 전원의 정취를 흠씬 풍긴다.

　에덴동산은 야훼가 최초의 사람을 위해 만든 이상향의 정원이었다. 천지창조 후 아담과 하와를 만들어 그에게 에덴동산을 일구고 지킬 것을 명령했다. 동산의 나무에서 열리는 모든 열매를 따 먹을 수 있지만, 한가운데 있는 선과 악을 알게 하는 나무에서 나는 열매만은 절대로 먹지도 만지지도 말라 당부했다. 그 약속을 지키지 못한 아담과 이브는 동산에서 쫓겨났고 땀을 흘려야만 살 수 있는 고난의 삶을 우리에게 주었다. 보암직하고 먹음직한 열매에 대한 욕망을 참지 못했기 때문이다.

　긴 삶의 여정이 지나갈수록 우리 정원에서 사라지는 것들도 많아진다. 정성이 담긴 손길과 숨결이 머무른 곳, 아이들이 재잘재잘 소근소근 대던 곳, 너와 내가 정자에 앉아 이마를 맞대고 꿈꾸던 곳들의 추억이 점점 멀어져 간다. 잎사귀만 있고 열매가 없는 인생 정원을 만들기보다, 사랑과 희락, 온유와 절제가 꽃피고, 오래 참음과 화평으로 열매 맺으며, 자비와 양선과 충성의 씨앗을 심는 천상정원의 청지기가 되고 싶다.

　아버지의 정원은 단순한 화초를 키우는 곳이 아니다. 자신의 존재를 찾고 창조주와 깊은 사유를 할 수 있는 공간이다. 높은 산은 쉽게 비바람을 막아주고, 큰 바다는 억센 파도로 자신을 다스린다. 내 마음속 정원의 연못도 욕심과 오해를 버리면, 타인에게서 모든 것을 넉넉히 받아들이는 넓은 바다가 될 수 있으리라.

건배사

 운동경기 대회에서 우승을 하게 되면, 의미를 부여한 건배사를 외치며 축배를 든다. 트로피에 술을 가득 부어 돌려가며 마시고, 승리의 기쁨을 나누기도 한다. 건배사 속에는 평소 생활철학과 삶의 방향, 추구하는 이상이 들어 있다. 축하의 자리에서 와인 한잔을 들고 누군가 건배 선창을 할 때 좌중은 합창으로 화답을 한다.
 건배사는 세대별 모임의 성격과 장소마다 다르다. 간절히 원하면 이루어진다고 그 속에는 구성원들의 공통 소원이 들어있다. 시대 정서와 문화에 따라 다양한 축배의 노래가 펼쳐지기도 한다. 분단의 아픔을 딛고 이산가족 슬픔을 달래던 시대는 조국 통일과 세계평화를 위하여 '조통세평'에 소망을 담았다. '개인과 나라의 발전을 위하여'라는 '개나발'이 주를 이루기도 했다. 큰 뜻을 품고 대국적인 자세로 살고 싶어 했고, 우리 생애 최고의 순간을 위하여 살자 라는 '우생순'도 유행했다. 사람들과의 만남이 순수하며, 의리가 살아 숨 쉬었다.
 전쟁의 폐해 때문에 보릿고개를 넘기기 어렵던 때가 있었다. "잘 살아보세 우리도 한번 잘 살아보세" 하며 새마을 운동이 일어났고, 국민소득이 늘어나면서 풍요로운 생활이 펼쳐질 때, 청춘 남녀들의 사랑도 익어갔다. 술집과 다방에서 뿌연 담배 연기로 가득 채우며 끝없는 대화로 수를 놓기도 했다. 한번 마음을 주면 순결을 지키며 머리카락이 파뿌리처럼 희어질 때까지 변치 않고 백년해로하기를 바랐다. 막걸리 한잔과 김치를 안주 삼아 기쁨을 나누고, 사랑하는 당신과 나의 고귀한 만남을 위하여 '사당나귀'를 외쳤다. 정직이 우리 삶의 근본이요 근면 성실한 삶이 생활 마음가짐이었던 시절이다.

베이비 붐 시대는 각 가정마다 모두가 일터에서 일하며, 가정 살림을 일으켜 세우기에 바빴다. 자동차 수출과 조선업이 활발해졌고 밤을 새우며 일을 했다. 한가로이 노는 사람들이 없었다. 따뜻한 동동주로 입가심을 할 때는 또 다른 감정이 담긴 건배사가 흘러나왔다. 조금은 야한 듯 들리지만 인간의 본성을 건드리며 흥을 돋우는 말들이다. 지금부터 화끈한 자리를 위하여 '지화자'라 했고, "옥토 밭에 손잡고 씨 뿌리자. 세상도 세우고 우리의 가정도 세우자."의 첫 글자를 따서 "얼씨구" 선창하면 "세우자"로 화답을 했다.

전자·화학 및 금속산업의 발달로 선진국대열에 발돋움하게 되었을 때다. 대부분 제주도로 신혼여행을 갔지만, 해외로도 발길을 옮겼다. 고급 한정식집에서 식사를 하려는데 "진달래 씨리즈를 알려드릴까요?" 한다. 주인마담이 가까이 다가와 3탄까지 있다고 한다. 건배사로 듣는 것은 처음이어서 궁금했다. 첫 번째 진달래는

"진실로 달콤한 내일을 위하여"이다. 그다음 두 번째와 세 번째는 빙긋 웃으며 귓속말로 살짝 야한 시리즈를 들려준다. 한마디 건배사 속에서도 담긴 의미가 달랐다. 자유 물결 따라 의식이 다양하게 변모하는 것을 본다.

세월의 나이를 지긋이 먹은 중년들이 모이는 장소에서 들려오는 건배사는 사뭇 다르다. "시작은 미약했으나 나중은 심히 창대하리라" "시미나창" 외치고, 유식하게 보이려고 중국말로 한다면서 "소주에 취하면 하루가 행복하고, 당신에 취하면 백년이 행복하다"는 뜻으로 "소취하"하면 "당취백"하는 재치와 멋스러움이 담겨있다. 내가 존재할 이유는 바로 당신이 있기 때문이란 것이다. 자녀들을 키워 모두 시집장가 보낸 초등학교 동창들은 친구로서 변함없이 인생의 삶을 동행하고 싶어 한다. 남녀 모두가 끈끈한 정을 나누는 자리에서 "사나이 우정은 죽을 때까지" 하며 사내들이 "사우나" 외치면, 동석한 여자들이 "아줌마 우정도 죽을 때까지" "아우디" 하고 깔깔대며 박수를 친다.

백세시대를 맞는 요즈음은 "구구팔팔 이삼사"가 화제다. 99세까지 팔팔하게 살다가 이삼일만 아프고 죽자는 뜻이다. 그렇게 살다가 갈 수 있다면 얼마나 좋을까. 늙어서 힘이 없고 의식조차 희미해져 오랜 시간 병들어 고생하고 싶은 사람이 어디 있겠는가. 삶의 축복도 있어야 하지만 죽음의 복 또한 귀한 것이다. 세상을 살아가노라 정신 없이 지나쳐 온 삶의 뒤안길을 바라보던 노인은 좀 더 사랑할걸. 좀 더 즐길걸. 좀 더 베풀걸로 "껄껄걸" 하며 웃는다.

백수의 가슴에 아쉬운 여운을 남긴다. 나의 단골 건배사는 당당하고 신나게, 그리고 멋지게 져주자는 의미로 "당신! 멋져"다.

건배사는 흥을 돋우고 박수를 치는 자리에 자주 등장한다. 마음을 모아 동행하자는 뜻이 담겨있다. 모임의 구성원과 상황에 따라 추임새도 다르다. 어떤 그룹은 단결과 승리를 바라고, 또 다른 모임은 화합을 갈구한다. 캄캄한 밤하늘에 빛나는 별들처럼 너와 나의 행복과 사랑을 위한 축배의 잔에 입맞춤하며, 우리 모두 건배하자. 그리고 지난날 우리들의 슬픔과 아픔은 훌훌 털어버리는 거다.

돌산도 가는 길

보라색 꽃송이가 포도송이처럼 주렁주렁 늘어진 등꽃이 활짝 피었다. 감미로운 향기로 여름 쉼터를 가득 채운다. 몇 그루만 심어도 가지가 덩굴로 뻗어 나가면서 기분 좋은 그늘을 만들어준다. 등나무 아래 벤치에는 수업이 없는 시간 친구들과 잠시 모여 앉아 이런저런 이야기를 나누는 장소이기도 하다. 생물학과 선배와 후배가 여름방학 기간 중 해양생물 채집을 하여 표본 만드는 계획을 논의한다. 장소는 남해 여수 돌산도로 결정하였고, 채집도구와 표본 고정액을 준비하기로 했다.

학기말 시험을 마치고, 학생들은 해양생물 채집 여행으로 호남선 비둘기호 열차에 몸을 실었다. 돌산도는 여수에서 배를 타고 장군도를 지나 만날 수 있는 섬이다. 한려수도의 시작점인 여수반도의 아름다움을 한눈에 볼 수 있다. 버스를 타고 40여 분 정도 산을 넘어 어촌마을 방죽포로 갔다. 작은 항아리처럼 자리 잡은 방죽포는 파도가 잔잔할 뿐 아니라 울창한 해송과 아담하고 아늑한 백사장을 가지고 있어 솔숲 향을 마시며 산책을 즐길 수 있어 좋다. 섬

들녘을 온통 초록으로 뒤덮은 논·밭의 갓이 매우 인상적이다. 돌산 갓은 우리나라를 대표하는 지역 특산물이다. 바닷바람을 맞으며 자라서인지 독특한 향과 맛이 일품이다.

　어촌마을 이장님을 만나 숙소를 안내받고 짐을 풀었다. 간단히 저녁식사를 마친 동료들은 어부들과 함께 아침 배를 타고 어장을 가기 위해 휴식을 취했다. 찰싹거리며 부딪히는 백사장의 파도소리가 마음에 색다른 편안함을 준다. "꼬끼오" 수탉이 울어대는 새벽에 선장님이 오셔서 배를 타자고 한다. 채집 대원들은 각자 필요한 간단한 도구를 들고 갑판에 올랐다. 선미에 앉은 여학생은 바닷물이 너울질 할 때마다 깔깔대며 웃음꽃을 피운다. 기관실의 피스톤이 통통거리며 뿌연 연기를 내뿜는 배로 1시간 정도 달려서야 정치망을 쳐 놓은 곳에 도착할 수 있었다. 어부들이 그물망을 감는 장치를 돌린다. 사진을 찍으려 했더니 노예의 모습을 상징한다고 극구 거부한다. 구성진 어부가의 장단에 맞춰 어망 줄이 출렁출렁 올라온다.

　그물을 양쪽에서 당겨 올릴 때 잡힌 물고기들이 아침 햇살을 받아 퍼덕이며, 은빛 찬란하게 반짝이는 장면은 장관이다. 갈치, 꽁치, 돔, 말쥐치고기, 도루묵, 방어 등 많은 물고기가 잡혀 올라온다. 선장은 기분이 좋아 입이 귀에 걸린다. 그 중에 싱싱한 놈을 한 마리 잡아 칼로 머리를 자르고, 배를 가른 다음 바닷물에 씻어서 회 치는 어부의 능숙한 솜씨는 달인이 맞다. 바다에서 갓 잡은 방어회 한 점은 입에서 살살 녹는 듯 감칠맛이 넘쳤다.

고깃배가 방죽포항으로 돌아오는데 한 여학생의 얼굴빛이 창백해진다. 선미에 앉았던 탓에 배멀미를 시작한 것이다. 눈물 콧물을 흘리며 구토를 하는데 안쓰럽기 그지없었다. 청순하고 예쁜 얼굴이 한순간 엉망이 되어버렸다. 내일은 출렁이는 놀이 덜한 배 가운데 앉으라고 권면했다. 방죽포에 도착하여 잡은 물고기들을 고정액이 들어있는 채집통에 넣었다. 선장이 준 갈치로 회를 만들었다. 초장에 찍은 회 한 점을 먹고 나서는 신선한 입맛에 반해 서로 먹으려 한다. 바쁜 젓가락이 겹쳐질 때마다 한바탕 웃음보가 터져 나온다. 갈치회가 이렇게 맛있는 줄 예전엔 미처 몰랐다. 섬의 열린 공간에서 젊은이들은 복잡한 현실로부터 잠시 떠나서 갖는 낭만의 시간 사잇길 여유를 찾는다.
　여수항구로 나와 비너스호 여객선을 타고 아름다운 남해 한려수도 해상경치를 보며 부산항으로 왔다. 간단히 점심을 먹자고 하여 중국집을 찾아가 볶음밥을 먹었다. 그런데 호사다마好事多魔였을까? 아랫배가 살살 아파오더니 심하게 복통이 왔다. 화장실에 가서 토해 보아도 아픔이 멈추지를 않는데. 누군가 등을 두드려준다. 결국 응급실로 실려가 주사를 맞고 약을 먹은 후에야 진정이 되었다. 볶은 밥에 올려진 계란에 의한 급성식중독이었던 것이다. 나는 그때의 트라우마(trauma)때문에 지금도 계란을 좋아하지 않는다.
　수산시장 들러서 어류표본전시회에 필요한 물고기들을 종류별로 수집하여 채집통에 넣었다. 대학 축제기간에 생물 표본 전시회를 준비하고, 해야 할 일들에 대한 꿈이 부풀어 있었다. 절벽과 소나무에 둘러싸인 태종대 해안 길을 걷는데 유람선에서 "돌아와요 부산항에 그리운 내 형제여~" 구성진 노랫소리가 들려온다. 멀리 대마도와 오륙도가 흐릿하게 보인다. 푸른 남해 파도 소리는 세상 걱정을 잊게 하고 우리를 동심으로 이끌어 갔다.

훗날 등을 두드려 주며 함께 병원에 동행해준 그 여학생을, 교단에서 다시 만났을 때 얼마나 반가웠는지 모른다. 걷다 보면 길이 되고 그 길은 곧 만남이 된다. 가보지 않은 길도 있고, 새로운 길을 만나 선택해야 할 때도 있다. 길이 있어야만 걷는 것이 아니다. 인생길에서 만나는 수많은 만남과 그 길 위에서 꽃피우는 여러 가지 이야기들이 우리 삶을 더욱 풍성하게 한다. 인생은 만남에서 시작된다.

청주성淸州城 안길

 창문 두드리는 소리에 잠이 깼다. 봄비가 내린다. 길가엔 꽃다지와 냉이가 얼음 땅을 들추고 연두색 손을 흔든다. 청주시를 남북으로 흐르는 무심천에도 따스한 봄바람이 분다. 무심히 걷는 발걸음은 아리랑고개를 넘어 청주성淸州城 터를 향한다. 배 모양을 한 주성舟城이라 불리던 도시 중앙에는 나라의 흥망성쇠와 역사의 수난을 간직한 용두사지 철당간이 옛 성터를 지키고 있다. 이곳은 통일신라 때 서원경으로 불리던 곳이다. 한양과 지방을 왕래하는 교통 중심지였으며, 청풍명월의 고장으로 인심이 좋다. 성안길에는 젊은 청춘들의 발걸음이 바쁘게 움직이고 즐거운 웃음소리로 가득하다.
 중앙공원을 중심으로 동서남북에 문이 있었다. 북문 쪽에는 중앙시장이 있고, 서문 쪽엔 서문시장이, 동쪽에는 도청이 충북의 돛대를 붙잡고 있다. 남문 밖에 있던 커다란 남석교가 지금은 무심천 땅속에 묻혀 있다. 다리를 지키던 4개의 견상犬象은 대학교 박물관에 남아 있다. 도시 한 가운데 자리 잡은 공원에는 고려 시대부터 천년을 살아온 은행나무가 속이 텅빈 가슴에 지난한 역사의 발자취를 품고 있다. 이를 선인들의 숨결이 서린 압각수라고도 부른다. 이곳에는 조헌전장기적비, 망선루, 서원향약비, 충청병마절도사영문, 척화비 등 유형문화재가 자리하고 있다.

조헌전장기적비에 말없이 흘러내리는 빗물에 발걸음을 멈춘다. "새야 새야 파랑새야 녹두밭에 앉지 마라 녹두꽃이 떨어지면 청포장수 울고 간다." 노래가 귓전을 울린다. 외세에 시달린 백성의 통곡과 한이 서린 눈물의 노래다. 힘들고 헐벗은 백성들의 삶을 뒤로한 채 당파 싸움에 눈이 먼 조정은 국력을 잃고, 청나라와 왜놈들의 침략에 속수무책이었다. 내 나라 내 땅을 지키려 농민들이 일어섰으나 낫자루와 괭이로 조총과 칼을 막기에는 역부족이었다. 성난 백성들의 목숨을 건 봉기의 함성은 지금도 끊이지 않고 들리는 듯하다. 왕은 나라를 버렸지만, 천심을 품고 산 민초들은 죽음으로 의를 지킨 것이다.

선조 25년 청주성이 조선을 침략한 왜군에 의해 함락되었을 때, 옥천에서 일으킨 조헌 의병과 영규靈圭대사가 이끄는 승병이 힘을 합쳐 왜적을 물리치고 성터를 회복했다. 이것은 의병이 거둔 임진왜란 육전 최초의 승전보다. 중봉 조헌은 나라가 위급함을 왕에게 상소했고, 마을 사람에게 왜군의 침략을 대비하는 지략을 모았다.

선조가 내린 교서를 보면 "내가 밝지 못해 물정을 살피지 못하고 충성스런 목소리를 알지 못했다. 나에게 진언하는 자들 중에 국가 존망의 위기가 조석 간에 달렸다고 하는 자가 있었는데, 그 말을 옳게 여기면서도 내가 실로 깨닫지 못했다"는 내용이 들어있다. 이 교서는 청주성 탈환 이전에 작성됐지만 조헌은 그것을 보지 못하고 금산 전투에 나섰다.

당시 조정은 외세의 침략을 막는 것이 우선이나 관의 병력을 지원해 주지 않았다. 토호 세력이 커지면 왕권을 무너뜨릴까 봐 걱정했기 때문이다. 조헌은 왜군이 전량을 확보하려고 호남과 호서를 공략한다는 소식을 듣고는 경성을 향하던 의병 칠백 명의 발길을 금산으로 돌린다. 전투 중 벌판에서 육탄전을 벌이며 처절한 싸움 끝에 전사하고 말았다. 비록 전투에서 승리하지 못했지만, 곡창지대인 호남을 지킨 버팀목이 된 것이 바로 칠백의총이다. 의로운 죽음으로 나라를 지키고, 이름도 없고 빛도 없이 살다 간 선진들의 얼 앞에 머리가 숙연해진다.

공원 서문성터 쪽에 사랑의 무료급식소가 보인다. 2백여 명 정도의 노인들이 줄을 지어서 점심을 먹으려고 기다린다. 가만히 줄 끝을 따라가 봤다. 밥과 국을 퍼주는 봉사자들의 손길들이 바쁘다. 대접 한 그릇에 고깃국물을 넣고 밥 한 주걱을 올려 준다. 따스한 국물이 허기진 뱃속을 채우니 스산한 봄기운이 가신다. 병영으로 사용되던 이곳에서 수백 명의 병사들에게 음식을 준비하고 반찬을 날라다 주던 아낙네들의 손길이 오버랩 되어 떠오른다. 그들의 수고가 없었다면 병사들의 허기를 무엇으로 채우며, 왜군과의 싸움에서 어떻게 영문을 지킬 수 있었을까. 그 여인들도 죽음을 방패 삼고, 피로 나라를 지킨 진정한 칠백의총의 그림자다.

조헌전적기념비는 나에게 어떤 의로 살아왔는가를 묻는 듯하다. 나라를 잃으면, 자유와 권리가 백성에게 남아있을까. 부모와 처자식을 잃은 상처를 가슴에 안고 통곡하던 한은 또 어떻게 풀어야 하는가. 삶의 행복을 처절하게 유린당한 억울함의 물결이 마음속으로 여울져 온다. 내 것이 아닌 것을 많이 소유하려고 애써온 날들이다. 생의 목표를 이루기 위해 이웃을 배려하지 못한 애욕에 얼굴이 붉어진다.

풍물패가 징을 울리며 공원 안으로 들어온다. 상쇠가 치는 꽹과리 소리가 요란하게 들리고 신바람을 일으킨다. 단원들이 소고 치며 온몸을 허공중에 띄워 돌고 상모끈으로 둥근 원을 그리는 모습이 흥겹다. 농부가의 장단에 맞춰 아이들도 손을 흔들고, 노인들은 엉덩춤을 실룩거린다. 나도 어깨 춤사위로 로봇 춤을 추며 뒤뚱뒤뚱 걸어본다. 멍멍개도 꼬리를 흔들며 따라나선다. 청주성터에 봄이 왔다. 천년을 지켜오던 고목나무에 연한 순이 돋아난다. 산자와 선열의 혼이 공존하는 곳이다. 푸른 달이 뜨고 따듯한 마파람이 불면, 매화꽃이 다시 피어나리라. 성안길을 지켜보는 조헌 선생의 눈길과 그의 향기가 가슴 가득 남아있는 지금 이 순간이다.

인생 로드맵을 그리다

　부자父子간의 비밀 여행을 떠났다. 발아래 솜사탕 같은 뭉게구름이 우리를 따라오는 것 같다. 장가계로 가는 비행기 안에서 아들의 손을 잡았다. 아빠가 아들을 믿는 것처럼 아들도 아버지를 신뢰하는 마음으로 꽉 쥔 손에 이심전심이 통한다. 손가락을 낀 사이로 촉촉한 땀방울이 밀려온다. 마음에서 마음으로 전하는 텔레파시가 통하고, 기쁨과 흐뭇한 감정이 범벅 되어 가슴을 타고 흐른다. 마주 보는 눈빛 사이로 웃음이 번진다.

　아들은 귀신 잡는다는 해병대 출신이다. 기초훈련을 마치고 연병장에서 신고식을 하던 때가 생각난다. 모자와 바지에 각이 잡히고 눈빛이 살아서 움직인다. 발끝을 모으고 거수경례를 힘차게 하며 관등성명을 부친다. 부모의 눈을 마주친 아들의 얼굴에는 반가움인지 서러움인지 감정을 억누르지 못하고 눈물 콧물이 얼룩졌다. 뜨거운 햇살에 그을린 검은 살빛이 고생한 흔적이 고스란히 남아 있다. 땀에 전 몸을 씻어주려고 목욕탕에 갔다. 온탕에서 몸을 덥히고, 굵은 때를 밀었다. 떡 벌어진 어깨와 훈련으로 다져진 근육은 사내다움 넘치는 멋진 모습이 든든하고 대견스러웠다. 냉탕에 들어가 보자고 했더니 "아빠, 나는 매일 차가운 바닷물에 들어갔어. 훈련은 아픈 거야." 하는 아들의 말이 마음에 박혀 나도 아팠다. 그랬구나, 고생한 것을 몰라준 마음이 운무처럼 뿌옇게 머릿속을 스쳐간다.

아들은 딸 부잣집 막내로 태어나 귀여움을 독차지했다. 엄격한 가정 규율과 누나들 밑에서 곱게 커서 온순하고, 자신이 갖고 있는 의견을 표현하기보다는 부모와 누나들의 생각과 지시에 따르는 편이 많았다. 잘 웃고 아무 탈 없이 성장하기에 바라보는 마음만으로도 든든했다. 그 아들이 장가를 갔고 이제 곧 아빠가 된다. 부자간 막혔던 담을 툭 터놓고 가슴 속에 담아둔 이야기들을 나누며, 새로운 인생 로드맵을 한 땀씩 엮어보는 시간을 가지고 싶었다.

천자산 필봉을 보기 위해 모노레일을 타려고 걸음을 재촉했다. 가파른 계단을 오르니 숨이 차다. 고희를 넘은 나이에 체력은 바닥임을 새삼 느낀다. 난간을 부여잡고 발걸음이 늦어지자 아들은 조심하라며 손을 잡고 이끌어 준다. 보호받던 아이가 늙은 아비를 든든하게 보호해 주는 것이 흐뭇했다. 깊은 심호흡을 하고 케이블카에 올라 산을 바라보니 신선이 내려와 놀았다는 절경이 펼쳐졌다. 상쾌한 공기가 폐부 깊숙이 들어와 인생 여백의 여행을 들뜨게 한다. 아름다운 자연의 손짓들을 눈에 담고 산봉우리를 내려왔다. 손잡고 하림공원을 걸으며 아들의 삼십 년과 아버지가 살아 온 칠십여 년 사연들을 거리낌 없이 풀어냈다.

아들이 수첩에서 사진 한 장을 꺼내 보인다. 자궁에 착상하여 자라고 있는 태아다. 오뚝 선 콧날과 커다란 왕눈이 지 애비를 꼭 닮았다. "아버지, 아들이었으면 좋겠어요? 딸이면 좋겠어요?" 하고 묻는다. 딸이어도 좋고 아들이어도 좋아 하고 답했더니, 태몽을 이야기하며 새 생명에 대한 기대감으로 들떠 있다. 아버지가 된다는 사실에 상기된 얼굴을 붉히며 어깨에 힘이 들어간다. 직장에서 늦게까지 야근하며 힘들어도 참아내는 새 힘이 생겼단다. 아마도 가장의 책임이 두 어깨를 누르기 때문인지 모른다. 아버지가 자식을 키우며 고단한 삶의 터전에서 얼마나 애써왔는지 실감이 난단다. "아버지, 아내가 곧 출산하고 아기가 생기면 아빠로서 돈을 많이 벌고 싶어요. 사무실에서 일하다 보면 하루가 어떻게 지나가는지 몰라요. 요즈음 내가 무엇을 좋아하고 무엇을 잘하는 사람인지 잘 모르겠어요" 자아를 성찰하는 아들의 마음가짐에 새삼 놀랐다. 부모 속 썩이지 않고 반듯하게 자라면 된다고 생각했지, 그가 무엇을 생각하고 원하는지, 어떤 일을 좋아하고 잘하는지, 속사람의 재능을 발견하고 찾아봐야 한다는 바람이 내 가슴을 두드렸다. 아버지와 아들의 인생 로드맵을 그려보자 제안했다. 가족과 형제들의 관계, 경제와 생활계획, 취미와 봉사활동 등 십 년 단위로 미래의 꿈을 그렸다. 꿈이 마음속에 있으면 내가 지배하지만 마음 밖으로 나오면 꿈이 나를 이끌어간다. 믿음은 바라는 것들의 실상이요 보이지 않는 것의 증거라고 하지 않는가.

주상절리가 보이는 산책길을 걷는다. 통행로 옆에서 젊은 아가씨가 아침부터 빵과 감자를 굽고 두부 요리를 하고 있다. 이 산에서 눈만 뜨면 하는 일이다. 이곳에서 태어나 그렇게 살다가 이 산에 묻힐지도 모른다. 송풍기로 바닥 청소를 하는 사람, 집게로 관광객이 버린 휴지를 줍는 사람, 포토존에서 사진을 찍어주며 돈 버는 사람…, 세상 살아가는 모습이 정말 다양하다. 돈을 많이 벌고 명예를 얻는 것이 진정 행복한 삶인지, 바쁘게 일만 하다가 가는 인생이 보람 있는 것인지 아들에게 물어봤다. 우리 인생에 어떤 그림을 그리고 사는 것이 행복일까를 되새겨 본 여행길이다. 등짐을 지고 산길을 오르는 노인의 뒷모습에 삶의 무게가 실린다.

천문산 전체가 무대로 펼쳐지는 호선쇼는 장관이었다. 구미호와 천년만년 기다리다 만나는 나무꾼의 사랑은 계곡과 계곡으로 이어진 다리 위에서 절정을 이룬다. 삼천 명의 관람객이 자리를 잡고 본다. 그 연출과 규모에 입을 다물지 못하고 감탄사를 연발한다. 어떻게 사는 것이 보람 있고, 무엇을 하며 삶을 나누는 것이 행복인지 그 밤에 아버지와 아들은 생각했다. 서로 사랑하고 세워주며 버팀목이 되고자 했다. 같은 유전자와 피를 나눈 아버지와 아들의 로드맵은 표현하지 않고 눈짓하지 않아도 진심이 통했다. 오달진 인생의 연결고리다.

햇살 가득한 사잇길 여로
-삶의 의미요소들로 빛나다

이철호 | 소설가

"바람이 분다… 살아야겠다"

프랑스 시인이자 철학자 폴 발레리의 〈해변의 묘지〉에서 나오는 말이다. '바람이 분다', '살아야겠다'는 말이 무엇이 특별할 것인가. 흔하게, 숱하게 쓰는 말이다. 하지만 나란한 두 말이 시의 한 행이 될 때 사정은 완전히 다르다.

두 개의 원자핵이 부딪혀 하나의 새로운 원자핵이 되는 핵융합은 막대한 에너지를 방출한다. 작열하는 태양을 보라. 핵융합으로 태양은 빛과 열에너지를 방출한다. 이 태양에서부터 에너지를 공급받아 식물은 스스로 영양분을 만들어낸다.

지극히 단순한 두 문장이 나란히 쓰였을 뿐인데, 엄청난 폭풍으로 사람들을 전율케 하는 것은 주어 동사로 이루어진 이 단순한 두 문장이(한 문장은 주어조차 생략되어 있다) 핵융합을 일으켰다는 의미이다. 엄청나게 방출되는 에너지는 식물이 빛을 통해 광합성을 하듯이 파괴적인 창조력으로, 사그라지고 있는 삶의 의지를 활화산처럼 분출시킨다.

바람은 삶의 모든 양태에서 살아있음의 부산스러움이거나 살아있음의 기척 같은 것이 아닐까. 그 부산스러움이나 기척 같은 것에서 일어나는 삶의 의지는 '살아야겠다'라는 결언(決言)에 의해 더욱 강화되며 새롭게 의미를 부여받는 상승작용을 한다. 이러한 상호작용은 연쇄적인 반응을 일으킨다. 그러므로, "바람이 분다 … 살아야겠다"는 걷잡을 수 없는 순환의 고리에서 활활 타오른다. 이때의 '활활'은 은근하고 고요하다. 내밀하게 번져오는 전율이기 때문이다.

 김영기 작가의 수필에는 폴 발레리의 바람이 분다. 수필 한 편 한 편에서 '바람이 분다 … 살아야겠다'는 폴 발레리의 핵융합 같은 기제가 있는 것이다. 평범한 듯하면서도 저 가슴 깊은 곳에서 잔잔하면서 아련하게 올라오는 슬픔 같은 것은 작가의 풍부하고 아름다운 서정 속에서 삶을 향한 절벽한 간절함으로 여울지며 때로 잔잔하게 때로 거세게 흘러가는 것이다.

 이는 작가의 작품 〈벼랑 위의 키스〉에서 보이는 클림트의 그림과도 일맥상통한다. 언제 떨어질지 모르는 벼랑 위에서의 뜨거운 키스야말로 삶의 가장 진실한 표상으로 이해되기 때문이다. 어디에도 기댈 곳 없는, 언제 떨어질 줄 모르는 아슬아슬한 벼랑 위에서 남녀의 뜨거운 포옹, 삶이 그렇게 황홀하지 않다면 벼랑 위는 사방이 죽음으로 에워싸인 위험천만한 절망일 수밖에 없다. 그러나 위험할수록 절망스러울수록 사랑은 더 뜨겁게 타오르고 더욱 황홀하다. 열정과 사랑이 없는 삶은 벼랑 위에서 절망만을 볼 것이다. 절망만 가득한 눈에 여인의 사랑스러움이 보이겠는가. 깎아지른 절벽에 피어있는 한 송이 가냘픈 꽃이 아름답겠는가. 날아가는 새소리가 즐겁겠는가. 우리가 어디에 있느냐는 중요하지 않다. 어차피 선택은 우리 몫이 아니었으니. 그러니 '벼랑' 위에서 얼마나 뜨겁게 살아가는가, 얼마나 사랑에 천착하느냐가 우리 삶의 질을 결정할 것이고 그것은 연쇄적인 반응으로 우리의 삶을 정의하게 될 것이다.

고요한 정적 속에 잠시 숨이 멎는다. 살며시 뜬 속눈썹 사이로 매혹적인 여인과 남자의 포옹 장면이 보인다. 온몸의 핏줄을 타고 짜릿한 전율이 흘러 가슴을 움켜잡았다. 강직한 남성이 여인의 머리를 잡고 자신 쪽으로 와락 안아 그녀의 볼에 입을 맞추고 있다. 두 눈을 감은 여인은 강렬하게 힘을 준 손가락으로 남자의 목을 휘감고 행복감에 젖어 있다. … 반평생을 동거동락하며 걸어온 반려자가 정원 앞 벤치에 앉아있다. 볼의 홍조가 서녘하늘 구름에 걸터앉은 노을 따라 불타오른다. 도톰한 빨간 입술이 석류처럼 농익은 빛깔이다. 두 손으로 얼굴을 잡고 입술을 가만히 대어 보았다. -〈벼랑 위의 키스〉

수필 작품 곳곳에 반평생을 함께한 아내에 대한 애틋한 마음을 엿볼 수 있다. 〈벼랑 위의 키스〉에서도 예외는 아니다. 반평생은 짧은 시간이 아니다. 이쯤 되면 아내도 남편도 서로에게 길들어 민망할 것도 애틋할 것도, 설렐 일은 더군다나 없을 듯하다. 하지만 작가는 다르다.

공개적인 키스는 삶과 인생에 대한 진지함과 헌신을 선언하는 것이다. 따뜻한 포옹으로 내게 고동치는 심장을 찾아준 사람이다. 그동안 희로·애·락을 마음에 새기고, 기쁨과 눈물을 삼키며 살아온 동반자에게 밤 깊도록 입맞춤을 하고 싶다.
-〈벼랑 위의 키스〉

사랑과 존경을 가지기는 어렵지 않지만 한결같은 마음을 간직하기란 그리 쉬운 문제는 아니다. 늙어가는 것은 몸만이 아니다. 우리의 마음도 늙어간다. 매사가 귀찮아지고 떨떠름해진다. 어쩌면 남모르는 사랑을 갈구하며 한눈을 팔고 싶을 때일지도 모른다. 하지만 '주름살이 처진 배, 손가락 마디가 굳어 무엇 하나 제대로 집을 수 없는' 아내를 어찌 이리 살뜰히 사랑할 수 있는가. 가슴에 새긴 주홍글자는 흐린 날, 바람 부는 날, 햇살 눈 부신 날… 세월이 지나도 흐려질 줄 모른다. 아니 어쩌면 삭아가는 육신 위에 더욱 커지고 또렷해지는 것인가.

    이제야 잠시 삶의 호흡을 멈추고 평온한 숨고르기를 한다. 아내의 주름진 손을 가만히 잡아보고 가슴 찡한 살가움을 느낀다. 웅크리고 있던 첫사랑의 뜨거움이 솟아오른다. 꽃다발 선물로 사랑을 고백하면, 고요한 마음이 흔들려 출렁거렸고, 심장이 숨 가쁘게 쿵쾅거렸다. 그 시절 아낌없이 사랑을 주고만 싶었다. 지그시 다문 입술에서는 아무 말이 없지만, 마주치는 눈빛이 무엇을 말하는지 전율로 다 가온다. 화려한 프로포즈와 다이아몬드 반지 선물은 없어도 가슴에서 가슴으로 통하는 사랑으로 충분했다. -〈장미꽃 사랑이 피어나는 시그나기〉

생의 뜨거운 포옹으로 만들어내었던 성공, 부, 명예 그 모든 성취 속에 아내에 대한 고마움은 더 깊은 사랑으로 나아가게 한다. 벼랑 위에서 자신이 아니라 아내가 자신을 안고 있다는 것을 언제쯤 눈치챈 것일까. 자신이 누구인지를 아는 자의 겸손은 곧 깨어있음의 실존이다. 그러한 실존은 더 뜨겁고 열정적으로 현재를 살게 한다.

상가의 간판을 그리며 하루하루를 생활하던 피로소마니는 평소 짝사랑하던 아름다운 여배우 마르가리타가 시그나기에 공연하러 온다는 소식을 듣는다. 그는 집과 그림을 팔아서 그녀가 묵는 호텔 앞 광장을 백만 송이 장미로 온통 꽃밭을 만들어 연모의 마음을 표현했다. 화가의 사랑 표현에 감동한 마르가리타는 그와 행복한 시간을 보냈다. 하지만 그녀는 다음 공연장으로 떠나가버린다.
 - 〈장미꽃 사랑이 피어나는 시그나기〉

 작가에게 피로소마니와 마르가리타의 일화는 한갓 우스개 이야기가 아니다. 아내에 대한 절절함이 자칫 가벼워질 수 있는 이야기를 굳이 하지 않을 것이기 때문이다. 왜 작가는 피로소마니의 사랑 이야기를 자신의 이야기와 병행하고 싶었을까. 자신의 '모든 것으로' 아내를 사랑한다는 순전성을 그림과 집을 팔아 백만송이 장미를 샀던 피로소마니를 빌어 고백하고 싶었던 것은 아니었을까. 백만 송이 장미는 아내를 향한 사랑의 고백, '푸른 해원을 향하여 흔드는' 사랑의 깃발이다.

 김영기 작가의 수필에는 칠순의 나이가 무색한 농밀함이 있다. 이러한 농밀함은 자신의 한계에 대한 뚜렷한 인식, 삶의 끝에 대한 통찰이 만들어내는 집중력이다. 하지만 삶에 대한 인식만으로 그저 농밀해질 수 없다.
 "저게 저절로 붉어질 리는 없다/ 저 안에 태풍 몇 개/ 저 안에 천둥 몇 개…" 장석주 시인의 '대추 한 알'이라는 시가 보여주듯 '저절로' 되는 일은 없다. 대추 한 알을 익히기 위해 수고한 주체들이 많다. 대추 한 알이 내재하고 있는 완성은 주위와의 끊임없는 상호작용을 통하여 발현되어 성숙에 이른다.

  작가도 마찬가지다. 작가 홀로 설 수 있을 때까지 부모와 이웃의 도움이 필요했다. 실은 스스로 서 있다고 믿는 지금에도 세상 속에 존재한다는 자체가 경이로움이다. 이 경이로움이 어찌 스스로 이룬 일이라 하겠는가.

  큰가시고기의 일생을 날렵하고 단순한 문장으로 사실적으로 그리고 있는 작품이 〈큰가시고기〉이다. 특별한 기교가 있거나 그렇다고 구성의 묘를 잘 살려내었다거나 풍부한 서정 속 아름다움이 빛나는 작품은 아니다. 그럼에도 〈큰가시고기〉는 감당하지 못할 만큼 우리의 마음을 후벼판다. 큰가시고기가 갖는 서사, 부성애 때문이다. 큰가시고기의 서사 앞에 작가의 기교는 거추장스런 사족이다. 단순성이야말로 '큰가시고기'의 부성애를 가장 잘 보여주는 기교가 아닐까.

> 이때부터 큰가시고기의 새끼 돌보는 정성은 눈물겹다. 잠도 자지 않고 지느러미로 부채질을 하며 산소를 공급한다. 한순간도 둥지 곁을 떠나지 않고, 식음을 전폐하며 신선한 물을 둥지로 보내는데 있는 힘을 다한다. … 모래알을 다지던 주둥이는 볼품없이 헐었고, 움직임도 힘이 빠져 중심을 잡지 못한다. 몸의 푸른색은 퇴색했고, 지느러미의 부채질은 약해졌다. 새끼들의 부화를 위해 아무것도 먹지 못하고 혼신을 다해 돌보던 수컷은 생애를 마감한다. 끝내 아비의 주위로 모여든 새끼들의 먹이가 되고 만다. -〈큰가시고기〉

  하지만 '큰가시고기'는 하나의 은유이다. 정작 작가는 '큰가시고기'를 빌어 아버지의 자식 사랑을 말하고 싶었기 때문이다.

> 팔순이 넘도록 고된 농사일에 땀을 흘리며 허리 한번 제대로 펴지 못하신 아버지가 생각난다. 남자라는 이유로 힘들어도 힘들다는 표시를 하지 못하셨다. 뜨거운 여름날도 가장으로서의 책임감 때문에 하루도 쉬지 않고 일만 하셨다. 세월이 흘러가는 동안 근육은 마르고 건강은 쇠약해져 갔다. 머리카락은 희어지고 이빨은 거의 망가졌다. 음식을 제대로 씹을 수 없는 합죽이다. - 〈큰가시고기〉

〈아버지의 눈물〉은 목탄으로 그린 소묘이다. 고단한 삶에서도 달려갈 방향을 알고 있기에 굵은 목탄의 선이 힘차다. 하지만 때로 선은 흐려지고 뭉개진다. 아버지를 기억하는 아들의 눈에서 떨어진 눈물 자국 때문이다.

> 다락뜰에 바람이 분다. 연둣빛 벼이삭이 바람결 따라 춤을 춘다. 여름날 햇빛이 작열하여 숨쉬기가 힘들 만큼 텁텁한 폭염이다. 축 늘어진 식물들의 잎이 헐떡인다. 태양의 에너지를 받아 익어가는 열매들이 하나둘씩 늘고 있어 가난한 마음을 든든하게 한다. 멀리 황소의 울음소리가 고즈넉한 전원의 풍경을 깨운다.
> - 〈아버지의 눈물〉

〈아버지의 눈물〉 첫 문단은 짧은 문장 안에서 시·공간의 비약을 통해 아름다우면서도 강렬한 인상을 풍긴다. 즉 '다락뜰에 바람이 분다'는 단숨에 호기심을 자극하며 마음의 문을 활짝 열게 하더니 '연둣빛 벼이삭이 바람결 따라 춤을 추'는 장면이 갑자기 펼쳐진다.

그뿐이랴. 채 여물지 않은 연둣빛 벼이삭이 뜨거운 뙤약볕에서 익어가는가 싶더니 저 멀리서 소 울음소리가 들려온다. 정지용의 시 '고향'을 떠올리게 한다. 연둣빛 벼이삭의 춤을 따라 고향으로 들어선다. 거기 아버지가 있다.

 윗저고리가 흠씬 땀에 젖어 등짝에 달라붙었다. 저고리를 훌훌 벗어던진 아버지의 두 어깨에 검붉은 지게 줄 자국이 선명하게 드러난다. … 날선 풀잎에 베인 다리 상처는 핏방울이 응고되지 못한 채 매달려 있다. … 아들이 열병이 나서 몸이 펄펄 끓어오르고 사경을 헤맬 때 아버지의 속 타는 심정은 더욱 붉게 물들었다. 십리는 걸어 나가야 병원을 갈 수 있기에 발을 동동 구르고 고동치는 심장을 달래야하는 부정은 검게 타들어만 갔다. 새들이 잠들고 풀벌레 소리가 끊긴 깊은 밤. 아버지는 사랑방에서 홀로 우셨다. 울어도 소리가 없다. -〈아버지의 눈물〉

 '지푸라기 잡을 만큼의 돈도 없어' 시집보내야 하는 딸의 혼수에 두 손을 놓고 있어야 했을 때, 펄펄 열이 나는 아들을 병원에 데려가지 못했을 때 죽을힘을 다해 살았지만 정작 필요한 때 자식을 위해 아무것도 하지 못했을 때 아버지로서 느껴야 했던 자괴감은 어떤 것이었을까. 울어도 소리 내지 못했던 그 눈물이야말로 자녀들에게는 가장 값진 혼수였고 삶에 있어 최고의 특효약이 아니었을까.

 사 남매 모두 새 보금자리를 짓고 떠났다. 텅 빈 둥지에 고요한 외로움과 그리움이 다가온다. 슬픈 것도 아니고 아픈 일도 없는데 왜? 이리 눈물이 나는 걸까. 가슴으로 우는 뜨거운 아버지의 눈물이 내게로 전해온다. -〈아버지의 눈물〉

아버지가 흘렸던 그 눈물을 작가가 흘리고 있다. 그러나 그 눈물은 어쩌면 기쁨의 눈물일지 모른다. 사남매가 잘 성장하여 결혼하였으니 자랑스러움과 대견함도 함께하지 않았을까. 어쩌면 '아버지의 눈물'을 먹고 자식들은 자라나는 것이 아닐까. 큰가시고기가 자신의 몸마저 자식의 먹이로 내어놓듯이.

'그리움의 꽃이 피는 날, 등에 진 짐 내려놓고 한바탕 소리 내어 울어보고 싶다'는 마지막 구절에 이르러서는 아버지의 무게가 결코 가볍지 않았다는 것이다. 무거운 가지를 안고 묵묵히 비바람을 견뎌낸 이 땅의 아버지들의 위대함이 느껴지는 대목이다.

큰가시고기의 살점은 어떻게 자식의 먹이가 되는 것일까. 아직 채 숨을 거두기도 전에 어린 가시고기는 아비의 살점을 뜯었던 것은 아니었을까. 그때 그 고통은 어땠을까. 〈흔적〉은 마지막 살갗 한 점까지 내어주기를 마다하지 않았던 아버지의 이야기다.

 늦둥이 아들이 장가가는 날이다. 결혼 주례를 따로 세우지 않고 양 사돈끼리 주례사와 성혼선언문을 하기로 했다. 바로 그날, 2층 서재에서 순간 정신을 잃고 쓰러졌다. … 단상에 오르다 쓰러지는 한이 있더라도 가야만 한다는 일념으로 있는 힘을 다해 일어났다. -〈흔적〉

자식이 장가를 간다. 하지만 어쩔 수 없는 건강상의 문제이다.

어찌 혼절에 이르러서도 마지막 한 방울의 피까지 쏟아붓기를 원하는 것일까. 작가에게 삶이란 무엇이기에 이토록 지극할까. 이는 단순히 감정적으로 행동에 옮길 수 없는 일이다. 몸이 따라주지 않는데 어찌 가능한 일인가. 하지만 죽음을 무릅쓰고 움직이지 않는 몸을 일세운다. 평소 작가가 어떤 태도로 삶을 살아왔는지를 보여주는 한 단면이다. 작가의 삶에서의 성취가 어떠했느냐를 별론하고, 삶의 주관자 되신 이에 대한 온전하고 완전한 경외감이 아니라면 이러한 삶이 가능한 것일까.

핏기가 사라진 눈동자는 기운이 없어 눈꺼풀이 스르르 잠긴다. 다리 힘이 빠진 상태라 일어나 걷기조차 힘들다. 막내 결혼식에 어떤 어려움이 올지라도 끝까지 책임지고 일을 마무리하고 싶었다. …쓰러지지 않으려 발 끝에 힘을 주며 있는 힘껏 두 다리로 버텼다. … 뼈가 울고 살이 떨리는 고통이 와도 자식을 위해서라면 기꺼이 감당하는 것이 아버지의 심정 아닌가.

〈아버지의 눈물〉과 같은 어머니의 헌신을 읽을 수 있는 작품이 〈젖가리개〉이다. 허리 한번 펼 수 없는 노동에 시달려 밤마다 앓아야 했던 아버지도 저물녘이면 피리를 부시고 시조를 읊으시는 멋쟁이셨다.

청순한 얼굴에 핸드백을 어깨에 메고 부끄러운 듯 길옆을 지나갈 때다. 가슴이 반쯤 살짝 비치는 옷 속에 옥색 브래지어가 보였고, 아침 햇살이 비쳐 반사되는 백옥 같은 살결이 눈부시게 아름다워 보였더란다. … "아가씨 그 젖싸개는 얼마주고 샀소?" 하고 물으니 "어머나!" 얼굴을 붉히고 당황하며 입을 가리고는 줄행랑을 치며 달아났단다.

어머니에게 브래지어를 사 주고 싶으셨던 아버지의 에피소드다. 해학적인 면이 순정한 마음과 어우러져 독특한 아름다움을 짜아낸다. 비너스에서 시작된 이야기는 아버지의 젖가리개에서 한바탕 웃고 다시 자연스럽게 어머니의 젖가슴으로 옮아간다. 유연한 글의 흐름이 돋보이면서 어머니의 숭고한 사랑이 섬세한 결로 표현되었다.

어머니의 젖가슴처럼 아름답고 평화로운 것은 없다. … 배고플 땐 언제나 눈을 감고도 찾을 수 있는 생명의 끈이었다. 캄캄한 어둠 속에서 고사리손으로 사랑을 확인하고, 심장의 고동소리가 들리면 포근한 잠이 들었다. 엄마와 아기 사이의 말 없는 사랑은 영원한 평화요 안식이다.… 어머니의 젖가슴은 아이 땐 고봉밥이었으나, 커갈수록 줄어들다가 어른이 되면 홀쭉해지고, 결국 텅 빈 그릇이 되고 만다. … 고난의 세월 서러움 감추면서 소중한 생명을 지키고, 달콤한 사랑의 샘물을 퍼 나른 두 봉우리는 젖가리개 속에 감추어진 보석이다. -〈젖가리개〉

작가의 사유는 고요하고 깊다. 충분히 사랑받았던 이의 아름다운 서정이 고운 숨결로 스며 나온다. 봉긋하고 탱탱했던 가슴이 어느덧 쭈글쭈글하게 되기까지 주고 또 주었던 어머니의 사랑은 가이 없다.

여인을 바라보고 있는 야누스상이 보인다. 하나의 얼굴은 안쪽을 바라보며 살아온 길을 돌아보고, 또 하나의 얼굴은 밖을 향해 나아갈 미래를 생각하는 얼굴이다. 두 얼굴 표정이 똑같아 보이는데 마음은 다른 것처럼 보인다. 과거와 미래는 단절된 것이 아니라 연결되어 있는 연속성을 가진다. 쇤부른 궁전 출입문을 지키는 수호신은 800년을 지켜온 로마 황제에게 인간성의 깊은 진실을 가르쳐 주는 듯하다. -〈두 얼굴〉

야누스의 얼굴로 첫머리를 시작하고 있는 〈두 얼굴〉은 사람에 대한 탐구서로 겉과 속이 다른 두 얼굴을 삶의 다양한 양태에서 다양한 각도로 묘파해 내고 있다. 이는 신변잡기 수필에서 벗어나 작가의 다층적인 사고의 깊이를 유감없이 발휘하고 있는 걸출한 작품이다.

직장생활에서 공적은 자신의 것으로 삼고 실패는 다른 사람에게 돌리는 두 얼굴의 사람들이 있다. 화장실 갈 때 마음과 올 때의 마음이 다른 씁쓸한 뒷모습도 있다. 권모술수가 난무하는 정치는 단연 대표적인 두 얼굴의 세계다.

특별히 〈두 얼굴〉에서 주목해 보아야 할 것은 '하나의 얼굴로 두 마음을 품기도 하지만 두 얼굴로 처음처럼 같은 마음을 그리기도 한다'는 작가만의 독특한 시각이다. 누구나 '마음은 청춘이다'라는 말에 공감할 터이지만 어찌 그것을 야누스의 두 얼굴에 빗대어 보겠는가. 일종의 역발상이다. 이러한 역발상이 '어머니'에 이르러서는 숙연해질 수밖에 없다. 꽃다운 얼굴에서 속 빈 강정이 되기까지 변함없는 사랑의 두 얼굴이기 때문이다.

어떤 얼굴을 선택하느냐에 따라 그 표정도 달라진다. 선택은 자신의 몫이다. 다만 그에 따른 결과와 책임이 있을 뿐이다. 의심과 확신의 두 모습이 모두 진실한 얼굴이라면, 모순을 동시에 품고 있는 야누스의 두 얼굴이야말로 진정한 본연의 모습이 아닐까. 어쩌면 상황이 바뀔 때마다 일희일비하지 않고 온갖 고난과 시행착오의 과정을 부둥켜안은 모순의 얼굴인지도 모른다. 오늘도 파란 하늘에 흰 구름은 말없이 흘러간다. 빛과 어두움, 사랑과 미움, 좌절과 희망을 함께 품은 얼굴로 그냥 미소 짓고 싶다.

삶의 아우라가 느껴지는 대목이다. 오래 비바람을 맞고 견뎠던, 살아있음의 충만한 기쁨을 경험했던 그러나 이제 삶의 그 모든 것을 넉넉히 포용하는 원숙함이 아름답게 노을지고 있다.

〈골목길〉은 한편의 장편掌篇소설인 듯 읽힐 수 있는 수필이다. 사춘기적 감성이 묻어나는 뛰어난 서정성을 바탕으로 한다. 골목길에 꽃씨가 흩뿌려지고 있다. 한 송이 한 송이 꽃이 간간히 드문드문 피어오르며 어느 날 만개한 꽃들이 꽃밭을 이루는 날을 기다리고 있다. 여리고 정 많은 소년은 알고 있었을까. 그 골목길에서 일어날 일들을. 그리하여 그 지나온 날들이 다 감사라고 고백할 날들을.

돌담길 따라 모퉁이를 돌아섰다. 담자락에 민들레가 방긋 웃는다. 파아란 양철 대문 앞에 삽살개가 꼬리를 흔들며 나온다. 지난날 학창 시절 자취를 하던 집이다. 삐그덕 대문을 열고 주인아주머니를 찾았다. 방문턱에 팔을 괸채 안경너머로 힐끗 나를 쳐다본다. - 〈골목길〉

시작이 반이다. 첫 문장, 첫 문단으로 시선을 사로잡지 못하면 아무리 훌륭한 수필도 끝까지 읽힐 가능성이 희박하다. 독자를 흡입할 무엇인가가 필요하다. 특별히 요즘처럼 유투브나 SNS의 자극적인 시대에는 첫 문장의 실패는 수필 전체의 실패로 치부되기 쉽다.

김영기 작가의 수필은 과감한 시작이 좋다. '늦둥이 아들이 장가가는 날이다(〈흔적〉) 별똥별이 떨어진다(〈모든 순간〉) 억새 바람이 서걱거린다(〈서리꽃이 핀 천년초〉) 창문 두드리는 소리에 잠이 깼다(〈청주성 안길〉) 등등.

〈골목길〉도 마찬가지다. '돌담길 따라 모퉁이를 돌아섰다', 무슨 일인가 싶어 작가를 따라 모퉁이를 돌아서는 모습이 보이지 않는가.

> 해가 뉘엿뉘엿 저물어가는 저녁때 돌담길을 따라 집으로 들어왔을 때다. 청국장을 끓인 구수한 냄새가 코를 자극한다. 연탄불이 아궁이 밖으로 꺼내져 있고, 그 위에는 이름 모를 청국장 냄비가 올려져 있는 것이 아닌가. - 〈골목길〉

자주 연탄불이 꺼지고 그것으로 야단을 맞기도 했는데 … 주인집의 '두 얼굴'을 직면하는 순간이다. 그때 할 말이 얼마나 많았겠는가. 대포로 쏘듯 쏟아져 나올 수 있겠지만 작가는 '가슴에 응어리가 치밀어 올랐다'고 개요한다. 인생의 맛을 아는 멋스러움이 아닌가.

　이 골목길은 나에게 가난의 아픔을 느끼게 했고, 연인의 사랑을 꿈꾸게 했다. 어머니의 사랑에 눈물지으며 외로움 떨쳐 버린 추억의 앨범이 있는 곳이다. 다시는 돌아갈 수 없는 인생의 강에서 고독과 아픔을 되새겨 본다. 골목길을 돌아서는 길엔 마른 밤이 옷깃을 스며든다. 하늘엔 샛빛 낮달도 엷은 미소를 지었다. 또다시 걷고 싶은 길이다. −〈골목길〉

　가난의 아픔이 서려 있지만 연인의 사랑을 꿈꾸게 하고 어머니의 사랑에 눈물짓던 골목길… 다시 돌아킬 수 없이 세월의 강을 건너온 지금 또다시 그 길을 걷고 싶은 건 살아왔던 삶의 길이 아름다웠기 때문일 것이다. 가난의 아픔보다 앞날을 꿈꾸게 했던 더 큰 사랑 때문일 것이다.
　삶의 길목마다 윤슬처럼 빛나는 시간, 그리고 기억들은 삶의 의미요소들이 되어 더 건강하고 탄탄한 삶의 베틀에 그리움, 빛, 소망, 성취, 사랑을 수놓았을 테다. 삶의 의미 요소들는 서로 영향을 주고받으며 순환의 고리 속에서 아름다운 문양을 새기고 있지 않은가.

　〈어깨동무 내 친구〉〈부자 캠프〉〈어떤 졸업식〉 등은 마음의 온기가 따뜻하게 전해오는 작품들이다.
　〈어깨동무 내 친구〉는 조손가정으로 주눅 든 어린 친구가 어떻게 자신감을 갖게 되는지를 보여주는 일련의 과정이, 〈부자 캠프〉

는 서먹하기만 한 아버지와 아들의 화해·친밀함을 회복하는 이야기다.

> 한 가정의 엄마 아빠는 아이들이 사는 지붕이다. 초가집 지붕이 날아가면 그 안에 사는 참새들은 비바람을 맞고 피할 길이 없다. -〈어깨동무 내 친구〉

어린 자녀에게는 부모는 얼마나 절대적 존재인가. 부모란 아이들이 사는 세상이다. 부모가 없다는 것은 아이들이 설 대지가 없다는 뜻이다. 디딜 곳을 찾지 못한 채 공중에 매달려 불안과 공포 속에 산다는 뜻이다. 따뜻한 마음과 관심으로 이 아이들을 보살핀다는 것은 새 울타리가 되어주고 따뜻한 군불이 되어 준다는 의미일 테다.

> 만남이 거듭되면서 학생은 자기 자신을 사랑하는 마음과 자신도 할 수 있다는 자신감을 갖게 되었다. 컨설팅시간에 열심히 참여하는 아이가 기특해서 머리를 쓰다듬어 주었더니, 학생은 내 허리를 끌어안았다. 내 얼굴을 힐끗 쳐다보면서 빙긋이 웃는 모습이 늦둥이 아들처럼 귀여웠다. … 잠시 화장실 간 사이 안 보이면 "내 친구 어디 갔지?" 하며 서로를 찾았고 스스럼없이 함께 어깨동무를 할 정도의 사이가 되었다. -〈어깨동무 내 친구〉

〈어깨동무 내 친구〉는 저자가 과학연구원에 있을 때 만난 어린 친구에 대한 이야기이다. 늘 주눅들어 있던 어린 친구가 거듭된 만남의 과정을 통하여 스스로 발표도 하는 등 자신감을 회복해 가는 과정이라면 〈부자 캠프〉는 저자가 중학교 교감으로 있을 때 학생과 아버지를 위해 기획한 프로그램이다. 프로그램의 진행에 따라 아버지와 아들 사이에 일어나는 변화의 순간을 뭉클하게 스케치했다.

보물 있는 곳에 마음이 있다고 한다. 무엇이 중요한 것인지도 모른 채 떠밀려 살아가는 사람들을 가만히 불러세운다. 서로의 눈을 마주 보며 밥을 먹고 함께 뗏목을 타고, 아버지와 아들의 벽을 허문다. 서로에 대한 이해와 대화를 통해 잃어버린 사랑과 정을 되찾는 과정에 살아있음의 의미와 기쁨을 발견한다. 진정 보물이 무엇인지를 알게 되는 순간이다.

교육자란 어떤 사람일까. 지식을 가르치는 일은 이미 네이버가 더 잘할 수 있는 일이 되었다. 교육이 삶의 소중함을 일깨우며 끊어진 관계를 회복하는, '어깨동무 내 친구'처럼 당당하게 삶을 살아가도록 하는 것이라면 지나친 욕심인가.

〈무채색 여로〉는 저자의 긴박했던 순간들을 세미하고 정확하게 포착해 내면서도 죽음과 마주한 순간의 성찰이 무섭도록 아름답다. 죽음 앞에서 보이는 태도야말로 사람의 가장 깊은 곳에 있는 것이 무엇인지를 드러내지 않겠는가.

> 빛이 없는 마음엔 생존의 갈림길의 절박한 긴장감 속에서 지나온 날들을 되돌아본다. 가만히 눈을 감는 순간, 일상의 기억들이 무채색 속으로 빨려 들어간다. … 아직 몸이 떠난 것도 아니고 떠나보낸 것도 아닌데 뇌리에서 생각들이 점점

멀어져간다. 소중하게 여기며 살아왔던 사회적인 명예와 소유한 재물도 어둠 속에 아득한 그림자로 사라져가는 것 같다. 빠르게 지나간 세월의 무상함은 잠시 머물다가는 인생의 정체성에 대해 목도하게 한다. - 〈무채색 여로〉

결국 죽음 앞에서 저자는 인생의 정체성 '무상함'을 목도하고 만다. 명예, 재물이 죽음 앞에서 어떤 의미를 가질 수 있는가. 더 잘 살기 위한 수단이 되어야 함에도 얼마나 많은 순간 '존재'하기보다 '소유'하기를 택했던 것일까. 그렇다면 어떻게 인생을 살아야 하는 것일까.

어두움으로 가득한 병실의 밤은 온통 무채색의 세계다. 사물의 형체를 구분할 수 없고, 본연의 색깔을 인지할 수도 없다. 인생의 빛깔은 성취의 속도가 아니라 삶의 방향이 색깔을 결정한다. 아침햇살이 창가에 비친다. 마른 바람에 흔들리는 초록의 나뭇잎이 반갑다. … 빛을 받은 사물들이 저마다 독특한 색깔을 발한다. 내 얼굴은 지금 어떤 색깔로 빛나고 있을까. 사랑, 온유, 화평의 열매로 풍성한 색깔을 나타내는가. … 다시 태어난 생명의 소중함이 남다르게 가슴에 밀려온다. 아름다운 자연의 색깔을 볼 수 있음이 감사고 정겹게 울어대는 산새소리를 들을 수 있음이 새로운 기쁨이다. … 따스한 손으로 꼬옥 잡아주는 만남의 손길이 한없이 고맙기만 하다. 내가 살아있음에 삶의 길이 새롭게 부딪혀온다. 빛의 사잇길로 걸어가는 발걸음에 따스한 온기가 가슴을 훈훈하게 한다. - 〈무채색 여로〉

저자는 말한다. '인생의 빛깔은 성취의 속도가 아니라 삶의 방향이 색깔을 결정한다'고. 그 방향성은 어디로 향하는 것일까. 사랑, 온유, 화평으로 결국 더 많이 사랑하는 일이고 죽도록 사랑하는 일이다. 그것이 곧 빛의 사잇길로 걸어가는 일, 인생의 무상함을 극복하는 길이라 말한다.

그렇다. AI시대, 광속의 인터넷으로, 카톡으로 우리는 서로 초밀하게 네트웍을 형성하고 있지만 용기를 북돋우며 서로의 따뜻함이 오가는 골목길이 되지 못함은 왜일까. 오히려 청소년을 비롯 많은 사람이 우울증으로 고통받고 있다. 많은 것이 넘치는 시대, 이 풍만의 시대에 왜 우리는 빈곤에 허덕이며 빛의 사잇길로 걸어가지 못하는 것일까.

삶이 무의미하다는 온갖 상징들이 넘쳐난다. 남녀의 구분이 모호해지며 결혼이란 사회의 가장 기초적 단위도 허물어지고 있다. 돈이 가장 큰 성공의 척도라는 건 우리 삶을 크게 위축시킨다. 급기야 인공지능의 발달로 인간무용설까지 대두하고 있다.

거대한 사고의 입구를 열었다는 평을 받는 유발 하리리는 『사피엔스』에서 빅뱅에서 우주가 시작되어 원자가 만들어지고 원자에서 생명이 그 생명에서 인간이 탄생하였으며 인간은 국가, 이념, 윤리 같은 허구를 믿고 공유할 수 있는 능력으로 세상을 지배하게 되었다고 한다. 객관적 실체가 아닌 집단적 상상이라는 관점은 AI(데이터)가 신이 되기 위한 이론적 기초로 오용될 소지가 있어 보인다.

우주는 시간이 지날수록 질서의 방향이 아니라 무질서의 방향으로 움직인다. 그것이 엔트로피 법칙이다. 아무것도 하지 않으면 꽃밭은 삽시간 잡초로 뒤덮인다. 정신도, 관계도, 무엇인가 성취를 위해서도 끊임없이 주체적인 의지와 노력이 필요하다. 그렇지 않다면 쉬이 쇠락해지고 부패진다. 그러니 우주가 저절로 더 정교한 방향으로 '질서'를 형성해 간다는 말은 쉽게 수긍하기 어렵다.

이러한 시대, 김영기 작가의 글에서는 삶의 의미 요소들이 아침 햇살로 빛난다. 삶의 의미 요소들은 유기적인 결합에 의해 작가의 영혼과 삶을 생명성으로 충만하게 한다. 무질서를 거슬러 오르는 삶은 끊임없는 도전이며 훨씬 더 큰 에너지를 요구한다. 정복하고, 다스리고 충만한 질서야말로 진정 내가 나답게 살아가는 바탕이 된다. 작가의 삶이란 주체적 생명성 – 사랑, 온유, 화평으로 끊임없이 나아가는 도상에 있다.

김영기 작가의 글이 단순한 신변잡기를 넘어선 깊고 섬세한 존재론적 사유가 돋보이는 이유이다. 이는 독자가 미처 보지 못한 것들을 볼 수 있는 눈을 열어주고 미처 의식하지 못하고 흘려버린 것을 오감하도록 한다.

수필 한 편 한 편이 빚어내는 삶의 의미요소에 빛이 쏟아져 든다. 살아있음의, 살아감의 기쁨이 충만하다. 한 사람의 수필집을 통해 이토록 풍성하게 영혼과 삶의 아름다움을 누릴 수 있는 것은 경이로운 일이다. 꿈 많은 소년의 서정이 이 끝에서 저 끝에서 바람을 불어온다. 삶에의 초청이다. 아름다운 바람이 분다 … 살아야겠다.

　아버지가 보고 싶을 땐 무덤가를 찾는다. 양지녘에 할미꽃이 가지런하다. 자줏빛 융단 같은 속살 녹여 자손을 번성시키느라 머리가 하얗게 센 모습으로 나를 맞는다. 목젖으로 뜨거운 액체를 삼키며 봉분의 잔디를 짚어 본다. "너도 힘들었지? 잘했다. 잘하고 있다." 하시는 아버지의 목소리가 출렁출렁 가슴으로 흘러든다. 당신에게서 받은 사랑 끝내 갚지 못하고, 내 사랑의 강은 다시 자식에게로 향하는 내리사랑이다. 그렇게 아버지는 강이 되어 흐르고 또 흘러간다.
　　　　　　　　　　　　　　　　　　　　　　－〈아버지의 강〉